Meinen Kindern

Medea
Neriah
Joshua

Ohne euch drei gäbe es dieses Buch nicht.

Ich bin sehr stolz und dankbar, eure Mutter zu sein.
Ich liebe euch.

Sabine Metzinger

Fucking Perfekt

Erfolg und die Ethik
der Seele

Bibliografische Information der Deutschen Nationalbibliothek:
Die Deutsche Nationalbibliothek verzeichnet diese Publikation in der Deutschen Nationalbibliografie; detaillierte bibliografische Daten sind im Internet über http://dnb.dnb.de abrufbar.
TWENTYSIX – Der Self-Publishing-Verlag
Eine Kooperation zwischen der Verlagsgruppe Random House und BoD – Books on Demand
© 2017 Sabine Metzinger www.sabinemetzinger.de
Alle Rechte vorbehalten
3. Auflage
Herstellung und Verlag:
BoD – Books on Demand, Norderstedt
Illustration: Coverfoto © blobbotronic/Fotolia.com
weitere Mitwirkende:
Autoren-Coach/Lektorat: Gerhard Kilian, 77837 Lichtenau
Korrektorat: Lis Listmann, Planetenstr. 10, 40223 Düsseldorf

ISBN: 978-3-740-71341-6

Inhaltsverzeichnis

TEIL 1   6

1. Erfolg   7
2. Die Angst   17
3. Von der Angst vor Armut zu Reichtum   25
4. Von der Angst vor Krankheit zu Gesundheit   37
5. Von der Angst vor dem Tod zu Leben   52
6. Von der Angst vor Alleinsein zu Liebe   63

TEIL 2   71

1. Sehnsucht und Verlangen   72
2. Vertrauen   85
3. Innerer Dialog und Autosuggestion   94
4. Beobachtung, persönliche Erfahrungen und Wissen   101
5. Der Verstand   112
6. Fantasie und Vorstellungskraft   122
7. T.U.N.   134
8. Unterbewusstsein   151
9. Selbsterkenntnis   166
10. Entschlossenheit   172
11. Beharrlichkeit   180
12. Macht der Gemeinschaft   190
13. Vereinigung – eine etwas andere Bedeutung von Sexualität   201

Zusammenfassung und Essenz   222
Audio-Bonus UR-INNERUNG   238
DANK   239

TEIL 1

1. Erfolg

Ich hatte einen Traum. Ich träumte unglaublich intensiv, dass es ein Paradies gibt. In diesem Traum spürte ich, dass diese Vorstellung irgendwie wahr werden kann und dass dieses Leben doch viel einfacher gedacht ist. Ich träumte, dass Frieden, Gesundheit, Wohlstand und Liebe sein kann in mir und überall auf dieser Welt.
Dann erwachte ich aus dem Traum und wusste ganz sicher: Ja – es geht! Nur wie?

Oft begegnen einem derzeit Sätze wie: Alles sei genau „richtig", wie es ist. Aber wie kann das sein, wenn man sich in dieser Welt und Gesellschaft oder auch nur im eigenen kleinen Umfeld so umblickt? Was ist überhaupt „richtig" und „falsch" und wo führt das hin?

„Richtig" scheint wohl nicht im Sinne der Ethik gemeint, denn dass irgendetwas nicht stimmt, wenn so viel Übel existiert, ist offensichtlich. Nein, „richtig" scheint wohl lediglich darauf zu beruhen, dass eine Aktion eine Reaktion erzeugt und wir nun mal das zu ernten haben, was wir säen.

Ängste beeinflussen tagtäglich und von jeher nachhaltig das, was wir Erfolg nennen. Und so ließ unsere Unbewusstheit uns wohl das Weltbild erschaffen, welches wir derzeit sehen.
Gibt es diesen Weg, wie wir Erfolg verändern und mit nur einer Wahrnehmungserweiterung anders nutzbar machen können?

Ich glaube ja. Und ich werde dir beschreiben wie.
Damit wären wir in der Lage, die Bedeutung von Erfolg wie auch unsere Weltsicht, inklusive unserem Verständnis über uns selbst maximal positiv zu verändern. Diese neue erweiterte Herangehensweise würden uns befähigen, unser Denken, Fühlen, Sprechen und Handeln auf Frieden, Glück und Liebe in uns und um uns herum auszurichten. Es sieht ganz so aus, dass wir uns als Menschen in einer bildlich gesprochen

frühen kindlichen Prägungsphase unserer wahren Potentiale und Möglichkeiten, schlicht unseres wahren Seins befinden und mangels Kenntnis darüber, uns und unsere Welt so erschufen, wie sie jetzt ist. Wenn dem so ist, könnten wir uns die ganzen gegenseitigen Schuldzuweisungen sparen, denn jeder scheint auf seine Art zu dieser Unbewusstheit beizutragen.

Ähnlich einem Baby oder Kleinkind, würden wir dessen Versuche der Kommunikation und Interaktion auch nicht als falsch oder schlecht ansehen, nur, weil es seinem Entwicklungsstand gemäß die Muttersprache und Körperkoordination noch nicht so beherrscht wie ein Erwachsener nach abgeschlossener Schulbildung.

Was ist Erfolg

Erfolg an sich beruht auf gewissen Merkmalen, ohne deren Zusammenspiel es sehr schwer sein dürfte, erfolgreich zu werden oder zu sein. Die unserem Erfolg als Grundgerüst dienenden Merkmale sind: Sehnsucht oder Verlangen, Vertrauen, der innere Dialog, Wissen, Beobachtung, Erfahrung, Verstand und Unterbewusstsein, Fantasie, das aktive Tun, Entschlossenheit und Beharrlichkeit, Selbsterkenntnis, Gemeinschaft, Mastermind oder die Hilfe von anderen Menschen. Wir werden uns das Wort „erfolgreich" etwas genauer ansehen und immer wieder die Rahmenbedingungen der verschiedenen Sichtweisen von Erfolg anders betrachten. Der Begriff „Erfolg" bzw. „erfolgreich sein", wie wir diesen bisher leben, hat doch sehr viel Mühsal, Anstrengung, Missverständnisse und Unglück hervorgebracht.

ERFOLG – REICH sagt grundsätzlich und wörtlich genommen erst einmal nur aus, dass etwas „reichlich erfolgt". Somit sind wir reicher an dem, was ERFOLGt. Wenn wir nun häufig etwas denken, sagen oder tun – oder es unterlassen etwas zu denken, sagen und zu tun - dann erhalten wir entsprechend häufig eine Reaktion oder ein Resultat daraufhin. Reich ist hier im Sinne einer Quantität, also Menge und Häufigkeit zu werten und nicht im Sinne der Qualität.

Franz von Assisi prägte einen, dieses Missverständnis veranschaulichenden Ausspruch: *„Beginne mit dem NOTWENDIGEN, dann dem MÖGLICHEN und plötzlich wirst Du das UNMÖGLICHE tun!"*

Dieser signifikante erste Schritt wurde bisher vergessen und führte so zu fatalen Missverständnissen. Im herkömmlichen Sinne von Erfolg erwarten wir bereits mit dem Eintreten desselbigen eine bestimmte, erwünschte Qualität – also den zweiten Schritt – ohne vorab bewusst auf die Qualität der Ausgangshandlung zu achten. Wir versuchen uns schon die ganze Zeit am „Möglichen", ohne das „Notwendige" zu beachten und wundern uns, warum wir vor lauter „Unmöglichkeiten" stehen.

In diesem Missverständnis liegt unsere Verantwortung für uns selbst und alles was ist. Wir erkennen an dem Wort „Antwort" in Selbstverantwortung, dass es hier um eine grundlegende Wahrheit beziehungsweise Antwort über uns selbst geht. Was ist diese Variable X, die wir vergessen haben in unserer Gleichung „Leben" miteinzubeziehen? Vielleicht das wahre Bewusstsein darüber, wer wir selbst sind?

Es ist nicht nur die Liebe, die sich vermehrt, wenn wir sie teilen, wie uns ein Sprichwort weismachen will. Nein - das ist weit gefehlt und führt uns massiv in die Irre.

Quantitativ gesehen haben wir immer Erfolg, egal was in unserem Leben passiert. Wir können den größten Mist erleben, es ist und bleibt dennoch das Ergebnis der Summe unserer Handlungen und somit unser Erfolg.

Alles, was uns widerfährt ist eine Konsequenz unserer Gedanken, Aussagen und Handlungen - ob nun im erwünschten oder im unerwünschten Sinne. Zunächst „erfolgen" diese Konsequenzen völlig wertungsfrei, im Kleinen wie im Großen. Jedoch werden oft erst mit einer zeitlichen Verzögerung bewusst oder unbewusst die Auswirkungen sichtbar, sodass das eigene Zutun nicht selten unerkannt bleibt. Nichts desto trotz beherrschen wir offensichtlich von jeher die Gesetzmäßigkeiten von Erfolg. Jeder Anteil von uns scheint darauf ausgerichtet, so wie es allgegenwärtig in Natur und Umwelt zu finden ist. Oder ist irgend jemandem bekannt, dass man einen Wassertropfen in die Schule schicken und ihm beibringen müsste, wie es zu bewerkstelligen ist, unter Einwirkung von Hitze oder Sonne seinen Zustand zu verändern um als Wasserdampf gewisse Schwerkraftgesetze nicht mehr berücksichtigen zu müssen, damit er dann aufsteigt, sich sammeln und verdichten kann? Mir ist nicht bekannt, dass man einem so veränderten Wassertropfen beibringen müsste, wie es funktioniert, wieder zu einem Wassertropfen zu werden oder als einzigartige und perfekt gestaltete Schneeflocke wieder auf die Erde zu fallen, um den ewigen Kreislauf des Lebens fortzuführen. Wieso um alles in der Welt meinen wir Menschen, dass wir nicht nach denselben Gesetzmäßigkeiten „funktionieren" wie alles Leben um uns herum?

Aktion und Reaktion sind Angewohnheiten

Angewohnheiten sind der Definition des Dudens nach Handlungen, Haltungen und Eigenheiten, die durch häufige und stetige Wiederholung selbstverständlich geworden sind. Handlungen, Haltungen und Eigenheiten, die oft nur noch unbewusst oder mechanisch ausgeführt werden bzw. präsent sind. Alles was derzeit existiert, beruht auf der Sicht, wie wir Erfolg bisher definieren und leben. Angewohnheiten zeigen unser „WIE" der Beziehung zu allem was wir selbst sind und allem was uns umgibt. Das heißt so viel wie, wir bemerken erst was wir tun, denken, fühlen und sprechen, wenn wir beginnen, bewusst darauf zu achten. Bisher wurden Aktionen und Reaktionen oder Resultate, die nicht nach dem eigenen oder dem Gutdünken bzw. Wunsch anderer entsprachen, als Misserfolg deklariert. Doch nach einer genaueren Wortdefinition erahnen wir vielleicht, dass wir hier einem fatalen Irrtum unterliegen.
Was ist Misserfolg wirklich? Interessanterweise definieren wir bisher das Wort Misserfolg im Sinne von fehlendem Erfolg, anstatt es dem ursprünglichen Kontext gemäß – es fehlt an Qualität oder Bewusstheit sowohl bei Aktion wie Reaktion – zu definieren.

Statt den Fokus auf den Mangel an Erfolg zu richten, birgt dieses Wort eigentlich die Lösung in sich. Wenn der Fokus auf der Ursache statt auf der Auswirkung liegt, können wir erkennen, dass tatsächlich etwas fehlt – die Qualität und nachhaltig positive Zielgerichtetheit der Ausgangsaktion.

Die Grundmotivation der Angewohnheiten

Bei den so genannten erfolglosen Menschen scheint der überwiegende Teil der Angewohnheiten negativ motiviert oder auch mangelorientiert und -motiviert, wohingegen bei so genannten Erfolgreichen der überwiegende Teil der Angewohnheiten eine positive Motivation aufweist, also an Fülle orientiert und durch Fülle motiviert zu sein scheint. Dennoch scheint eine gewisse Hintergrundmotivation zu fehlen, wenn wir uns derzeit bewusst umsehen und die Resultate auf dieser Erde im Kleinen wie im Großen betrachten.

Es lassen sich grundsätzlich zwei Hauptmotivationen beim Menschen unterscheiden. Zum einen ist es das, was wir Angst oder Mangel und das, was wir Liebe oder Fülle nennen. Alles, was wir bisher als Misserfolg definiert haben, ist ebenso Erfolg, wie alles, was wir bisher als Erfolg definiert haben. Alle zusammen sind Erfolge im Sinne der Naturgesetze oder Erfolgsprinzipien. Wie aber kann es sein, dass wir eine Welt haben, die so aussieht, wie sie aussieht? Nun wir alle gemeinsam haben eben jene Dinge gedacht, gefühlt, gesagt, getan und oft auch unterlassen, die wir im Sinne von Erfolg, wie wir in bisher definieren als richtig erachteten, was uns jedoch den Misserfolg den wir heute sehen, als Konsequenz dessen beschert.
Das, was das Kollektivbewusstsein - welches eigentlich noch Kollektivunbewusstsein heißen müsste - erschaffen hat, ist das, was uns heute Erfolg und Misserfolg und dadurch allzu oft Gewalt und/oder Ungerechtigkeit, v.a. der Schwächeren erfahren lässt. Die Aussage „Ich habe (keinen) Erfolg" ist ein Missverständnis. Wir machen uns selbst etwas vor, weil wir die tatsächliche Tragweite Handlungen und damit

unserer Verantwortung und auch unsere Macht noch gar nicht wirklich erkannt zu haben scheinen.

„Probleme kann man niemals mit derselben Denkweise lösen, durch die sie entstanden sind." (Albert Einstein)
Dieser Spruch trifft den Nagel auf den Kopf. Unser bisheriges Denken über Erfolg erschafft die Welt, die wir jetzt sehen mit all ihrer Gewalt, den zunehmenden Gräueltaten und Ungerechtigkeiten. Die Variable X und eine darauf basierende neue Definition von Erfolg, kann aus derselben Welt das Paradies entstehen lassen, welches schon die ganze Zeit da war.

Unsere negativen Angewohnheiten haben schon sehr früh in unserem Leben, in der Kindheit, begonnen und wachsen wie eine mehrjährige Pflanze im Zyklus des Jahreskreislaufs immer wieder aufs Neue heran. Der Samen keimt, reift, trägt seinerseits Samen und stirbt ab, nur damit die Samen bei der nächsten Pflege wieder aufkeimen. Nur, dass ein Samen als Pflanze sehr viele neue Samen trägt. Und so geschieht es mit unserer größten Angewohnheit, wie wir Erfolg definieren und leben, ebenfalls. Wir gehen jedoch allzu oft mit unseren negativen Angewohnheiten um, wie mit Unkräutern und haben doch vergessen, dass die Unkräuter eine Heilung in sich tragen. Unkräuter sind Heilkräuter. Sie wollen uns sagen, wo es mit unserer Definition von Erfolg klemmt. So wie das Unkraut, haben auch unsere negativen Angewohnheiten uns ein Geschenk zu machen – sie wollen uns Heilung bringen, doch wir rupfen sie einfach raus, ohne uns bewusst anzusehen, was sie uns sagen wollen und ohne sie weise anzuwenden. Wenn wir an den Ursprung der Entstehung dieser Angewohnheiten schauen, weisen sie uns den Weg zu unserem wahren Potential und zu besagter Variablen X und wir werden es leichter haben, die Fehldefinitionen und Fehlinterpretationen zu enttarnen.

Unsere Angewohnheiten sind samt und sonders alle aus dem bekannten Fokus von Erfolg entstanden. Wie bei einem Puzzle haben wir den Rahmen bereits gesetzt. Viele Teilchen stimmen schon. Doch je ähnlicher Färbung und Struktur einiger Teilchen wurden, je weniger fanden wir das richtige Puzzle-Teilchen. Wir haben richtige Teile an die falsche

Stelle gesetzt. Wir haben wichtige Teile aus unserem Puzzle herausgenommen und auf die Seite gelegt, weil wir glauben sie gehören zum Puzzle eines anderen. Was nimmt es Wunder, warum unser Bild von uns selbst und unserem Leben immer weniger dem gleicht, was eigentlich an Bild entstehen sollte. Im Grunde kennen wir das Gesamtbild. Uns fehlen jedoch noch der bewusste Blick und die Erkenntnis darüber, wo welches Teilchen wirklich hinkommt und dass diese Teilchen da draußen, die eigenen fehlenden Teilchen sind.

Um die wahre Tragweite unserer Angewohnheiten nutzbar zu machen, ist es von großer Wichtigkeit, erst einmal den Fluch der negativen Angewohnheiten, die aus der Mangel- und Angstmotivation entstanden sind, kennen zu lernen und zu verstehen. Sie bringen in Summe das Weltbild zustande, das wir heute haben. Unsere Angewohnheiten bescheren uns heute massiven Reichtum wie massive Armut zur gleichen Zeit und den drohenden Untergang des Planeten, auf dem wir leben.

Weitreichende Konsequenzen

Die wahre Magie unserer Angewohnheiten ist nichts anderes als die Umkehrung des Fluchs der negativen Angewohnheiten und doch so viel mehr. Es geht darum, unsere Erfolge künftig so zu gestalten, wie sie uns in die Wiege gelegt wurden, sowie selbst und bewusst Aktionen zu setzen, die wirklich Sinn machen und Glück, Erfüllung und Liebe über die bisherige Definition von Erfolg hinausbringen. An diesem Punkt der Menschheitsgeschichte erscheint genau dies von großer Dringlichkeit. Umkehrung ist daher zu wenig, denn wir würden aus einem Fluch einen Segen und aus einem Segen einen Fluch machen und sind damit wieder in der Polarität. Die wahre Magie der Angewohnheiten liegt dahinter. Sie beinhaltet die Auflösung des größten Missverständnisses dieser Welt überhaupt.

Exponentielles Wachstum

Exponentielles Wachstum, sprich der Quantensprung der Menschheit ist möglich, wenn wir die fehlende bzw. vergessene Variable X in all unser Denken, Sprechen und Tun integrieren. Wenn wir die fehlenden Informationen als das begreifen was sie sind, dann kann Veränderung leicht geschehen, weil alles richtig und nichts umsonst war. Das, was jetzt ist, ist „fucking perfect" und das können wir dann auch erkennen und verstehen. Folgendes Bild erläutert, wie dieses exponentielle Wachstum hin zum Positiven möglich ist.
Dieses Beispiel ist angelehnt an eine Studie, in welcher dargestellt wird, dass man vier positive Mitarbeiter benötigt, um einen negativen Mitarbeiter auszugleichen. Wir wechseln hier nun die Ebene von den äußeren zu unseren „inneren" Mitarbeitern, die über unsere Angewohnheiten repräsentiert werden. Im übertragenen Sinne sind vier positive Angewohnheiten von Nöten, um eine negative Angewohnheit auszugleichen. Die ganze Energie oder Lebenskraft, welche mit diesen vier positiven Angewohnheiten verbunden ist, wird benötigt, um uns selbst in Balance zu halten. Negative Angewohnheiten basieren auf negativen Glaubenssätzen, die sich in der Regel zu großen Glaubenssystemen zusammenrotten und sich gegenseitig unterstützen und nähren. Der kleinste gemeinsame Nenner über unser Glaubenssystem Leben ist nach dem Missverständnis „Liebe" das daraus resultierende Missverständnis „Erfolg". Gelingt es uns hierfür neue, positive Glaubenssätze und Angewohnheiten zu etablieren, entsteht potentielles Wachstum in die von uns gewünschte Richtung. Es entsteht eine regelrechte Explosion wunderbarer Verkettungen und Ereignisse. Die Summe der negativen Angewohnheiten wird durch positive ersetzt. Gleichzeitig werden dadurch die Kapazitäten der jeweils vier gebundenen positiven Angewohnheiten frei, die nun nicht mehr dazu dienen, das Konglomerat an negativen Angewohnheiten auszugleichen. Die Konsequenz liegt auf der Hand: Der Dominoeffekt wechselt die Richtung und setzt plötzlich eine Reihe nützlicher und guter Kettenreaktionen in Gang. Und mehr

noch: Diese freiwerdenden Energiereserven vereinfachen uns wiederum die weitere Integration immer neuer positiver Angewohnheiten. Einmal, weil wir jetzt sehr viel motivierter sind, indem wir den Erfolg erleben, der sich wie ein
Quantensprung anfühlt. Zweitens, haben wir tatsächlich mehr Energie zur Verfügung, was es wiederum leichter macht, Muster und Prägungen negativer Art aufzuspüren, zu erkennen und zu ersetzen. Zeitgleich kommen wir mit Potentialen – neue positive Angewohnheiten in Kontakt von denen wir nicht einmal den Hauch einer Ahnung hatten, dass diese in uns schlummern könnten.
Ein positiver Kreislauf des exponentiellen Wachstums kann entstehen und zieht uns unaufhaltsam mit, wenn wir es zulassen. Es entsteht ein Strudel, wie wir ihn bisher von negativen, unerwünschten Verkettungen kennen - nur eben umgekehrt - ein Kreislauf der erhofften, gewünschten und positiven Art. Zu guter Letzt stellt dieser Weg trotz seiner Einfachheit und Banalität die größte Herausforderung unseres Lebens und der Menschheitsgeschichte dar, da wir alles hinterfragen dürfen, was wir bisher als wahr angenommen haben. Aber er hilft uns die Antwort auf unsere eigene Ur-Frage zu finden: „Warum bin ich hier und wer bin ich wirklich?"

Die Konsequenz von exponentiellem Wachstum

Wir werden dadurch über kurz oder lang nicht nur in der Lage sein, Leben so zu gestalten, wie wir es wollen, sondern wir werden in uns Berufung und Bestimmung und den Weg dies auszudrücken, finden. Denn auch das ist alles bereits in uns angelegt und wartet darauf, entdeckt, beziehungsweise erinnert zu werden. So wie einem Baum nicht gesagt werden muss, welcher Baum er wird und keiner Pflanze gesagt werden muss, welche Pflanze sie wird, werden wir ebenfalls wissen, welche Anlage wir zum Ausdruck bringen sollen. Wann das sein wird, entscheiden wir selbst.
Wir haben wohl gemeint, uns vergessen oder besser noch verleugnen

zu müssen und uns angestrengt, „gut" oder etwas „Besseres" zu werden. An dieses Missverständnis dürfen wir uns jetzt erinnern.

„Es wird Zeit, das zu vergessen, was wir vergessen haben zu vergessen, und uns daran zu erinnern, von dem wir vergessen haben, uns daran zu erinnern." E. Simon

Erinnerung ist ein Akt des Bewusst-Seins. Ich möchte hier sogar das Wort UR-INNERN benutzen, weil es das Erinnern daran darstellt, wer wir wirklich sind – die ErINNERUNG an die UR-sprungsversion unserer Selbst. Es ist Zeit, uns daran zu erinnern, wer wir von Haus aus schon immer waren, sind und immer sein werden:
Ein Teil des GÖTTLICHEN GANZEN, des ALLES-WAS-IST – ohne Kompromiss und mit aller Konsequenz.

Wir werden uns gemeinsam zunächst unsere tiefsten Ängste ansehen, bevor wir die Grundstruktur unseres Erfolgs-Verhaltens näher beleuchten.
Wir werden uns ansehen, wie, wo und warum welches Erfolgs-Merkmal bereits missverstanden angewendet wird und wie es in den Dienst der Verantwortung zu uns selbst und damit in den Dienst der Verantwortung zu unserem gesamten Umfeld gestellt werden kann.
Dein Unterbewusstsein wartet nur darauf. Es steht in den Startlöchern und hat Dich dafür vielleicht unbewusst, aber gewiss nicht unbestimmt zu diesem Buch geführt.

2. Die Angst

Ängste sind Schatten und existieren nicht wirklich. Sie sind ein dunkler Fleck, der keiner Realität, sondern einer reinen Fehlinterpretation entspringt. Es sind Einschätzungen und Beurteilungen, die der Auffassung von außen entspringen und von uns selbst als unumstößliche, bedrohliche Wahrheit empfunden werden. Dennoch sind sie letztlich nicht mehr, als reine Interpretationen.

Sie wurden übernommen aus dem Umfeld, der Familie oder der Gesellschaft. Wir haben die Ängste der Umwelt, Eltern, Freunde und vieler anderer Menschen erlebt und diese als unsere Wahrheit übernommen. Als Kind geschieht das unreflektiert. Aber auch im Erwachsenenalter haben wir immer noch die gleichen Tendenzen und es fällt nicht leicht, solche Schreckensgespenster zu erkennen und ihnen nicht zu verfallen. Auch wir selbst setzen und streuen übrigens immer wieder beängstigende Fehlinterpretationen in die Welt. Mit jeder Furcht die wir artikulieren, setzen wir in uns selbst und Anderen den Samen, diese Angst zu übernehmen. Nicht immer ist hierfür überhaupt ein gesprochenes Wort nötig. Auch zögerliche, von Angst getriebene Handlungen und Entscheidungen, oder schlicht die völlig unterschätzten Unterlassungen, ziehen ihre Kettenreaktion in unserem Umfeld. Damit geben wir der Angst noch mehr Kraft und Wirkung. Natürlich ist es Niemandes Absicht, Angst zu verbreiten. Im Gegenteil: Oft finden solche Geschehnisse nicht einmal im Bewussten statt und begründen sich nur allzu oft in den unterschätzten „Gut-Meinungen". Oft sind es sogar versteckte Verhaltensweisen, die unbewusst Ängste schüren. Das Ergebnis bleibt jedoch stets das Gleiche: Die Angst zieht ihre Bahnen und wird größer und machtvoller.

Was bewirken Ängste?

Ängste entziehen der Persönlichkeit den Charme und berauben uns der Klarheit. Sie verflüchtigen die Konzentration. Sie untergraben Beharrlichkeit und saugen jegliche Motivation und jeglichen Willen aus uns, sodass das Innerste daliegt, wie ein ausgedörrter Salzsee. Die Angst vermag alle Türen und den gesamten Glauben an das Positive zu verschließen. Sie beraubt uns sogar der positiven Erinnerungen, wenn wir es zulassen, ihr zu glauben. Die Liebe in uns stirbt vermeintlich ab. Angst lähmt die Vernunft, verdeckt das Selbstvertrauen und erstickt jegliche Spontanität. Unsicherheit macht sich breit. Begeisterung wird zum Fremdwort und scheint Lichtjahre entfernt. Gefühlsregungen werden unterbunden. Enge tritt auf und manches Mal scheint der Körper sich wie von selbst zu krümmen und zu beugen. Schlaf und Ruhelosigkeit, Lethargie, Elend und Verzweiflung sind typische Folgen. Ängste sind es, die uns tagtäglich dazu verleiten, „Schaden" an uns selbst und/oder an unserer Umwelt (Mensch und Natur) anzurichten. Ängste sind Gedanken, die unsere Handlungen und damit letztlich unseren Alltag und unser gesamtes Leben bestimmen und lenken. Sie sind selbst gesetzte Energien und Fehlinterpretationen, die sich ihren Weg aus unserem Innern ins Außen suchen, Sie wollen uns auf etwas aufmerksam machen. Und genau das ist der Punkt. Sie wollen uns darauf hinweisen, dass wir an diesem Punkt die Verbindung mit uns selbst und damit mit allem was ist missverstehen.

Die Geisteshaltung

Daher ist die Geisteshaltung - die Haltung gegenüber dieser großen „göttlichen" Energie - so wichtig. Alles was nicht begeistert, steht wie eine trennende Instanz zwischen uns und dem großen Geist in uns und um uns herum. Alles was ist, ist von dieser Energie durchdrungen, ist diese Energie, ist Leben. Was hier trennend wirkt, sind verurteilende Gedanken. VER-URTEILUNG ist dabei der Ausdruck des Mangelbewusstseins aus der Kindheit, den wir gelernt haben anzunehmen und anzuwenden. Mangelbewusstsein meint hier jedoch nicht den Mangel an materiellen Gütern oder sonstigen Zuwendungen, sondern den Mangel der Bewusstheit über unsere wahre göttliche universelle Herkunft und der damit verbundenen Macht. Hingegen bewirkt tiefe Verbundenheit mit diesem göttlichen Geist in uns als Folge BE-URTEILUNG. Beurteilung ist der Ausdruck des Fülle-Bewusstseins, bei dem uns unweigerlich ein Gefühl der tiefen Liebe und Glückseligkeit überkommt. Liebe ist nicht etwas, dass wir tun, sondern Liebe ist das, was wir in dem Moment SIND, wenn wir etwas aus begeistertem Herzen und tiefster Verbundenheit und Freude tun. In dieser Geisteshaltung ist es möglich, alle Grenzen zu überwinden.

Denn dann erkennen wir, dass in allem was uns umgibt, dasselbe energetische „Ur-Teil", dieselbe Energie enthalten ist. Doch genau das wurde effektiv abtrainiert und so ist es wenig verwunderlich, dass viele allzu oft das Gefühl haben, nicht die Kontrolle über ihr Leben zu haben. Doch in Wahrheit erlernten wir eine falsche Kontrolle über uns selbst und damit einen nicht dienlichen Ausdruck von Kraft und Macht. Es ist die ANGST vor der ANGST und all ihren vermeintlichen Konsequenzen, die uns dazu bringt, an weniger zu glauben, als wir wirklich sind und in uns tragen. Diese Ängste können tatsächlich jeglichen Lebenssinn rauben, selbst wenn augenscheinlich vielleicht Wohlstand gelebt wird. Denn eine Sache vermögen sie nicht zu schenken. Nämlich das, wonach wir uns alle sehnen: Die positive Erfüllung.

Von Angst erfüllt: Was Du fürchtest, wird wahr

Eine positive, also glückliche und zufriedene Art der Erfüllung, erfährt man im Geisteszustand der Angst nicht. Es wäre jedoch falsch, aus diesem Grund die Behauptung aufzustellen, dass ein angsterfüllter Mensch nicht ebenfalls einen Zustand der Erfüllung erlebt. Genauer betrachtet sind wir im Geisteszustand der Angst ebenfalls erfüllt. Das Wort „angst-erfüllt" spricht bereits für sich. Versinken wir in tiefste Angst erfahren wir schließlich auch hier Erfüllung, mit allem was die Angst zu bieten hat. Wie gesagt, nicht nur Liebe vermehrt sich beim Teilen. Warum sonst sieht diese Welt so aus, wenn nicht auch alle anderen Emotionen und damit einhergehende Aktionen zu einer Vermehrung ihrer selbst führen, wenn wir sie Teilen? Der gravierende Unterschied zwischen dem Geisteszustand der positiven Erfüllung und der Erfüllung mit Angst, ist seine Konsequenz. Positive Erfüllung erzeugt einen Zustand voll Glück und Liebe. Wer hingegen mit Angst erfüllt ist, wird das Gegenteil erleben und Unglück, Pech und Unwohlsein erfahren und auch sähen. Die Aussage, Angst beraube uns jeglicher Fantasie stimmt ebenfalls nicht ganz. Im Gegenteil: Ängste schaffen sogar einen enormen Spielraum für Fantasie und sind dadurch maßgeblich daran beteiligt, dass die Horrorszenarien, die über den schlimmstmöglichen Ausgang einer beängstigenden Situation vorhanden sind, auf irgendeine Art über kurz oder lang eintreffen. Für eine Person alleine ist es ja schon durchaus unangenehm, wenn sie sich ihre „Misserfolge" ansieht. Wenn aber das ganzes Kollektiv einer Gesellschaft eine bestimmte Angst oder sogar mehrere nährt, so wird dieses Kollektiv alles (unbewusst) dafür tun, dass diese gefürchtete Realität eintreten muss, denn alles ist Erfolg.

Angst vor Verlust

Die Verlustangst ist die Angst, die alle weiteren Ängste unter sich vereint. Sie zeigt uns an, dass wir den Kontakt zu unserem wahren Ursprung verloren haben. Mangel ist Verlust und bedeutet zum einen, dass etwas oder jemand fehlt, ohne den oder das wir glauben, nicht leben oder überleben zu können. Im Grund liegt hier jedoch schon DAS große Missverständnis. Es fehlt die Wahrnehmung der Verbindung zu unserem wahren Selbst, die von Beginn an oft verloren geht, da sie uns abtrainiert wird und es uns daher an dem mangelt, was wir als natürlich und „überlebensnotwendig" ansehen. Dieses Missverständnis ist die Wurzel jeglicher Angst. Auf dieser Basis wird die Selbstbeurteilung und Beurteilung der Umwelt vorgenommen.
Wir benötigen den kleinsten gemeinsamen Nenner um ein exponentielles Wachstum in Gang setzen zu können. Diesen finden wir in der Verlustangst. Wenn wir die Ängste ansehen und sie anders benennen, wird die Lösung sichtbar.
Wir definieren die Ängste negativ, z. B. Angst vor Armut, Todesangst, Angst vor Krankheit usw. Es geht jedoch ursächlich um die Angst vor Verlust von Wohlstand/Reichtum, Leben und Gesundheit. Allein diese Umkehrung dürfte schon sehr deutlich zeigen, wie eine Umfokussierung wegweisend sein kann. Diese Ängste bedingen und nähren sich gegenseitig und wechseln sich untereinander in ihrer Intensität ab. Ob die

Angst vor dem Tod in Kriegszeiten, die Angst vor Armut in den Wirtschafts- und Finanzkrisen oder die Angst vor Krankheit besonders nach Kriegen und Katastrophen – Angst regiert die Welt. Wir leben in einer Welt, in der diese Ängste wieder mehr und mehr um sich greifen und das aus gutem Grund. In den folgenden Kapiteln werden wir einige Ängste näher beleuchten und aufzeigen, warum dem so ist.

Ein gravierendes Beispiel zu Angst bzw. ihrer Abwesenheit ist in dem Buch „Denke nach und werde reich" von Napoleon Hill zu finden.
Der Bürgermeister von New York griff währen der Grippeepidemie im 1. Weltkrieg zu einer ungewöhnlichen Strategie zur Bekämpfung selbiger. Er rief nämlich sämtliche Journalisten auf einer Pressekonferenz dazu auf, nichts über die Grippeepidemie zu veröffentlichen. Wenn sie dem nicht nachkommen würden, dann würden sie alle sich innerhalb kürzester Zeit einer Situation stellen müssen, die nicht mehr zu kontrollieren sei. Die Zeitungen leisteten Folge und innerhalb eines Monats hatte sich das Grippeproblem in New York erledigt.
So machtvoll ist die ABWESENHEIT von Angst.

Die Macht der Angst und ihr Missbrauch

Es gibt Menschen, die um die Manipulierbarkeit von Menschen und Menschenmassen mit dem Instrument der Angst wissen und dieses Wissen für ihre macht- und geldpolitischen Belange einsetzen. Sie nutzen das Wissen, um für sich Kapital daraus zuschlagen – sowohl materiell wie auch ideell. Genau das ist schon unzählige Male geschehen und hat die Menschheit an den Wendepunkten ihrer größten Blüte zu Fall gebracht. Selbst Albert Einsteins grandiose Errungenschaften wurden zu einem machtpolitischen Spielzeug weiterverarbeitet – der Atombombe. Und genau dies geschieht heute tagtäglich ebenso – mit allerlei guten Erfindungen. Hier begegnen uns wieder die Fehldefinition von Erfolg und die Verlustangst, die zu Manipulation und Kontrolle aus so etwas wie falsch verstandener „Gut-Meinung" zu führen scheint, denn auf der Deutung des Lebens unter dem Blickwinkel dessen, was diese Menschen als dienlich für Erfolg und Wohlstand ansehen könnten,

würde dies durchaus Sinn ergeben. Sie haben jedoch etwas vergessen, was Gottfried Keller einst sehr schön ausdrückte:
„Studiere die Menschen nicht um sie zu überlisten und auszubeuten, sondern um das Gute in ihnen aufzuwecken und in Bewegung zu setzen!" Das Einzige, das die adäquate Anwendung all unserer derzeitigen Errungenschaften und Erfindungen zur Lösung unserer Herausforderungen gewährleisten wird, ist die Rückbesinnung auf diesen Satz von Gottfried Keller. Und diese Rückbesinnung geschieht automatisch, wenn die Ängste enttarnt werden und wir zurück in die Selbstliebe und in wahre Selbstbewusstheit finden. Es ist dann nur noch unter emotionalem Leiden möglich, NICHT den positiven Nutzen voranzustellen. Umgekehrt ausgesprochen, wird es zum Bedürfnis der Ethik der Seele, dem roten Faden des göttlich universellen Ursprungs von uns und allem, was existiert zu folgen.

Derzeit steht die Menschheit wieder am Punkt der höchsten Blüte. Entwicklungen überschlagen sich. Verschiedene Katastrophenszenarien stehen uns dabei wie haushohe Ungeheuer gegenüber, die tagtäglich durch die Medien geistern und unsere Ängste schüren. Jeder der diese Angst annimmt und nährt, wird entsprechend denken, fühlen, reden und handeln und dadurch seinen Anteil dazu leisten, dass diese vorgezeichneten Katastrophen Realität werden können. Egal, ob wir für oder gegen die Katastrophen sind, der Schwerpunkt um den sich alles dreht ist das Katastrophenszenario. Der Fokus liegt auf dem sogenannten Bösen oder Schlechten und muss daher fast schon zwangsläufig eintreten. Oder wie es Albert Einstein formulierte:
„Die Welt wird nicht bedroht von den Menschen, die böse sind, sondern von denen, die das Böse zulassen."
Katastrophen können abgewendet werden, wenn die Angst davor schwindet und anstelle des Katastrophenszenarios ein Bild von einem Wunschszenario existiert, FÜR das etwas getan wird. Alles, was jetzt da ist, kann segensreich und positiv eingesetzt werden. Nichts existiert umsonst auf dieser Welt. Doch nur die Rückbesinnung auf das Göttliche in uns bringt uns dazu, den Schlüssel all unserer Errungenschaften zum Segen, statt zum Fluch zu nutzen.

Wie Gandhi schon sagte: *„Du selbst musst die Veränderung sein, die Du in der Welt sehen willst!"* Je mehr Menschen mit ihrem göttlichen Kern in Kontakt sind, desto mehr Menschen werden wissen, wie die Errungenschaften einzusetzen sind. Sie werden über das Wissen verfügen, schlicht, weil sie mit dem großen Ganzen verbunden sind und weil wir gemeinsam EIN ZIEL etablieren können: eine neue Welt – unser Paradies.

Medien-Karenz: Ein Schritt zur Selbstbesinnung

Jeder der mit Ängsten zu kämpfen hat, und dem die Medien, egal welcher Art, mit ihren Beiträgen Angst machen, könnte es dienen, sich einer Medien-Karenz für mindestens vier Wochen zu unterziehen und zu beobachten was geschieht.

Es wäre sinnvoll, diese Zeit der Karenz zu nutzen, um sich eingehend zu studieren. Je mehr die Manipulationen von außen ausgeschaltet werden, je mehr können wir uns unseres Inneren bewusstwerden. Diese Vorbereitung ist wichtig, um zu wissen, wann und wie wir etwas Anderes zur Anwendung bringen wollen und können – in und an uns selbst, sowie um uns herum.

Zweifel und Unentschlossenheit als Wegweiser

Auf diesem Weg werden Angst, Unentschlossenheit und Zweifel ständige Begleiter sein. Sie sind oft zuerst unerkannt und beginnen still und heimlich im Untergrund zu keimen. Sie sind sehr gut im Tarnen und Täuschen und wo sie weiter Einkehr halten, fördern sie immer wieder neue Angst, Zweifel und Unentschlossenheit, sofern wir nicht erkennen lernen, wo sie im System sinnvoll einzusetzen sind. Mit ihnen ist es wie mit Fußballspielern, die nicht in ihrer eigentlichen Position spielen dürfen. Erst wenn diese Spieler in einer Besetzung untergebracht sind, die ihrem Talent entspricht, wird die Mannschaft erfolgreich sein.

Übertragen auf Zweifel und Unentschlossenheit bedeutet das: Wenn wir diese Eigenschaften adäquat einsetzen, können sie das Spiel für uns entscheiden und zeigen, wo die Ursache unserer Angst herkommt und welcher Schatz dort vergessen wurde. Dadurch kommen wir mehr und mehr ins SELBSTVERTRAUEN, womit Angst, Zweifel und Unentschlossenheit von ganz allein abnehmen. In diesem Buch werden noch viele Beispiele zu finden sein, wo wir sinnvollerweise Zweifel und Unentschlossenheit einsetzen können, um unser altes „Erfolgs-Weltbild" anzuzweifeln damit wir es in ein Neues verwandeln.

Uns ist nicht bewusst, dass hinter scheinbar positiven Angewohnheiten allzu oft ebenfalls Angst liegt. Wenn wir das Missverständnis dieser Ängste, von denen wir keine Ahnung hatten aufdecken, finden wir dahinter das eigene göttliche Potential, welches vergessen und verleugnet werden musste. Genau deshalb ist es so wichtig die eigenen Ängste zu identifizieren. Sie weisen den direkten Weg zu den eigenen Fehlinterpretationen jedes einzelnen Individuums, sowie zu den Fehlinterpretationen der Gesellschaft und des Kollektivs. Darüber hinaus jedoch weisen sie den Weg zu unser aller wahrem Potential und Selbst.

3. Von der Angst vor Armut zu Reichtum

Armut ist das Gegenstück zu Reichtum oder Wohlstand. Armut ist in seiner wörtlichen Deutung jedoch, ARM an MUT. Reichtum und Armut sind demselben Fluss des Lebens entsprungen und unterliegen den gleichen Gesetzmäßigkeiten und Prinzipien. Bisher unterlagen wir jedoch der Fehldeutung, dass Armut als etwas Erfolgloses und Reichtum oder Wohlstand als etwas Erfolgreiches definiert wird. Armut wurde bisher hauptsächlich in Verbindung mit Verlust von materiellem Wohlstand gebracht, der logischen Konsequenz dessen, wie wir Erfolg bisher sehen. Dabei ist Armut sehr viel mehr und die darin verborgenen Chancen werden mit einer möglichen neuen Sicht von Erfolg deutlich.

Angst vor Armut

Angst vor Armut besteht überall dort, wo wir arm an Mut sind, neue Gedanken zuzulassen und deshalb Einstellungen und Werte nicht hinterfragt werden. Angst vor Armut besteht überall dort, wo alte Bewertungen und damit zusammenhängende Beurteilungen und Verurteilungen sowie Vorurteile nicht losgelassen werden. Verurteilungen entstehen durch Ein- und Geringschätzungen einer Person oder Sache aufgrund mangelnder Bewusstheit. Anders als beim reinen Urteilen, findet bei der Verurteilung keine Neutralität, sondern eine Geringschätzung und Abwertung statt. Die Angst lässt dabei immer eines nicht erkennen: Das UR-TEIL - die ursprüngliche Energie von Liebe und Leben. Wird diese Kernessenz durch die Angst vor Armut in anderen Personen, Situationen, Dingen oder in einem selbst nicht erkannt, entsteht Mangel mit all seinen Folgen, wie wir sie heute sehen. Diese Angst ist wie ein Chamäleon. Sie kann sich so gut tarnen und im inneren Urwald versteckt sein, dass sie ein Leben, oder sogar eine Menschheitsgeschichte lang als Last zwar mit herumgeschleppt wird, aber als solche nicht ein einziges Mal wirklich erkannt wird. Doch der steigende Mut vieler Menschen zur ehrlichen Selbstreflexion lässt uns dieses schweren Gepäcks gewahr werden, von dem wir dachten, es sei ein Teil von uns.

Armut

Der Angst vor Armut liegt die Furcht, verletzt zu werden, weniger zu sein, weniger gemocht zu werden oder klein zu sein bzw. klein gemacht zu werden, zu Grunde. So haben wir das Leben oftmals erlebt, als wir auf diese Erde geboren wurden. Jemand der Angst vor Armut hat, ist daher auch ungern bereit ohne Vorbehalt zu geben oder zu schenken. Es ist dabei völlig belanglos, ob materiell oder immateriell. Ein Mangel an Vertrauen in das Leben selbst und die erlernten Zweifel, dass selten etwas Positives zurückkommt, wenn aus voller Freude und purer Lebenslust des kindlichen Selbst gegeben wird, sind maßgeblich für diese Angst verantwortlich. Es wird gehortet, zu halten oder vermehren versucht, ohne dabei wirklich glücklich zu werden. Und wenn doch so etwas wie Erfolg entsteht, dann oft unbewusst auf dem Rücken Anderer. Die Angst vor Armut veranlasst vor allem in unserer heutigen so genannten ersten Welt Menschen dazu, in das bekannte Hamsterrad der Unersättlichkeit zu steigen. Wir haben das permanente Bestreben immer noch mehr tun und noch mehr haben zu wollen und dabei selten bis nie Zufriedenheit und Ruhe zu finden.

Wenn wir hingegen materiell armen Menschen begegnen kann es sein, dass wir etwas Faszinierendes feststellen. Sie sind oft viel glücklicher mit dem Wenigen was sie haben und sie teilen ihr schmales Hab und Gut dabei oft sogar gern. Interessanterweise versuchen wir diesen ärmeren Menschen, die vorwiegend in der so genannten Dritten Welt leben zu verkaufen, dass unsere Art und Weise zu leben, sie glücklich machen würde. Dabei sind wird selbst der lebende Beweis dafür, dass diese Aussage angezweifelt oder zumindest hinterfragt werden sollte. Könnte es daher nicht vielmehr sein, dass es sich genau anders herum verhält und wir vielleicht eher etwas von ihnen lernen könnten und wenn beide Ansätze sinnvoll zusammengebracht werden, alle Beteiligten deutlich glücklicher daraus hervorgehen?

Jeder, der sich freiwillig schon einmal in die Situation begeben hat, aus dem materiellen Wohlstandskreislauf auszubrechen und auf all die Annehmlichkeiten unserer Gesellschaft zu verzichten, weiß wie befreiend das ist. Dieses Exempel lehrt uns eines: Es ist wichtig zu wissen, welche Art von Wohlstand angestrebt wird und in welcher Art und Weise Wohlstand gelebt werden will und wie viel davon. Diese Faktoren hängen unmittelbar mit unserer eigenen Motivation zusammen. Wenn die Motivation oder das „Warum" die Angst vor der Armut ist, und sei es auch völlig unbewusst, dann sind wir früher oder später so erfolgreich wie eine Ameise, die einen Felsbrocken verschieben möchte. Es wird unausweichlich sein, Armut zu erleben. Ob das in materieller oder psychisch emotionaler Weise geschieht ist belanglos, gewiss ist nur eines: ARMUT WIRD ERFAHREN! Dies kann in vielerlei Formen geschehen, z. B. durch den Verlust materieller Güter, einen Rosenkrieg mit materiellem Kernthema oder aber durch eine Krankheit, die den Verlust der Arbeitskraft mit sich bringt. Global könnte hier der Zusammenbruch der Wirtschaft, der Umwelt oder ein zerstörender Krieg genannt werden. Ist unsere Motivation jedoch der Ausdruck des Wissens um unsere wahre Natur als göttliches Wesen der Liebe, so erhalten wir mit uns und durch uns die Chance die genannten Herausforderungen zu verändern.

Angst vor Armut bestimmt die Welt

Die Angst vor Armut manifestiert sich nicht nur im Leben jedes Einzelnen. Auch als Gesellschaft bekommen wir mehr und mehr die Konsequenzen dieser Angst zu spüren, die sehr versteckt und unsichtbar sind, da sie über unsere übliche Auslegung von Bewusstsein und Erfolg weit hinauszureichen scheinen.
„Berechnung" im wörtlichen Sinn scheint hier der Kern des Problems, der unserem gesamten Gesellschaftssystem innewohnt. Soll und Haben stehen sich allgegenwärtig gegenüber wie zwei Titanen in ihrem ewigen Kampf. Ist das Haben groß und größer erfährt man große positive Aufmerksamkeit und Anerkennung und erhält auch entsprechend mehr Chancen. Ist das Haben klein oder besteht das Haben sogar aus purem Soll verhält es sich in der Regel meist umgekehrt. Mehr und mehr boomt

der Markt für Bücher, Vorträge und Seminare, in denen jeder lernen kann, wie man an den großen Reichtum kommt. Dabei werden teilweise Wege gezeigt wie gesetzliche Schlupflöcher genutzt, Dienstleistungen in Fernost zu Billiglöhnen und weitere fragwürdige Dinge genutzt werden können. Natürlich funktionieren diese Dinge auf der Basis unserer derzeitigen Wirtschafts- und Finanzsysteme und auf der Basis dessen, was wir bisher Erfolg nennen, doch dieser Weg bringt keine "WIN-WIN-Situation" mit sich. Hierbei profitieren nicht alle Beteiligten. Vielmehr gibt es hierbei stets Verlierer. Dieses System interessiert sich in erster Linie für den Profit, also für die Quantität, aber sehr wenig für die Qualität. Dies geht zu Lasten anderer Menschen und auch der Natur. Wagt man einmal einen Blick hinter unsere Wirtschaftssysteme, können wir entdecken, wie die Angst vor Armut wirkt. Als Relikt aus unserer Kindheit bringt sie uns unbewusst immer wieder aufs Neue dazu, unsere Verbindung zu uns selbst zu hintergehen, damit wir das, was wir als positiven Erfolg erlernt haben, erhalten können. Diese Angst ist es, die unsere Weltwirtschaft am Laufen hält, obwohl wir das Gefühl haben, das irgendwas einfach nicht stimmt. Ein Beispiel:
Wir produzieren Güter auf Halde, obwohl heute alle Güter dieser Welt mit Hilfe unserer technischen Errungenschaften innerhalb kürzester Zeit jedem zugänglich gemacht werden könnten. Wir sind inzwischen in der Lage Lebensmittel nahezu frisch, von einem Ende der Welt an das andere zu befördern. Dennoch werden massenweise Produkte auf Vorrat produziert, länger haltbar gemacht und dafür in Konserven verpackt. Und müssen die Preise stabil gehalten werden, werden massenweise Lebensmittel vernichtet, während stündlich Hunderte verhungern. Es werden Manipulationstechniken erfunden, die unsere Lebensmittel noch haltbarer machen oder sie vor Schädlingen schützen, die durch eine Überzüchtung und Monokulturen entstanden sind. Das alles und noch mehr geschieht aus Angst, es könne irgendwann einmal ein Ereignis eintreten, welches diese Vorratshaltung nötig macht. Auch hier erkennen wir ein Relikt der Erfahrung unserer Vorväter aus den großen Kriegen. Es ist unglaublich, aber wahr: Wir zerstören die Artenvielfalt und unsere Nahrungsgrundlagen, sekundär auch unser Klima, weil wir Angst haben, dass wir irgendwann nichts mehr zu essen haben könnten

und erkennen nicht, dass wir es selbst sind, die genau diese Ressourcen zerstören. Wir selbst provozieren durch unser unreflektiertes Verhalten die befürchteten Szenarien von Mangel. Im Fortlauf eines solchen Kreislaufes treten dann Knappheits-Szenarien ein, was durchaus wahrscheinlich auf politischer Ebene zu Konflikten führen kann. Dann stehen plötzlich nicht mehr Lebensmittel und Artenvielfalt im Zentrum des Mangels, sondern die Herausforderung, wie durch Rohstoffe der Reichtum und damit die Macht gesichert werden kann, um als Stärkerer in diesen Konflikten aufzutreten, mit der Zielsetzung zu gewinnen. Wir erkennen, wie immer wieder dieselben Kreisläufe wirken und bisher noch viel zu oft Wohlergehen von Mensch, Tier und Umwelt zugunsten von Geld, Machterhalt und Erfolg beschnitten wird. Mehr und mehr nehmen wir Veränderungen tatsächlich in unsere Agenda auf, doch der Profit steht noch so im Vordergrund, so dass die Lösungen der Probleme wie ein Tropfen auf den heißen Stein anmuten, beziehungsweise der Versuch ein Problem zu lösen, zu zahlreichen neuen Problemen führt. Es ist das Prinzip des Wettbewerbs, das unsere Welt regiert und in der Angst vor Armut wurzelt. Berücksichtigt man aber sämtliche Rahmenbedingen wie z.B. die langfristige Entwicklung unseres einst so ressourcen-reichen Planeten, wird es am Ende nur Verlierer und keine Gewinner geben, wenn wir uns nicht besinnen und zum Ausdruck bringen, was Menschlichkeit in seiner ganzen Fülle beinhalten könnte. Die Folgen sind verheerend, wenn wir es nicht tun, die Chancen jedoch grandios, wenn wir uns zur Rückbesinnung und Ur-innerung entschließen. Solange wir als Menschheit meinen, dass Wettbewerb uns weiterbringt und wir durch Produzieren und Erfinden versuchen unseren äußeren Reichtum zu mehren, dies aber nicht auf der Basis der Selbstliebe, des wahren Selbstbewusstseins und damit der Liebe zu allem was ist tun, kann uns dies nicht zum Segen, sondern nur zum Fluch werden.

Anderes Denken schafft andere Tatsachen

Stellen wir uns stattdessen einmal ganz drastisch das Gegenteil vor. Wir begreifen, dass es ausreicht, Lebensmittel nicht in Massen oder genmanipuliert anzubauen und dass unsere Natur alles hervorbringt, was notwendig ist. Es ist heute möglich, alle Menschen in kurzer Zeit zu versorgen. Alles was jetzt schon vorhanden ist, könnte den Hunger in der Welt innerhalb kürzester Zeit stoppen. Es bedürfte viel weniger Lebenszeit, die dafür eingesetzt werden müsste, die bisherigen Massen an Lebensmitteln zu produzieren. Damit bliebe mehr Zeit für körperliches und seelisches Wohlergehen jedes Einzelnen, was eine leichtere und schnellere Bewusstheit ermöglichen könnte. Alle Menschen könnten dann von einem besseren körperlichen, wie auch mentalen Standpunkt aus gemeinsam überlegen, wie jeder seine Bestimmung einbringen kann und diese Erde zu dem zu machen ist, was wir offensichtlich mehrheitlich wollen – einem friedlichen und intakten Ort. Mit der Selbstliebe gehen die Selbstverpflichtung, die Selbstverantwortung, das Selbstvertrauen und die eigene Bestimmung einher. Jeder, der sich auf den Weg zu sich selbst macht wird wissen, welchen Beitrag er oder sie leisten kann, damit dieser friedliche, gesunde Planet wahr werden kann. Friede und Gesundheit beginnen in jedem einzelnen – unabhängig davon, ob er aus der Ersten oder Dritten Welt stammt. Wenn wir die Herausforderungen unserer Zeit wirklich sinnvoll für uns lösen wollen, täten wir gut daran den Wettbewerb und das Kämpfen einzustellen. Kooperation und Güte sind die Wegweiser unserer Zeit. Das folgende Zitat von Prof. Dr. Daniel Siegel bringt uns direkt zu dem, was wir scheinbar vergessen haben:

„Der augenblickliche Stand wissenschaftlicher Erkenntnisse, erlaubt uns die begründete Aussage, dass Güte und Mitgefühl für das Gehirn sind, was der Atem für das Leben ist."

Güte und Mitgefühl begründen sich auf Verständnis, doch das Verständnis welches hier gemeint ist, liegt weit jenseits von dem was uns unser Verstand zu bieten hat. Wir werden mehr Einsicht über unser menschliches Mitgefühl und Verständnis im Verlauf dieses Buches und ganz speziell im Kapitel Verstand und Selbsterkenntnis erhalten.

Neue Denkweisen – wahre Werte

Die Fehldefinition von Erfolg scheint dazu geführt zu haben, dass wir uns innerlich an materiellen Wohlstand ketten und uns bisher fast ausschließlich darüber völlig unbewusst identifizieren. Was jedoch bliebe von uns wohlhabenden Menschen übrig, wenn wir plötzlich keinen Reichtum mehr hätten? Welcher innere Reichtum an Sicherheit und Vertrauen wäre vorhanden? Was wäre, wenn alles nichts mehr wert wäre? Die nächste Frage, die sich daraus ergibt ist: Warum halten wir denn so sehr an den alten Bewertungssystemen fest?

Es häufen sich doch Staatsschulden über Staatsschulden wie Laubhaufen im Herbst. Was hindert uns daran, eine neue Bewertung anstelle der Alten vorzunehmen? Warum ziehen wir nicht einen Schlussstrich, setzen Schulden – ob stattlich oder privat, ob materiell oder immateriell – auf null und fangen neu an? Was hindert uns daran, Güte und Mitgefühl über die Grenzen unserer Definition von Erfolg hinaus zu entwickeln? Warum definieren wir nicht endlich neue Wertmaßstäbe? Schlussendlich hat irgendwann einmal irgendwer doch nur festgelegt, was Erfolg, Wohlstand und Reichtum bedeutet, was als „wertvoll" anzusehen ist und dass es so etwas wie falsches Verhalten und Vergeltung geben muss. Die Masse der Menschen hat diese Bewertung, die einige festgelegt haben, einfach übernommen. Wenn wir wirklich Gleichberechtigung wollen, dann kann ich uns nur wünschen, dass wir uns rückbesinnen und eine solche Änderung bewusst und als Ausdruck unseres wahren Selbst vornehmen. Anderenfalls sorgen die universellen Gesetzmäßigkeiten und unsere Unbewusstheit ohnehin dafür, dass wir uns mit unserem Verhalten früher
oder später automatisch auf null setzen. Die Crashszenarien könnten sich bewahrheiten, wobei dies absolut nicht sein muss.
Doch so ein Crash kann durchaus etwas Nützliches haben: Durch einen Crash könnte man eine neue Währung einführen: Lebenszeit.
So neu ist diese Währung eigentlich gar nicht. Genau genommen nutzen wir sie derzeit bereits. Nur leider nicht zum Segen, sondern zum Fluch. Bisher geben viele Menschen ihre Lebenszeit für eine sehr geringe Bewertung einer Stunde der selbigen her. Auch hier erkennen wir wieder unser Eingangsbeispiel „Quantität vor Qualität". Doch wie wäre es, wenn jede Stunde Lebenszeit gleich viel wert wäre? Jeder Mensch auf diesem gesamten Planeten hat täglich dieselben 24 Stunden

Lebenszeit zur Verfügung. Wenn wir tatsächlich von GLEICH-Berechtigung sprechen wollen, kommen wir vermutlich nicht umhin, uns den für uns derzeit noch sehr unangenehm anmutenden Konsequenzen zu stellen, die sich mit unserer bisherigen Auslegung von Erfolg nicht vereinbaren lassen. Was bedeutet Gleichberechtigung? Jeder ist auf Augenhöhe mit dem Anderen, keiner ist besser oder schlechter als der Andere. Wohlstand wäre ohne die bisher als geringgeschätzten „niedrigen Arbeiten" nicht möglich. Wir würden im Chaos versinken. Die derzeitigen Erkenntnis- und Veränderungsprozesse könnten nicht sichtbar werden, wenn wir nicht genau jene Rollen einnehmen, die wir gerade einnehmen. Es wird sowohl sichtbar was funktioniert, wie auch das, was uns nicht dient. Somit ist jeder und alles genau gleich richtig und wichtig. Eine andere Auslegung von Erfolg, welche auf WIN-WIN und unserem göttlich universellen Ursprung beruht, würde es ermöglichen, Lösungen und Maßnahmen zu finden, die wir derzeit einfach noch nicht sehen und zulassen können.

Geld als Spiegel

Statt eines neutralen Tauschmittels, ist unser Umgang mit Geld Sinnbild dafür, wie wir zu lieben gelernt haben. Unser Umgang mit Geld spiegelt wider, wie unser innerer Kuhhandel mit und gegen uns selbst und unsere Anteile getätigt wird. Wenn wir Liebe anders bewerten und neu definieren, indem alte Fehlinterpretationen, die zu Ängsten und Verletzlichkeiten führten, losgelassen werden, liegt in dieser Überzeugungs- und Verhaltensänderung der Schlüssel, der sich auf die Finanz- und Wirtschaftssysteme anwenden lässt und einen Wandel selbiger, sowie in der Folge einen Wandel unserer Welt nach sich ziehen kann. Alle Mechanismen die letztlich in jedem Einzelnen zu finden und anwendbar sind, sind in unserem Umfeld und in der ganzen Welt verankert und wirksam, da alles Leben denselben Prinzipien und Gesetzmäßigkeiten unterliegt - weil alles eins ist.
Unser Umgang mit Geld ist ein Symbol für unsere veraltete, an Bedingungen geknüpfte Art zu lieben. Wer gibt, erhält eine Gegenleistung. Wenn die Gegenleistung aber nicht dem entspricht, was erwartet wird,

dann erhalten wir weniger oder überhaupt nichts und wenn wir uns nicht einig werden, dann...! Anfangs verstehen sich zwei Parteien oft noch prächtig. Doch plötzlich will einer mehr oder etwas Anderes. In der Ehe wird das „sich nicht gesehen, geliebt und wahrgenommen fühlen" nur allzu oft zum Schluss als Rosenkrieg auf dem Rücken der Kinder ausgetragen. Es wird auf etwas Materielles gepocht, weil das, was wirklich fehlt – das Fließen der Liebe, nicht mehr zugänglich ist. Das Geld steht sozusagen Pate für die Liebe. In Firmen nicht unähnlich wird aus anfänglicher guter Partnerschaft durch Anhäufung von Missverständnissen, ein ähnliches Szenario geschaffen. Wenn wir uns dann die globale Ebene ansehen, scheint die Gier nach Rohstoffen oder Bodenschätzen und damit verbunden die Gier nach Macht im Vordergrund zu stehen. Schon vor hunderten von Jahren war es dasselbe Vorgehen. Unbewusst agiert der Mensch auf der Ebene von: Mach dir den zum Feind, von dem du etwas haben willst, dann kannst du ihm den Krieg erklären. Wenn das nicht funktioniert, wird eben dem Entstehen des Feindbildes nachgeholfen, bis jener diesem Bild entspricht. Dieses Prinzip wirkt auf der persönlichen, wie auf der gesellschaftlichen und auch globalen Ebene. Angst vor Armut ist es, die uns selbst im Hamsterrad aus äußeren und inneren Zwängen laufen lässt, durch Aufkündigen der Beziehung Kindheiten zerstört, Ehen zerrüttet, Firmenpleiten nach sich zieht, Partnerschaftsstreitigkeiten - privat wie geschäftlich - fördert und im ganz Großen zur Zerstörung der Natur und des Planeten sowie zu Kriegen führt. Doch was wäre, wenn Mensch da einfach nicht mehr mitmacht? Stell Dir vor, es gäbe genügend Menschen, die sich ihrer eigenen Verantwortung bewusst sind und diese macht- und geldpolitischen Machenschaften durchschauen und sich persönlich nicht mehr davon beirren lassen, frei nach dem Motto: Die Oberen machen Krieg und keiner macht mit. Stattdessen fordern wir die Beteiligten auf, über echte Friedensvermittler die Ursachen der Missverständnisse zu klären oder gar ihre persönlichen Differenzen „Mann gegen Mann" zu klären. Würden sie dann immer noch Krieg wollen? Dasselbe kann aber auch auf alle bestehenden Finanz-, Wirtschafts- und politischen Systeme angewendet werden.

Welche Veränderung wäre möglich, wenn wir den Mut hätten „Nein" zu dem zu sagen, wo wir oft schon lange ein „Nein" spüren? Die bisherigen Unterlassungen führten dazu, dass diese Welt wie wir sie heute sehen, zustande kommen konnte. Wie würde sie zukünftig aussehen, wenn wir uns aus diesen Machenschaften herausnehmen, die ohne uns nicht funktionieren könnten und einen neuen Bezugsrahmen definieren würden?

Antworten finden

Das, was für den grundlegenden Wandel notwendig ist, liegt in jedem einzelnen Selbst. Wenn wir die hier angesprochenen Ängste auflösen und das dahinter verborgene Potential nutzbar machen können, geschieht Heilung auf allen Ebenen. Heilung für uns Menschen und damit Heilung für den gesamten Planeten. Denn so wie wir mit uns selbst umgehen, gehen wir mit anderen und der gesamten Umwelt um. Wir beeinflussen uns gegenseitig. Sind wir mit uns im Reinen, geben wir diese Eigenschaft in jeglichem Umgang weiter. Allgegenwärtig warten die Antworten, wenn wir uns bereitfinden, uns selbst erkennen zu wollen. Wir können dann die Wegweiser und Hilfen aus uns selbst, aus unserer Umgebung und der Natur wie sie gemeint sind, erkennen, verstehen und annehmen. Wir werden weder uns noch unser Umfeld weiter manipulieren und ausbeuten wollen. Dies bedeutet mitnichten, dass zwangsläufig alle Finanz- und Wirtschaftssysteme abgeschafft werden müssen. Vielmehr brauchen wir einfach neue Bewertungen und neue Blickwinkel auf die Vorgehensweisen unserer Systeme. Sind wir als Menschen bereit dazu, aktiv Veränderungen herbeizuführen, können wir gemeinsam die prognostizierten Szenarien abwenden. Machen wir hingegen weiter wie bisher, so wird das Leben selbst uns als Resonanz auf unser Tun die nächste Katastrophe schicken, die uns dazu zwingt etwas zu verändern.

Angst vor Armut zieht sich durch alle Ebenen des menschlichen Seins: geistige Armut, finanzielle Armut, Armut im Ansehen, Armut im Lieben, Armut in der Anerkennung, Armut an Begeisterung, Armut an Freude usw. Sie ist unsere größte Bürde und gleichzeitig unser größtes Geschenk. Wenn jeder einzelne Mensch seine Bewertungen verändern kann und aus der Bewertung der Angst eine Bewertung der Liebe wird, dann ist die Angst vor Armut obsolet.

Als Kollektiv haben wir die Chance, aktiv den Wandel in unserem Sinne herbeizuführen, indem jeder Einzelne bei und mit sich anfängt, stetig und kontinuierlich, immer und immer wieder die nächst bessere Version seiner selbst zu werden. Selbstverantwortliches Denken und Handeln wachsen auf dem Boden geheilter Verletzungen und erkannter Missverständnisse. Liebe behält immer das bestmögliche Ergebnis für alle Beteiligten im Auge. Das ist unsere wahre Natur.

Wir brauchen nicht das Bekämpfen all dieser Krisen, oder wie man am gewinnbringendsten aus selbigen hervorgeht. Wir brauchen neue Werte. Bisher haben wir fehlinterpretiert und fehl-bewertet. Und hier meine ich mit „fehl" dass uns eine wichtige Grundlage fehlte. Die Grundlage, die aus jeder Situation versucht, WIN-WIN zu kreieren. Es ist die Grundlage des Herzens und des göttlichen Kerns in jedem.

Eine ökonomisch-ethische Bewertungsgrundlage trägt jeder in sich und oft fühlen wir diese sogar, doch auch sie haben wir fehlinterpretiert. Je mehr wir uns dem Selbst zuwenden und die Ängste enttarnen, werden wir dieser Grundlage und ihrer Bedeutung gewahr. Es entsteht das Bedürfnis, das Gefühlte dann bewusst in Erfahrung bringen zu wollen. Tun wir es nicht, dann erfahren wir emotionalen Schmerz – hierin könnte die unbewusste Ursache für die massiv zunehmenden Depressionen, Burnouts sowie zunehmenden Gewalttaten liegen – wir verstehen nicht, wo der Schmerz tatsächlich herkommt und wozu er eigentlich dient. Unser aller Verantwortung aber auch Möglichkeiten und Potentiale sind viel größer, als wir sie bisher angesehen haben.

Wir sind aus gutem Grund die Krone der Schöpfung. Nicht umsonst sagte Christus einst: „Der Größte unter euch soll euer aller Diener sein." Wenn wir die Rollenverteilung auf der Welt ansehen, so kann von dienen jedoch keine Rede sein. Das Thema der Erhaltung unseres Planeten ist unsere Verantwortung. Diese Verantwortung könnten wir mit Freude tragen, wenn wir die Antwort in uns selbst erkennen und wissen wer wir wirklich sind. Dann würden wir bildlich gesprochen sicher auf unserem göttlich universellen Ursprung stehen und würden auf Fels bauen, der allem trotzt und nicht auf dem Sand von fehlgeleitetem Erfolg und Reichtum, der früher oder später alles zum Einsturz bringt. Dann erfahren wir wirklichen Wohl-Stand und Reichtum auf allen Ebenen.

4. Von der Angst vor Krankheit zu Gesundheit

Die Angst vor Krankheit ist im Grunde die Angst vor Verlust von Gesundheit und hat verschiedene Auswirkungen. Als Ziel unseres Handelns sollte somit sinnbringender Weise die Gesundung oder Gesunderhaltung des Menschen und des gesamten Umfeldes im Zentrum stehen. Wie wir unumwunden feststellen können, berücksichtigen wir dies maximal vordergründig.

Zivilisationskrankheiten der Moderne

Die Zivilisationskrankheiten teilen sich in zwei Hauptkategorien – körperlich und psychisch. Direkte Folgen von körperlicher Erkrankung können mangelnde Leistungsfähigkeit, Schmerzen und Einschränkungen verschiedenster Art sein. Bekannte indirekte Folgen sind finanzielle und gesellschaftliche Abhängigkeit, sowie der Verlust von Freiheit. Damit einhergehend verringert sich mehr und mehr das Selbstwertgefühl.

Immer mehr Menschen leiden an Übergewicht, Herz-Kreislauf-Erkrankungen und deren Folgen, Zuckerkrankheit und Krebs. Das stetige Ansteigen dieser Erkrankungen ist schon denkwürdig, doch betrachten wir, in welchem Maße die psychischen Erkrankungen, wie Depression und Burn-out zunehmen, scheint es an der Zeit sich der Problematik auf einer anderen Ebene zuzuwenden, wie nur der körperlich-geistigen Ebene. Ich werde hier ganz gezielt nicht auf die körperlichen Erkrankungen eingehen, da der Weg über die psychischen Erkrankungen in der Konsequenz hier Lösungen auch für die körperlichen Erkrankungen hervorbringen kann, die wir derzeit noch überhaupt nicht für möglich halten. Auf alle Fälle könnten wir zu dem Schluss kommen, wenn schon Kinder und junge Erwachsene zunehmend an Fettleibigkeit, Zuckerkrankheit und ADHS, Depressionen oder Burn-out leiden, kann irgend etwas nicht stimmen. Offensichtlich führen wir in der sogenannten Ersten Welt einen Lebensstil, der weder unserem Geist noch unserem Körper zuträglich ist. Betrachten wir den Lebensstil der Moderne näher, wird schnell sichtbar, dass wir viele Faktoren erschaffen haben, die Krankheiten unterstützen, beziehungsweise unserer Gesunderhaltung oder Gesundung entgegenstehen. Diese Faktoren liegen weit jenseits unseres Gesundheitssystems.

Wir leben in relativ großem finanziellem Wohlstand, was jedoch oft nicht so erfahren wird, da unsere Standards so derart nach oben geschnellt sind und weiterwachsen, dass wir trotzdem Mangel empfinden. Der Drang nach Veränderung, Verbesserung und Vereinfachung führt zu immer schnellerem Fortschritt, den wir einerseits suchen und teilen wollen, welcher gleichzeitig jedoch die Triebfeder unserer Erkrankungen zu sein scheint.

Ursachen

Über den schulmedizinischen Hintergrund hinaus, gehe ich hier gezielt auf einen größeren Kontext ein, da sich hier andere Perspektiven und somit andere Lösungsansätze finden lassen.

Betrachten wir die wachsende Vielfalt von Nahrungsmitteln in den Supermärkten. Stetig steigt die Quantität und Menge an Vielfalt, währenddessen die Qualität mehr und mehr abnimmt. Oft verdient ein Lebensmittel schon nicht mehr das Wort Lebensmittel. Es werden Produkte hergestellt und beworben, die offensichtlich nicht gesund sind und dennoch mehr und mehr Einzug in die Regale unserer Geschäfte finden.

Es ist durchaus bekannt, dass Zucker und Ähnliches gerade Kindern aber auch uns Erwachsenen nicht unbedingt dient. Dennoch werden mehr und mehr Varianten von Süßigkeiten hervorgebracht, sowie süße Getränke auf den Markt geschwemmt, die natürlich lieber gewählt werden als „gesunde" Nahrungsmittel und Getränke. Wen wundert es, dass immer mehr Kinder an Übergewicht und anderen Begleiterscheinungen der massenweisen Zufuhr von Zucker leiden.

Das alltägliche Hamsterrad lässt mehr und mehr Menschen auf fertig produzierte Gerichte zurückgreifen, da es die eigene Zeit und bei vielen auch der eigene Geldbeutel kaum mehr erlaubt, zum einen gesund einzukaufen und dann auch noch gesund zu kochen. Hinzu kommt hier die immer geringere körperliche Bewegung, die diesen Trend noch unterstützt. Mangelnde Bewegung unterstützt als Co-Faktor auch Depressionen, da durch Bewegung körpereigene Glücksbotenstoffe ausgeschüttet werden, was im Falle der Depression hinfällig ist. Es wird sich lieber hinter digitalen Medien „verkrochen" als sich diesem „Mist" da draußen weiter zu stellen. Hinzu kommt die immer größere Möglichkeit, dass Drogen, z.B. Alkohol so hergestellt wird, dass er einfach gut schmecken muss und leicht zugänglich ist. Immerhin machen Drogen, egal welcher Art es einfacher, diesen „Mist" da draußen zu ertragen.

In der Erwachsenenwelt sind es dann zusätzlich Leistungsdruck und Arbeitsbedingungen, die mit mangelnder Bewegung, Zeitmangel und emotionalen Herausforderungen einhergehen und zu körperlichen wie geistigen Erkrankungen führen können. Ich denke es ist hier nicht nötig auf weitere Aspekte einzugehen, denn sie führen uns alle zu einer Frage: Warum diskutieren wir und unsere gewählten Regierungen ständig, dass unsere Gesundheit kaum bis nicht mehr finanzierbar ist und lassen gleichzeitig eine wirtschaftliche Entwicklung zu, deren Auswirkungen dem Ziel der Gesundheit entgegenstehen? Wie kann es möglich sein, dass Dinge produziert werden, die offensichtlich gesundheitsschädlich sind und dennoch den Weg in unsere Geschäfte finden und dabei auch noch billiger sind, als die Lebensmittel die wirklich noch dieses Wort verdienen? Wie kann es sein, dass diverse Inhaltsstoffe nicht deklariert werden müssen, nur, weil sie einen bestimmten Grenzwert nicht überschreiten, wobei dieser weiter nach oben korrigiert werden kann, damit ein Überschreiten nicht möglich ist? Wie kann es sein, dass wir Rahmenbedingungen haben, die den emotionalen Druck sowohl in Schulen wie auch am Arbeitsplatz immer weiter steigern? Wie kann es sein, dass immer und immer wieder aufs Neue Bedingungen ZUGELASSEN werden, die dem eigentlichen Ziel von Gesundheit entgegenstehen? Es scheint, als ob die Angst vor Armut deutlich die Angst vor

Krankheit dominiert und lieber Krankheit in Kauf genommen wird, statt von dem abzulassen, was scheinbar Erfolg beschert.
Offensichtlich scheint bei vielen Menschen die Angst vor Krankheit eine sehr geringe Rolle zu spielen. Dies könnte darauf zurückzuführen sein, dass Krankheit oft etwas ist, was langsam und schleichend entsteht und erhoffter Maßen andere trifft, wohingegen materieller Misserfolg mit relativ raschen bis sofortigen Auswirkungen einhergeht. Die Angst vor Krankheit bzw. Verlust der Gesundheit ist dann schlagartig im Bewusstsein jedes Menschen, egal ob arm oder reich, wenn der tatsächliche oder drohende Verlust der Gesundheit die Produktivität gefährdet und somit der Geldfluss zum Erliegen kommt.

Wahrnehmungserweiterungen

Ein überaus interessanter Aspekt der Angst vor Verlust der Gesundheit ist nicht der tatsächliche Verlust selbiger, sondern die oftmalig lange Anwesenheit von Missempfindungen unter Abwesenheit begründbarer, sichtbarer und nachvollziehbarer körperlicher Ursachen. Vor einigen Jahren waren Menschen die darunter litten als Hypochonder verschrien. Im Mittelpunkt dieses Leidens steht die Angst. Laut Wikipedia ist Hypochondrie das Leiden an ausgeprägten Ängsten, eine ernsthafte Erkrankung zu haben, ohne dass sich dafür ein angemessener, objektiver Befund finden lässt. Hypochondrie ist aber auch ein Symptom, das im Rahmen zahlreicher psychischer Störungen auftreten kann. Zu diesen Störungen gehören Depressionen und Burn-out, welche mehr und mehr auf dem Vormarsch sind.
Genau jenen Störungen wenden wir uns einmal näher zu. Grundsätzlich könnte man sagen, dass solange körperlich noch nichts feststellbar ist, eine Änderung der inneren Einstellung die Missempfindungen und Ängste mehr und mehr abmildern kann und eine Gesundung von innen heraus möglich ist, indem der eigene Ausdruck von Leben überdacht und verändert wird. Menschen, die unter solchen Ängsten leiden, wird oft vorgeworfen, sie verfügen über eine starke Einbildungskraft dessen, was als schlimmstmögliches Szenario angesehen wird. Und das stimmt auch. Diese Leiden haben die Konsequenz, von dem Leben was wir

bisher führen abzuhalten und das aus gutem, bisher nicht gewürdigtem Grund. Sie wollen uns zeigen, dass dieses Leben, wie wir es führen uns nicht mehr länger dient.

Sensibilität

Übersehen wird bisher eine hohe Sensibilität für das „kranke" fehlgedeutete Innere. Man könnte auch sagen, die Missempfindungen und teilweise massiven Ängste des Inneren werden zwar stark wahrgenommen, die Bedeutung jedoch missverstanden.
Der Betreffende wird weder wahr noch ernst genommen, da diese Ängste scheinbar irrational sind und mit unserem bisherigen Weltbild nicht erklärbar waren. Der Alltag manövriert die Betroffenen mehr und mehr in die Angst, die mit Medikamenten gedämpft werden muss. Oft wird der Körper in der Folge dann tatsächlich erkranken müssen, sofern keine nennenswerte Veränderung der Angewohnheiten erfolgt, welche in diese Misere führten, weil diesem Hilferuf mangels Bewusstheit nicht Folge geleistet werden konnte. Wir können dankbar sein, dass der Körper als perfektes Messinstrument die „Erkrankungen" des Geistes anzeigt, welcher eine Dysbalance des seelischen Aspektes zum Ausdruck bringt. Die Chance liegt im Nichtvorhandensein der körperlichen Ursache. Ein Lösungsweg kann im Inneren gesucht werden, wo die Ursache entstanden ist.
Hier gilt es nun sich des Aspektes gewahr zu werden, dass die Anzahl derer, die mit Depressionen und Burn-out immer öfter auch in jungen Jahren zu kämpfen haben, rapide zunimmt. Den Recherchen der Bestsellerautorin Arianna Huffington zufolge, die für ihr Buch „Die Neuerfindung des Erfolgs" viele Quellen durchforstete, stieg die Menge an verschriebenen Antidepressiva in Deutschland zwischen 2007 und 2011 um 46%, in Amerika ist ein Zuwachs von 400% seit 1988 zu verzeichnen. Die nichtverschreibungspflichtigen, natürlichen und antidepressiv wirkenden Mittel sind hierin nicht enthalten. Von 1996 bis 2011 gab es in Deutschland eine Steigerung der auf psychische Störungen zurückzuführenden Krankheitstage von 80%. Es erscheint durchaus

möglich, dass uns diese Entwicklung darauf hinweisen möchte, dass nicht wir Menschen mit unseren Ängsten „falsch" sind, sondern wir unser Leben derzeit auf eine zunehmend ungesundere Art und Weise führen. Die Ängste und damit einhergehenden Erkrankungen wollen uns wohl nach Möglichkeit wachrütteln, bevor wir körperlich erkranken. Leider leben wir in einer Zeit, in der auf der einen Seite sehr viele Menschen finanziell und materiell von Krankheit profitieren und auf der anderen Seite nicht ausreichend Geld vorhanden zu sein scheint, um Gesundheit zu erhalten oder wiederherzustellen. Gesundheitsvorsorge wird nach wie vor geringer gewertet als Krankheitsbehandlung, wie uns tagtäglich durch die Politik unserer Krankenkassen bewusstgemacht wird. Es werden der Gesundheit entgegenstehende Vorgehensweisen seitens der Politik und Wirtschaft unterstützt beziehungsweise nicht unterbunden. Hier sei die Frage erlaubt, ob wir wirklich gesund sein und leben wollen. Ist dies wirklich unser Bestreben oder wollen wir mit unseren Bemühungen „nur" unser schlechtes Gewissen beruhigen, um weiterhin den Profit vor Gesundheit ansiedeln zu können?
Wir leben in einer Zeit, in der wir langsam bewusst hinschauen sollten, welche Geister wir hier rufen und bereits riefen.
Ich möchte aus einem gleich ersichtlichen Grund nochmals an unser vorangegangenes Beispiel mit der Bekämpfung der Grippeepidemie im 1. Weltkrieg in New York erinnern. Der Erfolg bestand darin, der Angst der Bürger keine weitere Nahrung zu liefern. Die Gesundung erfolgte von ganz alleine, weil der Fokus nicht auf der Angst, stattdessen aber bei der Bewältigung des Alltags mit all seinen Herausforderungen lag. Diese Menschen waren lösungsorientiert und nicht problemfixiert! Nun könnten wir ja sagen: Na, dann vergessen wir die ganze Angst und Depression und wenden uns dem Alltag zu. Stimmt, die Frage ist nur, was sind die tatsächlichen Herausforderungen, die es zu bewältigen gilt? Der Alltag, so wie er derzeit ist, scheint es nicht zu sein, außer wenn wir davon ausgehen, dass dieser selbst auf eine ganz neue Art verändert werden muss. Wenn wir uns so umschauen, könnte man zu dem Schluss kommen, dass es genug zu bewältigen gäbe, abgesehen von den immer mehr um sich greifenden Zivilisationskrankheiten körperlicher wie psychischer Natur, die wir samt und sonders selbst erschaffen.

Hier scheint ein neuer, wichtiger Punkt hinzuzutreten, welchen der weltbekannte Autor Neale Donald Walsch prägte. Dieser Ansatz kann eine deutlich größere Wahrnehmung ermöglichen und besagt: „Es geht nicht um dich."
Was ist damit gemeint? Wenden wir den Fokus von der eigenen Problematik ab, um zu sehen welche Rahmenbedingungen zu der Situation der immer weiter ansteigenden Krankheitswelle führten, wird vielleicht endlich ersichtlich, dass im großen Gesamtkontext etwas nicht stimmt und sehr viele Dinge von uns erschaffen wurden, die uns nicht dienen, bzw. die uns krankmachen. Es könnte ersichtlich werden, dass unsere Art zu leben nicht nur die Gesamtbalance des Einzelnen gefährdet, sondern die Gesamtbalance des Planeten und allem was darauf zu finden ist und sich dies permanent wechselseitig bedingt.

Im ZEN-Buddhismus ist folgende Erzählung zu finden:
„Einst saß ein alter, weiser Mann unter einem Baum, als der Seuchengott des Weges kam. Der Weise fragte ihn:" Wohin gehst du?" Und der Seuchengott antwortete ihm: „Ich gehe in die Stadt und werde 100 Menschen töten." Auf seiner Rückreise kam der Seuchengott wieder bei dem Weisen vorbei. Der Weise sprach zu ihm: „Du sagtest mir, dass du 100 Menschen töten wolltest. Reisende haben mir berichtet es wären 10000 gestorben." Der Seuchengott aber sprach: „Ich tötete nur 100. Die anderen hat die eigene Angst umgebracht."
Unsere größte „Seuche" ist der Glaube an das, was wir Erfolg nennen. Unsere unbewusste Angst vor materiellem Verlust ist so tief, dass uns nicht klar ist, dass wir durch diese Angst ein Hamsterrad erschaffen haben, welches im übertragenen Sinne aus diesen 100 Toten der obigen Erzählung 10 000 Tote macht. Die Zahl derer, die dem ganzen zum Opfer fällt, steigt täglich.

Merkmale dieser Angst

Das Wiederholen von „krankheitsbedingten" Sätzen steht unbemerkt im Zentrum unseres Alltags. Beispiele dafür sind: „Ich bin so gestresst", „Mir geht es nicht gut", „Ich bin müde", „Ich habe die oder jene

Schmerzen" „Ich werde noch verrückt, wenn..." „Das macht mich wahnsinnig" und viele mehr. Fehlende Bewusstheit, dass die Furcht und deren Konsequenzen damit mehr und mehr in die Realität gezogen werden, geht damit einher. Durch die ständige Wiederholung dieser Gedanken oder auch Worte verstärkt sich der Negativeffekt. Es wird rund um das Thema diskutiert und alles Mögliche was Heilung bringen könnte erfunden und ausprobiert, jedoch ohne den ernsthaften Erfolg, wirklich Heilung zu erfahren, da an der wirklichen Entstehung kaum etwas verändert wird. Die Aufmerksamkeit durch die Erkrankung bringt unbewusst mehr Nutzen, als die tatsächliche Veränderung und Genesung. Noch profitieren wir finanziell und wirtschaftlich viel zu sehr, als dass wir etwas verändern wollten. Es braucht Aufmerksamkeit, damit wir erkennen, dass die bisherigen Wege von Veränderungs- und Genesungsversuchen nicht im Einklang mit unserer göttlich universellen Grundwahrheit stehen. Genauer betrachtet lässt sich hier eine Suche erahnen. Es scheint ein großes Verlangen zu bestehen, ein Verlangen nach... – ja nach was denn? Es erscheint fast so, wie wenn es in jedem von uns eine tiefe Angst und Verzweiflung gibt, die uns selbst, wie auch dem Umfeld vielleicht gar nicht bewusst ist. Diese Verzweiflung bringt uns in Summe dazu, Lösungsansätze für unsere Herausforderungen zu erschaffen, wie wir sie bisher erschaffen haben.

Zur Wahrnehmungserweiterung sei hier der sekundäre Nutzen von Verzweiflung in den Grundzügen nach A. Robbins / C. Madanes erwähnt. Wir werden erst erörtern worum es im Kern geht, und dann wie die Auswirkungen für den Einzelnen und im übertragenen Sinne für die Gesellschaft aussehen.

Verzweiflung reduziert Schuldgefühle, weil sich Verzweiflung ähnlich wie Buße anfühlt. Verzweiflung bringt Aufmerksamkeit und damit eine Möglichkeit sich geliebt und zugehörig zu fühlen, gleichzeitig wird der Aufmerksamkeit Gebende unbewusst durch Machtlosigkeit bestraft.
Während Verzweiflung sich wie Buße anfühlt, ist sie gleichzeitig eine Rechtfertigung der eigenen Verantwortung und seinen damit verbundenen Verpflichtungen nicht nachzukommen. Verzweiflung vermittelt das Gefühl, es sei gerechtfertigt auf die Beziehungen zu Familie und

Freunden zu verzichten, da alle besser dran zu sein scheinen, ohne die verzweifelte Person. Verzweiflung macht es schwierig verlassen zu werden, weil es eine Art unterlassene Hilfeleistung bedeuten würde. Verzweiflung rechtfertigt Süchte und andere selbstzerstörerische Verhaltensweisen und Angewohnheiten, die momentan sogar angenehm erscheinen. Verzweiflung, vor allem mit der Androhung von Suizid ist eine Möglichkeit, andere zu manipulieren, weil das Umfeld befürchtet, den Betroffenen zu überfordern.

Zwickmühle Verzweiflung

Die Zerrissenheit zwischen der Sehnsucht nach Beziehung und der scheinbaren Unmöglichkeit, Beziehung so zu erleben wie man es sich wünscht, wird hier deutlich sichtbar.
Im Zentrum stehen die Beziehung und das WIE dieser Beziehung. Im Umkehrschluss wird die Angst dahinter erkennbar, Beziehung und damit Leben nicht so führen zu können, wie es sich richtig anfühlt. Beziehung im erweiterten Zusammenhang ist nicht nur Beziehung zwischen uns Menschen, sondern auch die Art und Weise, wie wir mit uns selbst, Anderen, Gesundheit und der gesamten Umwelt und allem was uns umgibt umgehen. Der adäquate Umgang dafür wurde bekanntermaßen abtrainiert und führte zur Verleugnung und Trennung von der Beziehung zu uns selbst, womit wir uns in den Teilen, wo wir von uns selbst getrennt sind, dies über „negative Erfolge" im gesamten Außen widergespiegelt bekommen. Es ist die Angst vor dem Alleinsein - der Getrenntheit, die hier wieder aufs Neue erfahren wird. Das Leben, das die meisten von uns gewohnt sind zu leben, verwehrt uns die Erfahrung des Einsseins mit Allem in Liebe – die Erfahrung unseres wahren Selbst, die diese Verbindung zu uns selbst voraussetzt. Innerer „Bewegungsmangel" als Zeichen der inneren Starre und Unbeweglichkeit der Gedanken und Überzeugungen resultieren aus diesen Erscheinungen. In der Folge wird das körperliche aber vielmehr das innere „geistig-seelische Immunsystem" = die Ethik unserer Seele heruntergefahren, was durch die negativen Gedanken und Worte noch unterstützt wird. Das

Energieniveau des Körpers sinkt immer mehr. Die Anfälligkeit für Erkrankungen egal welcher Art nimmt zu. Geldsorge und Zeitmangel sind häufig anzutreffende Begleiterscheinungen. Dinge die zu tun wären, werden nicht getan und können auch später, wenn tatsächlich Erkrankung die Folge ist, nicht mehr getan werden. Ein unseliger Kreislauf, der sich selbst nährt.
Übermäßiger Gebrauch von Alkohol, Schmerzmitteln und anderen ‚Medikamenten sowie Arbeit und digitale Medien dienen dazu, Symptome oberflächlich zu bekämpfen bzw. zu betäuben.

An diesem Punkt „übersetzen" wir die Aspekte der Verzweiflung des Einzelnen, wie im Text von Robbins und Madanes beschrieben, in einen größeren Kontext. Betrachten wir die einzelnen Aspekte der Verzweiflung, wird klar, dass auch auf politischer Ebene mit diesem Instrument gehandelt wird. Die „verzweifelten" Versuche durch neue Errungenschaften und Wege das zu verändern, was ursächlich selbst hervorgebracht wurde, reduziert das Schuldgefühl. Die Wahlkämpfe zeugen von derartigen Wahlversprechen, die mehrheitlich hinterher doch nicht durchsetzbar sind. Unsere Art für Erfolg zu leben bringt uns dazu, uns mehr und mehr von der Beziehung zu uns selbst, unseren Partnern, Kindern, Familien usw. zu trennen. Das unselige Hamsterrad verwehrt uns notwendige Verpflichtungen für längst überfällige Konsequenzen einzugehen. Eine Veränderung könnte das Verlassen all dieses liebgewonnenen Wohlstandes und Scheinsicherheiten bedeuten, also erscheint es sinnvoller immer mehr zu reglementieren und die zu bestrafen, die dieser Erfolgsstruktur vermeintlich entgegenstehen, statt wirkliche Veränderung einzuleiten.
Immer mehr Süchte und deren Suchtmittel werden ins Leben gerufen und teilweise sogar unbewusst unterstützt, sowie die Selbstzerstörung von Mensch und Natur vorangetrieben, weil kein Ausweg in Sicht und es so am einfachsten ist. Die Androhung des drohenden Finanz- und Wirtschafts-Kollapses als Sinnbild für Suizid mit all seinen hässlichen Auswirkungen und dem damit verbundenen Leid, wirkt immer noch Wunder und lässt uns munter weiter das Hamsterrad treten. Die kleinen Wiedergutmachungsabkommen und Renaturierungsmaßnahmen

erscheinen wie Buße, doch sind sie gesamtverantwortlich gesehen nicht mehr, als der besagte Tropfen auf den heißen Stein. Bewegungsmangel als Zeichen der inneren Starre und Unbeweglichkeit der Gedanken und Überzeugungen wird über die unendlichen Debatten in Politik und Wirtschaft sichtbar, ohne nennenswerte Verbesserungen, die für Mensch und Umwelt notwendig wären. Das Immunsystem einer Gesellschaft wird heruntergefahren, was durch die negativen Gedanken und Worte der Menschen selbst, noch unterstützt wird. Die Menschen sind derart beschäftigt damit, sich den Anforderungen des Hamsterrads zu stellen, dass die Instanz, welche als Immunsystem fungieren würde, nicht mehr zum Einsatz kommen kann. Das Energieniveau der Gesellschaft sinkt immer mehr. Die Anfälligkeit für „Misserfolge" (Anstieg der Erkrankten, Firmenpleiten, gewalttätige Demos, …) nimmt zu. Geldsorge und Zeitmangel sind häufig anzutreffende Begleiterscheinungen. Dinge die zu tun wären, werden nicht getan und können auch später, wenn tatsächliche „Misserfolge" (Naturkatastrophen, Wirtschafts- oder Finanzcrash, Krieg, Seuchen, Terror…) vorhanden sind, nicht mehr getan werden. Ein unseliger Kreislauf, der sich selbst nährt. Übermäßiger Gebrauch von allerlei wunderbaren Luxusgütern und -angewohnheiten dienen dazu, Symptome oberflächlich zu bekämpfen und zu betäuben.

Die Suche nach dem Glück

Die innere Not aber auch Neugier und Fantasie der mehr und mehr Erkrankenden führen dazu, dass exzessiv im Internet recherchiert und das mit der Herausforderung im Zusammenhang Stehende studiert wird. Die Suche nach dem glücklichen Leben steht im Vordergrund. Es scheint fast, wie wenn wir in Zukunft diesen Menschen, die besonders an den Ausprägungen der Angst vor dem Verlust der Gesundheit leiden, viel zu verdanken haben. Jeder Einzelne von ihnen hat durch diesen Hang zur Recherche und dem Ausprobieren vieler Heilungsmöglichkeiten einen unendlichen Wissens- und Erfahrungsschatz angehäuft und neue Wege möglich gemacht.
Diese Menschen decken all das auf, wo wir uns selbst unbewusst nicht

guttun. Sei es dadurch, dass wir Dinge als Lebensmittel zu uns nehmen, die schädlich sind, oder seien es Verhaltensweisen, die ungut aber zu leisten sind, weil die Gesellschaftsnormen es so erwarten. Das Alte funktioniert nicht mehr, jedoch scheint das Neue nach unseren bisherigen Maßstäben keine passenden Alternativen zu bieten, die ein wirklich gesundes Leben zu bieten haben sollte. Es scheint an der Zeit, die bisherigen Maßstäbe in Frage zu stellen und zumindest die Möglichkeit in Erwägung zu ziehen, dass wir dringend neue Wertmaßstäbe benötigen.

Wahrnehmung von Gesundheit und Krankheit

Zum Thema psychisch-energetisches Immunsystem gibt es interessante Versuche:
Es wurde herausgefunden, dass jemand noch so kerngesund sein kann, wenn er jedoch wiederholt von Menschen im Außen auf sein vermeintlich schlechtes oder krankes Aussehen angesprochen wird, wird dieser Mensch innerhalb kürzester Zeit tatsächlich in der Mehrzahl der Fälle erkranken. Die Angst vor Krankheit hat ihren Fuß in die Tür gesetzt. Der Betreffende hat ihr Einlass gewährt. Grundlage hiervon ist folgender Wirkmechanismus:
Die von außen herangetragenen Wahrnehmungen werden aufgegriffen und geglaubt. Eine Wiederholung verstärkt den Effekt. Es braucht keine weiteren Menschen mehr, die diese Aufgabe im Außen vorantreiben. Wir selbst übernehmen dies bereitwillig und glauben, was die Personen im Außen gesagt haben. Wir haben gelernt, der Wahrnehmung von außen mehr zu vertrauen, als der Wahrnehmung von innen.
Dies beinhaltet zwei interessante und eminent wichtige Botschaften:
Wir haben gelernt, der Wahrnehmung des Unguten oder nicht Dienlichen sowie dem nicht zu unserem Selbst Passenden, zu vertrauen – und zwar mehr als uns selbst. Wir misstrauen den meisten Dingen, die positiv von außen kommen. „Das ist ja zu schön um wahr zu sein" oder „wo ist der Haken" sind Sätze, die mit diesem Misstrauen einhergehen.

Der Schlüssel

Jetzt gilt es die beiden obigen Punkte ganz genau zu betrachten und die Bewertungsmaßstäbe dem jeweiligen Kontext entsprechend umzudrehen. Für jeden einzelnen selbst bedeutet dies, genau zu hinterfragen, was nach einer neuen Definition von Erfolg im Einklang mit unserem Ursprung, tatsächlich positiv ist und was nicht. Es könnte sein, dass den großen Versprechungen unserer heutigen Erfolgsgesellschaft bezüglich materiellem Wohlstand und dem Finden von Glück dann deutlich weniger geglaubt werden könnte, als den ernsten Forschungsergebnissen zum Thema Gesundheit des Einzelnen sowie Gesundheit unseres Planeten. Dinge, die zur kurzfristigen Bedürfnisbefriedigung dienen, könnten nicht länger dem langfristigen Erhalt von Gesundheit vorgezogen werden, da sonst über kurz oder lang ein immer unheilvollerer Kreislauf entstehen würde. Eine veränderte Wahrnehmung kann zeigen, was wirklich negativ – im Sinne von: Dem Leben und uns selbst nicht dienlich und was wirklich positiv im Sinne von: Dem Leben und uns selbst dienlich – ist. Hier gilt es zuzulassen, wie die Balance aus den oben genannten Versprechungen und den ernsten Forschungsergebnissen zum Wohle aller hergestellt werden kann. Die Antwort darauf ist in uns selbst zu finden. Der innere Widerstand, der zur Erkrankung führt, ist der Hinweis der Seele, dass das Leben nicht der wirklichen Wahrheit über Leben entspricht. Der Körper, als Mittel zum Ausdruck der Seele, rebelliert.
Wenn wir unserem bisherigen Erfolgsdenken den ureigensten göttlich universellen Sinn vorschalten, können wir diesen Mechanismus wirklich sinnvoll und zu unserem Wohl einsetzen. Dieser Mechanismus ist nicht falsch, er ist nur verkehrt; im Sinne von „einer nicht dienlichen Art und Weise angewendet" und es ist an der Zeit denselben Mechanismus FÜR UNS einzusetzen und nicht nur für den Profit.

Krise oder Chance

Das Zitat von Max Frisch *„Krise ist ein produktiver Zustand, wenn wir ihr den Beigeschmack der Katastrophe nehmen"* bringt uns direkt zur

Polarität: Angst sieht die Krise, Liebe die Chance. Natürlich sind wir mit einer positiven Grundhaltung nicht vor Krisen gefeit. Liebe wird in diesem Fall jedoch Krise mit Vertrauen und Offenheit als Wachstumschance verstehen und Lösungswege im Sinne der Liebe suchen. Wer in Sorge, Angst und Mutlosigkeit den Samen in eine Krise sät, wird nicht den Weg der Offenheit nach vorne, sondern den Weg der Verschlossenheit und Angst zurück wählen. Wir sagen damit sinnbildlich NEIN zu etwas, was schon da ist und verbauen uns dabei die Chance auf Erkenntnis und Wachstum, weil wir die zusammenhängenden Ursachen übersehen. Das hat für den Menschen im Speziellen und die Menschheit im Allgemeinen Konsequenzen.

Wenn wir mehr daran interessiert sind, wie wir kurzfristig profitable Dinge genießen und hervorbringen, statt nachhaltig an echter Gesundheit von Mensch und Umfeld interessiert zu sein, wird es schwer, wirkliche Lösungen zu etablieren.

Sollten wir in Erwägung ziehen, dass nicht nur der Einzelne, sondern die ganze Welt an einem Missverständnis erkrankt sein könnte, besteht die begründete Annahme, dass sich neue Wege öffnen. Ganz nüchtern betrachtet würden diese neuen Wege immer noch eine Wirtschaft und Finanzmittel benötigen, nur, dass wir sie im Dienste und Einklang mit unserem wahren Selbst nutzen und nicht gegen unsere Natur und damit zur Zerstörung von uns und unseres Umfeldes.

Die Gesundheit des Einzelnen ist zutiefst verwoben mit der Gesundheit der Menschheit, sowie der Gesundheit unseres gesamten Planeten. Der innere Anteil im Menschen, der so lange nicht wahrgenommen wurde, bringt dies immer mehr über Ängste, Disharmonie und innere wie äußere Widerstände zu Tage.

Heilungspotential

Ganz erstaunliche Genesungsvorgänge, selbst bei Menschen mit schwersten Depressionen, werden durch die Wirkung und den Antrieb von Liebe zu einer anderen Person wahrgenommen. Sich in eine andere

Person zu verlieben, ist wie die Tür zu sich selbst wieder zu öffnen und damit wieder in den Kontakt von Selbstheilungskräften zu kommen, die vorher nicht zugänglich waren. Liebe vermag wirklich alle Grenzen zu überwinden, denn sie verbindet das Äußere mit dem eigenen Inneren wieder aufs Neue. Der Mensch wird an sein wahres Sein erinnert, ohne sich dessen sowie der damit verbundenen Chancen und Verantwortung bewusst zu sein. Im letzten Kapitel werden wir auf dieses Potential und seine Bedeutung ausführlichst zurückkommen.

Die Liebe zu uns selbst bringt Heilung und lässt uns erkennen, dass wir mit allem verbunden sind. Wenn unser Missverständnis ausgeräumt werden kann, dann kann ersichtlich werden, dass wir deshalb schnell heilen, weil unser wahres Selbstbewusstsein uns zeigen würde, dass wir niemals NICHT heil waren. Wenn wir uns unseres Selbst bewusst sind erkennen wir, dass wir zur eigenen Gesundheit, wie zur Gesundheit der Welt immer unseren Beitrag leisten – dienlich, wie nicht dienlich.

Die Frage ist, ob wir uns für unsere Gesundheit und die Chance entscheiden, bewusst die Erfahrung davon zu erleben, wer wir wirklich sind oder nicht.

5. Von der Angst vor dem Tod zu Leben

Für so manchen ist die Angst vor dem Tod eine der grausamsten Ängste und eng verbunden mit der Angst vor Sinnlosigkeit. Die Angst vor dem Tod ist eigentlich die Angst vor Verlust des Lebens und hat zwei Ausprägungen: Die Angst vor dem physischen Tod und die Angst vor dem seelischen Tod.

Der physische Tod

Hierbei handelt es sich in der Regel nicht um die Angst vor dem Tod selbst, sondern vielmehr vor der Art und Weise des Sterbens. Hier finden wir die Verbindung zur Angst vor Verlust der Gesundheit. Die meisten Menschen wünschen sich, dass sie bis ins Alter gesund an Körper, Geist und Seele sind und dann einschlafen oder tot umfallen. Den meisten wird jedoch diese Gnade verwehrt.
In meiner Zeit als Intensiv-Krankenschwester habe ich diesbezüglich so manches gesehen, doch ein Beispiel blieb mir in prägender Erinnerung. Eine 93-jährige alte Dame lag beatmet und somit am Leben erhalten in ihrem Bett. Sie hatte einen Schlaganfall erlitten und die Prognose ein Pflegefall zu sein, war ausgesprochen hoch bis unumgänglich. Die lebenserhaltenden Maßnahmen wurden sinngemäß begründet: „Sie sei bis zuletzt jeden Tag einige Kilometer mit ihrem Hund spazieren und vollkommen fit gewesen, da könne man sie doch nicht einfach so sterben lassen."

Paradoxon der Potential

Für so manchen könnte dieser Teil des Buches etwas herausfordernd werden und ich möchte nochmals daran erinnern, dass es nicht um Verurteilung geht, sondern darum, auf einer Sachebene Tatsachen einfach einmal festzustellen.
Tagtäglich werden Menschen deren Lebenszeit vorbei wäre, daran gehindert sterben zu dürfen. Sie werden an Geräte angeschlossen, ohne

die sie nicht überleben könnten. Alte Menschen die nicht mehr leben wollen, essen und trinken von sich aus einstellen und bereit sind zu sterben, werden mit Infusionen und Sonden zwangsernährt. Millionen und Abermillionen werden dafür ausgegeben und gleichzeitig wird beklagt, dass die zunehmende Überalterung, sowie die explodierenden „Gesundheitskosten" nicht mehr finanzierbar wären. Es wird Geld ausgegeben, welches doch überall zu fehlen scheint. Diese Menschen haben ihren Beitrag für das Leben bereits geleistet und doch wird ihnen das Geschenk, gehen zu dürfen, verwehrt. Zeitgleich sterben auf unserem Planeten tagtäglich tausende von Kindern an Mangelernährung und Hunger. Zurzeit sind es pro Stunde knapp 800 Kinder. Sie verhungern in einer Welt des Überflusses. Menschen, Kinder, die keine Chance haben ihren Beitrag für diese Welt jemals leisten zu können. Was will uns das sagen?

Die Analogie

Diese beiden Beispiele zeigen, wie unterschiedlich wir in der reichen und armen Welt mit dem Thema Tod umgehen. Wir können dankbar sein, dass es so ist, denn es spiegelt wider, wie wir als Individuum derzeit agieren.
Das Alte und Bekannte wird am Leben erhalten - um jeden Preis. Gewohnheiten, Überzeugungen und Glaubensmuster werden nicht losgelassen, obwohl sie ihren Beitrag zum Leben längst geleistet haben. Ein großes Aufbäumen und NEIN erschallt von allen Seiten. Unsummen werden in das „Überleben" und Herauszögern des Todes dieser Gewohnheiten, Überzeugungen und Glaubensmuster mit immer neueren und besseren Technologien investiert, ohne Aussicht auf Erfolg. Im Gegenteil kostet dieses Vorgehen die ganzen energetischen, wie auch psychisch-physischen Ressourcen. Die Reserven werden aufgebraucht und überdies noch Raubbau betrieben. Im Gegenzug dafür verhungern die in uns angeborenen und heranwachsenden Träume, Potentiale und Ziele. Wenn sie überleben wollen, sollen sie es aus eigener Kraft schaffen. Komischerweise erwarten wir, dass diese

überleben sollen, ohne gehegt, gepflegt und ernährt werden zu müssen. Ist es da ein Wunder, dass es immer mehr Menschen nicht gut geht und unsere Welt so aussieht, wie sie derzeit aussieht?
Wir lassen im wörtlichen und auch übertragenen Sinne „unsere Zukunft" doch selbst „verhungern".
Je länger wir den alten Angewohnheiten Rechnung tragen, desto mehr nehmen all diese Ängste und somit deren Auswirkungen Raum in unserem Leben ein. Das Leben wird zunehmend sinnloser.

Visionen und Träume haben das Potential, das Leben so zu verändern, wie es schon immer für uns gedacht war. Die innere wie äußere Dritte Welt beinhaltet Wissen und Erkenntnisse die bisher fehlen, um die Gesamtbalance herzustellen. Könnte es nicht sein, dass die Herausforderungen unserer Zeit dann lösbar werden, wenn wir davon abrücken, dass nur wir in der zivilisierten westlichen oder auch Ersten Welt, zu wissen glauben, wie alles zu funktionieren hat? Offensichtlich hat der Irrglaube über Jahrtausende dazu geführt, dass Urvölker gezwungen wurden vom Leben im Einklang mit Energie und Natur abzulassen, mit dem Erfolg, dass wir heute an der Schwelle zur totalen Zerstörung unseres Planeten stehen, wenn wir uns nicht besinnen und uns an unseren wahren Ursprung erinnern.

Die Ur-Lüge

Kommen wir zur zweiten Ausprägung dieser Angst. Sie ist Verursacher von Terroranschlägen, Kriegen und Hinrichtungen
sowie Ursache von Völkermord und steht unmittelbar in Zusammenhang mit dem letzten Absatz. Diese Ausprägung schlägt uns derzeit mehr und mehr entgegen. Es ist die Angst vor dem seelischen Tod bzw. die Angst vor dem Verlust des ewigen Lebens. Diese Angst wurde über unendlich lange Zeit durch eine Vielzahl von Religionen genährt bis auf den heutigen Tag. Eine Ewigkeit ist eine verdammt lange Zeit. Da ist es wenig verwunderlich, wenn mit allen Mitteln versucht wird, am ewigen Leben teilzuhaben. Religionen haben das Missverständnis mit sich gebracht, dass der Himmel irgendwo und das ewige Leben irgendwann

auf uns wartet. Das ewige Leben ist das größte Druckmittel dessen Menschen sich bedienen können, um Macht und Kontrolle über Andere auszuüben. Gott ist scheinbar etwas da draußen, über den Maßen machtvoll und kraftvoll und sozusagen außer Konkurrenz. Diese Trennung macht Machtmissbrauch durch Fehlinterpretation und somit Manipulation erst möglich.

Opfer der Religion

Diese Menschen glauben, dass sie keine Macht haben, was Kritik nahezu im Keim erstickt, Nachdenken sehr erschwert und Selbst- und Eigenverantwortung kaum möglich macht. Ein Erdulden und nicht Aufbegehren gegen Obrigkeiten ist die Folge. Das Seelenheil wird so nicht aufs Spiel gesetzt. Stattdessen wird auf ein Wunder gewartet. Diese Jahrtausende alten Prägungen durch Religionen ziehen sich wie feine Spinnweben durch das Gewölbe unserer Gesellschaften, auch wenn sie vordergründig an Macht und Bedeutung verlieren. Die alten Energien und Muster wirken in allen Strukturen unseres Denkens, Fühlens, Sprechens und Handelns nach und bedürfen der bewussten Erkennung. Wer einen Blick hinter seine Angstmauern und Schattenwände zulässt erkennt, dass direkt dort der Himmel und das Göttliche, sowie die ewige Verbindung und Bestimmung auf uns warten. Der Himmel auf Erden wird gegenwärtig. Es ist erkennbar, dass diese Lehren zwar im Kern wertvolle Botschaften beinhalten, jedoch fehlinterpretiert wurden.

Täter der Religion

Diejenigen, die zum Kämpfer für die Religion werden, ungeachtet dessen, dass ihr fanatischer Ausdruck nichts mehr mit der Grundaussage ihrer Religion gemein zu haben scheint, tun dies ebenso im besten Wissen und Gewissen und Glauben an Gott. Es wird mit allen Mitteln versucht, sich das eigene Seelenheil zu erkämpfen. Hinter diesem Kampf steht die Angst vor Verlust des ewigen Lebens – die schlimmste „Strafe", die einer Seele widerfahren kann. Hinzu kommt die Angst vor der Sinnlosigkeit des eigenen Daseins, welche manchen so vehement für diese Sache kämpfen lässt. Auffällig für diese Gruppierung von Menschen ist, dass sie in der Regel mit Frauen und ihrem Ausdruck sehr geringschätzig umgehen, diesen kaum bis keine Rechte einräumen und sich ihrer oft bedienen, wie eines Gegenstandes, der zu Diensten zu sein hat. Sie missbrauchen in ihrer für sie alleingültigen und richtigen Wahrheit nicht nur Frauen und alle Menschen die nicht so denken wie sie, sondern sie demonstrieren völlig unbewusst damit, wie sie in ihrem Inneren die eigene weibliche Seite und die Verbindung zu ihrem göttlichen Kern und Ursprung missverstehen und missbrauchen. Sie wuchsen so auf und meinen in ihrem Kontext, dass dies völlig korrekt ist, da sie nie etwas Anderes erfahren haben. Ihnen fehlt die Erweiterung der Wahrnehmung, dass dies absolut nicht in der „göttlich-universellen Ordnung" und menschenunwürdig ist. Bevor jetzt jemand von uns in die Verurteilung rutscht, wie man denn nur so denken kann, möchte ich uns einfach an die Verirrungen des Christentums mit den Kreuzzügen und Hexenverbrennungen, sowie der Missionierung der Ureinwohner anderer Kontinente erinnern, die im Grunde nichts Anderes darstellten. Auch wir Christen hatten uns verirrt und massiv das Gegenteil von dem demonstriert, was als vermeintliches Wort Gottes in der Bibel gepredigt wurde und wird. In der Bibel hieß es bereits: „Und sie wissen nicht was sie tun!"

Es scheint durchaus möglich und sogar logisch, dass in den Überlieferungen etwas missverstanden beziehungsweise fehlinterpretiert wurde und ein „Flüsterpost-Effekt" entstanden ist.
Die beiden folgenden englischen Wörter verdeutlichen im übertragenen Sinne, was ich meine. Die Botschaft des Christentums beinhaltet das Warten auf das Wiederkommen Jesus Christus, der jene, die bereit sind mitnehmen wird, damit diese dann dort sind, wo auch er ist - im Himmel. Im Englischen bedeutet das Wort „the son", der Sohn. Es gibt jedoch ein Wort, welches ausgesprochen gleich klingt, jedoch eine völlig andere Bedeutung hat. Es ist das Wort „the sun", die Sonne. Könnte es nicht sein, dass irgendwann im Laufe der Überlieferung aus der Sonne bzw. dem Licht Gottes der Sohn Gottes wurde? Wäre es nicht möglich,

dass wir hier einem großen Missverständnis durch die anfängliche mündliche Überlieferung anheimgefallen sind, weil es vielleicht Wörter mit gleichem Klang, jedoch anderer Bedeutung gab? Die Konsequenz wäre verheerend, denn unser gesamtes Welt- und Erfolgsbild ist, ob bewusst oder unbewusst an diese christliche Geschichte angelehnt. Es ergibt plötzlich einen neuen Sinn, wenn man bedenkt, dass das Warten auf einen einzigen bereits verstorbenen Menschen irgendwann einmal in der Zukunft, die Tatsache mit sich bringt, dass all das göttlich universelle Licht in jedem und allem schon die ganze Zeit völlig übersehen wird und so das eigene Sein, die göttliche Präsenz und damit der Himmel auf Erden nicht erkannt werden konnte. Es würde plötzlich Sinn machen, wenn man nicht mehr auf das Erscheinen von Jesus Christus wartet, sondern auf das Erscheinen oder besser Wiedererkennen des Lichtes, welches in jedem und allem schon die ganze Zeit da ist. Es scheint im Grunde schon die ganze Zeit, jedoch haben wir es nicht als solches erkannt.

Könnte hier vielleicht auch der Effekt verstärkt werden, dass Mann und das Männliche sich über die Frau und das Weibliche und alles, was sonst noch existiert erhoben hat, weil diese Interpretation eine automatische und logische, jedoch unbewusste Verknüpfung mit der männlichen Figur von Gott und Jesus dem Erretter ist? Könnte es sein, dass der, auf den wir warten nicht ein Mann, sondern einfach wir selbst sind? Menschen, die nur allzu gut um die Herausforderungen und Nöte, wie auch um die Wünsche und Sehnsüchte des täglichen Lebens wissen? Einfach Menschen, die sich dann endlich ihrer eigenen göttlich universellen Wurzeln zutiefst bewusst sind und daher sich auch über alles was sie umgibt bewusstwerden, um dann all die Missverständnisse zu klären. Denn bei all diesen Wirrungen und Verirrungen bis auf den heutigen Tag wird verkannt, dass das Ziel nicht der Machterhalt im Außen, sondern die Erschaffung der Selbsterkenntnis und Selbstermächtigung und deren Erhalt im Inneren ist. Es geht nicht darum, dass Gott irgendwann, irgendwo ist.

Nein, im Zentrum steht das Erkennen, dass all das, wonach sich die Menschheit seit Jahrtausenden verzehrt und unzählige blutige Kämpfe und Kriege ausgefochten hat, in uns selbst zu finden ist. Wer dieses

Göttliche in Form des Selbstbewusstseins und der Selbstliebe in sich entdeckt und sich mit sich selbst verbindet und verbündet, wird all die prophezeiten Wunder hier und jetzt auf diesem Planeten erfahren dürfen, weil er sich mit Gott oder der universellen Urkraft verbindet. Jener ist nicht mehr in der Lage gegen irgendjemanden in abschätziger Weise zu handeln, ohne sich dabei selbst Schmerz zuzufügen, da es seiner Ethik der Seele und seinem Wissen um die göttlich universellen Wurzeln in jedem und allem widerspricht.

Die Gemeinsamkeit

Dem „Opfer" wie auch „Täter" gemein ist das „von-sich-weisen" der Selbstverantwortung. Bei der, einige Sätze vorher angeführten Erklärung über den Sohn und das Licht bzw. die Sonne wird klar, warum keine Selbstverantwortung stattfinden konnte. Wer sich selbst nicht erkennt, kann sich selbst keine Antwort geben, zumindest keine, die wirklich Sinn ergibt. So konnte bei den „Opfern" die Selbstverantwortung über die eigenen Visionen, Träume und Ziele, bei den „Tätern" die Selbstverantwortung für die Gewalt- und Gräueltaten, die im Namen Gottes begangen werden, verloren gehen. Beide geben ihre Selbstverantwortung an Gott ab, da sie dem Missverständnis der Getrenntheit von Gott unterliegen. Dies führt dazu, dass alles was wir aus diesem Kontext heraus erschaffen, dem eigentlichen Sinn der ursprünglichen Botschaft der Liebe und göttlich universellen Herkunft entbehrt.

Angst vor Sinnlosigkeit

Sowohl Täter wie Opfer der Angst vor dem seelischen Tod scheinen ihre Täter- bzw. Opferrolle als Lebenssinn zu betrachten, welcher ihnen irgendwann ermöglichen soll, wieder mit Gott vereint zu werden.

Wie kommen wir nun von dieser Fehlinterpretation zum eigentlichen Lebenssinn?

Von Sinnlosigkeit zu Lebenssinn

Die Angst vor Sinnverlust ist etwas, was mehr und mehr Menschen unserer Gesellschaft beschäftigt und den Zeitgeist der Veränderung in diesem Zeitalter widerspiegelt. Es ist spürbar, dass in allem, was uns umgibt, inklusive der eigenen Existenz, ein bestimmter Sinn innewohnen muss. Materielle Befriedigung scheint auch nicht der Sinn des Lebens zu sein, womit sich die Frage nach dem wirklichen Sinn stellt. Eine relativ große soziale Gerechtigkeit (im weitesten Sinne und Vergleich zu anderen Ländern) und Wohlstand sind vorhanden, gepaart mit einer großen Unzufriedenheit. Diese Unzufriedenheit stellt die Sinnfrage. Diese Unzufriedenheit ist nicht Zeichen eines Fluchs, sondern ein Segen für die ganze Menschheit. Diese Unzufriedenheit ist die Wurzel des Verlangens nach Veränderung.

Bestimmung

Die Ängste der Vergangenheit haben an Bedeutung verloren und geben der Angst vor Sinnverlust endlich den Raum, denn diese Angst weist den Weg zur Bestimmung. Folgende Beispiele zeigen vereinfacht, was Bestimmung ist.
Die Saat hat die Bestimmung in die Erde gebracht zu werden und Ernte zu bringen. Geräte haben die Bestimmung, zu funktionieren, damit sie ihrem Gebrauch gemäß eingesetzt werden können. Alle Einzelteile eines Gerätes haben die Bestimmung, in der Zusammenarbeit den Sinn oder die Bestimmung des Gerätes zu ermöglichen. Alle Zellen und Organe in uns haben die Bestimmung und den Sinn, unser physisches Leben zu ermöglichen. WOZU? Damit wir unserer BESTIMMUNG nachkommen können. Die Bestimmung oder der Sinn, den wir vergessen haben. Worin könnte der Sinn liegen, wenn wir als einzige Spezies auf diesem Planeten über solch ein ausgeklügeltes System an Bewusstsein, Unterbewusstsein und Überbewusstsein verfügen?

Welche Bestimmung haben alle Menschen dieser Erde? Worin liegt die nicht oder fehlinterpretierte Zusammenarbeit für den größeren Sinn des Planeten?

Die Sinnfrage

Der Sklaventreiber „falsch verstandener Erfolg oder Wohlstand" hat viele in ein Hamsterrad verbannt und zu Recht betritt die Sinnfrage den Raum. Nicht wenige scheitern an dieser Frage, weil sie entweder im Hamsterrad zusammenbrechen oder in Depressionen verfallen, einem Burnout erliegen oder das Gefühl haben verrückt zu werden. Eine zunehmende Anzahl von Menschen, erschreckender Weise immer mehr Jugendliche und junge Erwachsene, erkennen keinen Sinn mehr in ihrer Existenz und dem, was sie umgibt. Sie nehmen sich wahr, sie sehen ihre Umwelt und erkennen eine immer größer werdende Diskrepanz zwischen sich und dem was ist. Sie finden ihren Platz im Leben nicht. Sie finden das nicht, wozu sie hierhergekommen und was sie selbst sind. Die steigende Zahl von jungen Menschen die den Suizid wählen, sollte uns alarmieren. Vielleicht sind all diese „verrückten" Kinder und Jugendlichen, die sich scheinbar nicht mehr unterordnen gar nicht so „verrückt", wie wir meinen. Vielleicht „wissen" sie einfach nur viel mehr, wer sie wirklich sind und finden keine Rahmenbedingungen, die zu ihrem wahren Sein passen. Vielleicht sind sie ja richtig und unser System bzw. unsere Anforderungen, Bewertungen und Beurteilungen von dem was Leben zu sein hat, verkehrt - verkehrt nicht im Sinne von „falsch", sondern wörtlich genommen. So wie das Negativ einer Fotografie das aufgenommen Motiv nicht richtig wiedererkennen lässt, und erst die Entwicklung durch verschiedene Prozesse das wirkliche Bild erkennen lässt, so ähnlich scheint es sich mit unserer Wahrnehmung der Welt zu verhalten.

Wir sind an einem Punkt angekommen, an dem uns mehr Säbelzahntiger als jemals zuvor umzingeln: Schuldenkrise, Überalterung, Überbevölkerung, explodierende Gesundheitskosten, Verkehrsprobleme, Armutsprobleme, Terror und Krieg sowie Klimawandel und Umweltkatastrophen. Da hilft es wenig, nur nach dem eigenen

Wohlergehen und dem eigenen Wohlstand zu schauen. Ohne den Blick für das Gesamte wird jeder Mensch als Zahnrad im Räderwerk des gesamten Planeten weiter Suchender bleiben. Um diese Herausforderungen zu meistern, scheinen wir eines dringend zu brauchen: Die URSPRÜNGLICHE Geisteshaltung, die in dem wurzelt, was bedingungslose Liebe ist. Wer sich bewusst umsieht erkennt, wie groß die Sehnsucht nach Frieden und Liebe geworden ist. Diese Geisteshaltung liegt in jedem, vom ersten Moment an. Und doch liegt sie verschüttet unter dem ganzen Unrat an kollektiven wie familiären Gedanken- und Glaubensschrott.

Der Weg IST das Ziel

Über das, was auf diesem Weg durch Erfahrungen und Erkenntnisse wahrgenommen wird, erschließt sich die Information darüber, warum „negative Dinge" in unserer Realität sind. Sie alle haben ihre Existenzberechtigung. Sie zeigen über die dabei erfahrenen Gefühle, was uns wirklich von unserer ursprünglichen Art abhält. Wenn wir uns verändern, verändern sie sich automatisch mit.

Gesichter von Sinnverlust

Menschen ziehen sich immer mehr zurück und hinterfragen das, was ist, was war und was wohl sein wird. Auf der bisher bekannten angstbegründeten Weltsicht entstehen nur allzu oft Gedanken, die die Angstvisionen weiter nähren. Ein unendliches Gefühl der Machtlosigkeit macht sich breit und wird von der Sinnlosigkeit begleitet. Schreitet dies fort, wird viel über das Sterben nachgedacht und dabei vergessen, aus dem Leben zu machen, wozu wir hergekommen sind. Dies kann so weit gehen, dass sich aus Mangel an besseren Alternativen und Zielsetzungen, der Tod gewünscht wird, obwohl man nur leben und lieben möchte. Es wird jedoch der passende Ausdruck nicht gefunden. Diese geht mit dem Empfinden eines großen und tiefen Alleinseins einher, welches kaum auszuhalten und fast schon als vernichtend zu bezeichnen ist. Die Angst vor der Sinnlosigkeit übersteigt bei weitem die Angst vor dem Verlust des Lebens, was allein dadurch zu erkennen ist, dass man lieber den Tod WÄHLT, als weiter in der Sinnlosigkeit zu bleiben. Alleinsein, welches von der Fehldefinition und Fehlinterpretation von Erfolg zu Trennung, Mangel und Verlust kommt, führt uns in letzter Konsequenz zu tiefster Verzweiflung. Und hierin liegt die große Herausforderung unseres heutigen Lebensablaufs. Wenn wir weiterhin jeden Tag das Hamsterrad von Erfolg treten, wie wir es kennen, könnte es sein, dass die Menschheit eines Tages an einem ähnlichen Punkt der Einsicht und tiefsten Verzweiflung ankommt, an dem es besser ist die Zerstörung und den Tod zu WÄHLEN als diese Sinnlosigkeit weiter voranzutreiben. Und das scheint wohl das zu sein, was so oft in der Blüte der Menschheit geschehen ist - sie zerstörten sich und ihre Welt mit allen Errungenschaften selbst.

Alleinsein aus Liebe ist das, wonach wir uns wirklich sehnen – all-einsein = Mit allem eins sein - das Gefühl, mit dem wir auf diese Welt kamen. Das Leben fordert uns über Verzweiflung immer wieder auf, es endlich in die eigenen Hände zu nehmen und uns daran zu erinnern, wie es und wie wir wirklich sind und schon immer gedacht waren.

6. Von der Angst vor Alleinsein zur Liebe

Diese Angst ist in ihrer Tiefe und aus ihrem Ursprung heraus die größte Angst. Sie ist auf der persönlichen Ebene Nährboden von Eifersucht, Depression und zuweilen auch Verfolgungswahn oder sogar Selbstmord. Diese äußerst kraftvolle Angst vermag es nachhaltig nicht nur das eigene, sondern auch das Leben anderer zu zerstören. Impulshandlungen sind hier oft beheimatet.
Die Angst vor Kritik ist sehr stark mit der Angst vor dem Alleinsein verbunden, weshalb wir über diesen Weg in die Thematik einsteigen.

Von SICH sorgen zu FÜR ETWAS sorgen

Sich zu sorgen ist eine Tugend, sofern sie richtig verstanden wird. Aber auch dieses Thema ist einer Fehlinterpretation anheimgefallen. Die Eigenschaft, für etwas Sorge zu tragen, ist mit der Eigenschaft, sich um etwas zu sorgen in Verwechselung geraten. Für etwas zu sorgen bedeutet eine Fürsorge, wie sie der Liebe entspringt. Sich um etwas sorgen bedeutet eine Fürsorge, die der Angst um den Verlust entspringt.
Sorgen und sich sorgen hat die Eigenschaft, aus dem Mangel an Vertrauen zu entstehen. Dem Gegenüber oder sich selbst wird unbewusst die Fähigkeit abgesprochen, das eigene Leben adäquat in die eigenen Hände zu nehmen und den Normen und Regeln entsprechend zu leben. Dahinter liegt die Angst, denjenigen oder das was man liebt, zu verlieren, bzw. die Angst, dass derjenige zu Schaden kommt, wenn er oder ein anderer gegen die Normen und Regeln des Umfeldes verstößt. Die Kritik ist geboren.

Kritik

Kritik ist das Schwert der Angst vor Verlust der Liebe. Leider haben wir alle sehr früh gelernt, dieses Schwert gegen uns selbst zu führen. Noch vor nicht allzu vielen Jahren wurde kindliches Fehlverhalten nicht nur mit Kritik, sondern auch mit Schlägen beantwortet. Hieraus entsteht, wie leicht vorstellbar, eine Abneigung gegen Kritik. Wem körperliche Konsequenzen erspart blieben, kennt doch zumindest die seelisch emotionalen Konsequenzen in Form von verbaler Kritik und Liebesentzug. Wie selbstverständlich übernehmen wir heute oft und unbewusst diese Aufgabe, die unser frühes Umfeld uns vorgelebt hat, entweder gegen uns selbst oder gegenüber anderen. Und nichts desto trotz ist Kritik auf dem Boden von Liebe entstanden, was in dem Kapitel „Von sich sorgen zu für etwas sorgen" ersichtlich wird.

Durch die starke Abhängigkeit und Identifikation mit den früheren Bezugspersonen verfahren wir oft mit jeglichem Gegenüber genauso. Es ist nicht klar, dass es nicht die Liebe oder Anerkennung ist, die verloren geht, sondern die Anbindung zu sich selbst, welche fälschlicher Weise mit der anderen Person und der Fehldefinition von Liebe verbunden ist. Es ist nicht ganz von der Hand zu weisen, dass in Partnerschaften Liebes- oder Aufmerksamkeitsentzug ein Mittel ist, die eigene Kritik am Sein des Anderen zu unterstreichen. Dies zieht sich durch alle Beziehungsstrukturen hindurch. Bekannte Aussprüchen wie: „Wenn Du nicht... dann ... " zeugen davon.

Auf dem Boden von solchen Erfahrungen ist es wenig verwunderlich, dass es so etwas wie Angst vor Verlust der Liebe, sprich dem Alleinsein gibt, wird doch dem Einzelnen unbewusst abgesprochen die natürliche Beziehung mit sich selbst zum Ausdruck zu bringen. Kritik wird zur persönlichen existenzbedrohenden Angelegenheit und stellt sich sozusagen vor den Ausdruck unseres wahren Selbst.

Die Angst vor Kritik ist die Angst, von der viele Wirtschaftszweige leben. Sie entwerfen und verkaufen immer wieder neue Dinge oder Modelle von Dingen die wir bereits besitzen aber nochmal neu und besser unbedingt haben „müssen", damit man glücklich ist. Wird solchen Aufrufen nicht gefolgt, ist einem oft die Kritik des Umfeldes oder auch eigene innere Kritik („ich bin schlechter/weniger, weil ich mir das nicht leisten kann...") in absehbarer Zeit gewiss. In Wissenschaft und Forschung finden wir ähnliche Vorgänge hinsichtlich Gesundheit und der Suche nach und der Nutzung von anderen Heilungswegen.

Das Warum und seine Folgen

Egal ob Kleiderindustrie, Autoindustrie, Elektronikindustrie, Gesundheitsindustrie oder andere Industriezweige anderer Designartikel und sogar die Gesundheitsbranche, sie alle wollen eins: VERKAUFEN.
Dazu werden immer neuere Produkte auf den Markt gebracht. Alte und neue Produkte wechseln sich jede Saison erneut ab. Unendliche Müllberge entstehen, die zunehmend zur Herausforderung werden. So werden gerade bei technischen Geräten immer neuere Produkte produziert, wobei z. B. auf Reparatur keinen Wert mehr gelegt wird. Elektronische Geräte werden gezielt so programmiert, dass sie nach einer vordefinierten Einsatzzeit eine Fehlermeldung bringen. In der Kleiderindustrie nicht unähnlich, wird immer wieder eine neue Kollektion hervorgebracht und suggeriert, gerade weil Dinge immer billiger werden, dem Konsumhamsterrad treu zu bleiben. Sogar die Gesundheitsindustrie funktioniert nach denselben Mustern, indem immer neue Mittel und Wege erfunden und erforscht werden, die dazu beitragen sollen, dass man hoffentlich gesünder wird, ohne dabei jedoch irgendetwas an seinen Lebensumständen oder seinem Verhalten ändern zu müssen. Doch auf wessen Rücken findet das statt? Zum einen auf dem Rücken von Mutter Erde, die den ganzen Müll schlucken muss. Zum zweiten auf dem Rücken armer Menschen, oft sogar noch Kinder, die für wenig Geld unter erbärmlichen Bedingungen zu untragbaren Zeiten die Produktion leisten, damit unsereins immer schön up to date ist. Und zum dritten auf unserem eigenen Rücken, weil wir selbst es sind, die das Hamsterrad aus der Suche nach Wohlstand, Glück und Sicherheit immer weiter antreten und das bestehende System einfach nur noch schneller und kraftvoller vorantreiben, obwohl uns eigentlich schon die Puste ausgeht. Das sieht nicht nach WIN-WIN aus - weder für uns selbst noch für irgendjemanden oder irgendetwas! Uns wird vorgegaukelt, dass wir „glücklicher" sind, wenn wir diesen Trends und Wegen folgen. Doch der tiefe Wunsch der Menschen, dazuzugehören, Glück zu finden und zu leben, wird längst als verkaufsstrategisches Werkzeug missbraucht.

Angst vor Kritik, aber vor allem die Angst vor den Folgen der Kritik und drohendes Alleinsein bringt viele Menschen dazu, Dinge zu tun, die ihnen nicht dienen und zum Verstummen, dagegen etwas zu unternehmen. Gleichzeitig ist es diese Angst selbst, die uns im Hamsterrad unseres täglichen Alltags verharren lässt, weil das Einhalten von gewissen Richtlinien Sicherheit, Wohlstand und Wachstum zu bedeuten scheint. Wir kennen Leben nicht anders wie in diesem System und doch bescheren uns die Auswirkungen dieses Systems immer mehr körperlich wie psychisch kranke Menschen, desolate Beziehungsstrukturen sowohl in der Partnerschaft, in den Familien wie auch alle anderen Beziehungen und Bedingungen in der Welt, die keinem wirklich zu dienen scheinen.

Die zwei Seiten der Kritik

Angst vor Kritik hat zwei Seiten. Einmal die Seite, Kritik zum empfangen und zum anderen, Kritik zu üben.
Sie kann sehr destruktiv sein indem sie Menschen dazu bringt, nicht mehr an sich selbst und die eigenen Ziele, Wünsche, Möglichkeiten, Fähigkeiten und Potentiale zu glauben. Angst vor Kritik kann sämtlichen Mut, etwas Neues auszuprobieren, rauben. Die eigene Fantasie und Kreativität wird versteckt oder verkümmert ganz. Sie beschneidet die Individualität, weil es Ziel der Kritik ist, etwas ähnlich oder gleich zu machen. Die Selbstständigkeit wird drastisch reduziert, je mehr Kritik geübt wird. Der Betreffende geht dazu über, lieber nichts mehr zu tun, bevor er das Falsche tut.

Interessanter Weise unterliegen wir auch bei der Wortdeutung von Kritik einer Fehldefinition, die Fehlwahrnehmungen und somit falsche Angewohnheiten nach sich zieht. Das Wort Kritik stammt nämlich aus dem Griechischen und kam über den Umweg des französischen Sprachgebrauchs zu uns. Die ursprüngliche Bedeutung war: Unterscheiden.

Unterscheidung

Tatsächlich ist sinnvolle und wertvolle „Kritik" unabdingbar, um wachsen zu können. Sowohl die Selbstkritik als auch die Kritik von außen müssen nichts Negatives sein, würden wir es bei der Beurteilung belassen und nicht in die Verurteilung abrutschen. Es ist an der Zeit, Kritik neu zu definieren und sie nicht als etwas zu verteufeln, was sie von Haus aus nicht ist.
Natürlich bringt Kritik an Althergebrachtem nicht nur Freunde mit sich. Doch genau hier liegt die Krux und Lösung zugleich. Leben ist Veränderung und entwickelt sich immer vorwärts.
Veränderung ist ohne Kritik nicht möglich, da Kritik die Beurteilung aber nicht die Verurteilung einer Sache oder Handlung anhand von definierten Maßstäben ist.
Als ein wichtiger Faktor unserer Zeit erscheint hier das Wort Maßstäbe. Denn die Basis von Angst, Macht und Manipulation wird ganz andere Maßstäbe ansetzen, wie die Basis von Verbundenheit, Liebe, Gesundheit und Friede. Wenn wir unsere Maßstäbe betrachten, die bisher zu unserem Weltbild führen, so kann erkennbar werden, dass es lediglich neue Maßstäbe bräuchte, die jedoch im Einklang mit der universell göttlichen Ordnung stehen. Unser in uns liegendes Bestreben einer Obrigkeit zu folgen, wäre mit sofortigem Erfolg und vor allem mit dem wahren Sinn verbunden, wenn jeder in sich seiner eigenen, wirklich ursprünglichen Obrigkeit in sich folgt. Plötzlich würden wir nicht nur das Ziel, Dinge oder Menschen ähnlich oder gleich zu machen erreichen, sondern wir würden erkennen, dass alles ähnlich und identisch ist, weil alles eins ist. In der Bibel ist nicht umsonst der Ausspruch zu finden „Du sollst der Obrigkeit untertan sein". Die Frage ist jedoch, wer ist die wirkliche Obrigkeit, und wenn es hierbei um die weltliche Obrigkeit geht, steht diese unter der Obrigkeit von Gott, oder wie auch immer wir diese schöpferische Energie nennen wollen. Derzeit würde ich auf letzteres mit einem klaren NEIN antworten. Der Satz aus der Bibel „Machet euch die Erde untertan" wurde wohl mangels wahrem Selbstbewusstsein der weltlichen Obrigkeiten missverstanden und

konnte zu dem führen, was sich schon so unendlich lange zu wiederholen scheint. Denn eines wurde völlig vergessen: „Der Größte unter euch soll euer aller Diener sein." Hass, Krieg, Unfriede und Zerstörung als allgegenwärtiger Gegenpol zu Liebe und Friede zeugen von diesem Missverständnis.

Der Grundmakel

Oft unerkannt trägt diese Angst vor Verlust der Liebe ihre Blüte in einem ganz bestimmten uns sehr wohl bekannten Bereich - der Eifersucht. Ursache für Eifersucht ist ein großer Mangel an Vertrauen. In den alltäglichen, partnerschaftlichen Beziehungen und Ehen lässt sich dieses Phänomen wohl am leichtesten erklären. Ewiges Nachfragen und Herumreiten auf denselben Anschuldigungen und Verdachtsmomenten führen zu immer schwierigeren Situationen des täglichen Miteinanders. Diese Fehldefinition von Liebe wirkt sich zuweilen so gravierend aus, dass die Fakten völlig ignoriert und verbogen werden, damit sie zur Realität des Eifersüchtigen passen. Eine ernsthafte Lösung der Grundproblematik scheint nicht erwünscht zu sein. Der Betreffende kann sagen, tun und auch beweisen, was er will, es wird nicht wirklich anerkannt. Hat die Eifersucht erst einmal Fuß gefasst und frisst sich tiefer, wird der Eifersüchtige immer und immer wieder an den Punkt des Misstrauens kommen und scheinbare Beweise für seine Anschuldigungen finden. Extremfälle von Eifersucht bringen es fertig, dass alles und jeder unter Generalverdacht gestellt wird, auch wenn es keinen Grund dafür gibt.
Die innere Angst vor dem Verlust dieser Liebe führt zu solch massiven Auswirkungen. Der unter Verdacht geratene Partner wird entweder irgendwann die Segel streichen, weil diese erdrückende Art von Liebe einfach nicht auszuhalten ist oder es beginnt ein Kampf mit gegenseitigen Verletzungen und dem Versuch die eigenen Standpunkte, Sichtweisen und Macht mit zunehmend neueren Methoden zu demonstrieren, oder aber derjenige gibt sich selbst zugunsten des Eifersüchtigen auf. Ein Mangel an Vertrauen auf beiden Seiten lässt den

Brunnen der Liebe versiegen. Der Eifersüchtige trägt an der unleidigen Situation aber sehr viel mehr an Verantwortung, als er sich eingestehen möchte und auch erkennen kann. Derjenige hat, ohne es zu bemerken, seinen eigenen Beitrag so perfekt geleistet, dass die schlimmstmögliche Befürchtung wahr werden muss. Eva-Maria Zurhorst beschreibt es in ihrem Buch „Liebe dich selbst und es ist egal, wen du heiratest" sehr gut: „Der Betrogene ist zuerst gegangen." Da ich sowohl als Betrügende, wie auch Betrogene meine Erfahrung sammeln durfte, kann ich diese Aussage nur bestätigen. Wer sich wirklich offen und ehrlich mit allen Macken, die eigentlich nur Special Effects sind, selbst reflektiert, wird nicht umhinkommen, seine volle Verantwortung an einer solchen Situation wahrzunehmen und einzugestehen, wenn andere Ergebnisse erwünscht sind.

Tiefblick

Wenn wir ganz tief in die zugrundeliegenden Strukturen des gerade gelesenen Absatzes blicken, erkennen wir, dass in geschäftlichen, wirtschaftlichen, wie auch politischen Beziehungen ähnliche Muster wirken. Es scheint, als würde der einstige Kampf um Anerkennung und Liebe auf allen Ebenen menschlicher Beziehungen unerkannt weitergeführt. Hier ist es nun eben nicht mehr die Eifersucht, sondern Neid und Gier. Allerhand wunderbare Tarnungen, die absolut nicht bewusst eingesetzt werden, finden hier fruchtbaren Boden. Die Entsprechung zum Generalverdacht der Eifersucht sind beim Neid und der Gier, um ein Beispiel zu nennen, die Kontrollauswüchse an den Flughäfen, die jeden Reisenden unter Generalverdacht stellen, potentiell ein Täter zu sein, der Sprengstoff oder Waffen an Bord eines Flugzeuges bringen will. Bei den allermeisten Menschen gibt es keinen Grund so etwas zu tun, und doch werden solche Regelungen erschaffen, weil sozusagen alle angezweifelt werden. Bei diesen Auswüchsen der Konfrontationen zwischen Attentätern, ihrer Organisationen sowie den Regierungen liegen in letzter Konsequenz deren Machtstreitigkeiten zugrunde, welche eigentlich ganz andere Gründe als die gezeigten haben. Jedoch sind der Anfang und die wahren Gründe für diese Differenzen meist unerkannt, weil wir uns der Wurzeln viel zu unbewusst sind.

Liebe und Geld liegen näher beieinander als uns lieb ist, denn es geht im Grunde nicht um Liebe und das Geld selbst, sondern um Beziehung - der Beziehung nicht nur zwischen Menschen, sondern der Beziehung zwischen allem was existiert. Wenn wir wirklich unsere Beziehung zu uns selbst verstehen würden, dann ist die logische Konsequenz das Verständnis aller Beziehungen zu jedem und von allem was ist, denn alles ist eins. Eine Neudefinition der Liebe, wie sie wirklich ist, kann das Übel der Missverständnisse von der Wurzel aus heilen. Denn das was wir bis jetzt leben, ist bedingte Liebe in all ihren Varianten und Ausprägungen. Wer die Angst vor dem Alleinsein überwindet, indem er konstruktive Kritik an sich selbst und dem was ihn umgibt zulässt, wird erkennen, dass diese Fehldefinition von Liebe zur Fehldefinition von Erfolg führte, was uns dazu brachte, unsere Welt so zu erschaffen, wie sie jetzt ist. Wenn wir diese Fehlinterpretation aufheben können, werden wir erfahren, dass wir als Individuum tatsächlich mit allem eins sind und schon immer waren, wie wir am Zustand dieser Welt und allem was darauf lebt, erkennen können. Auf die Angst vor Alleinsein kann dann die ursprünglich gedachte Erfahrung von All-ein-sein in Liebe folgen.

Wir werden jetzt in den zweiten Teil des Buches übergehen, der die bekanntesten Erfolgsmerkmale näher beleuchtet. Damit wird nicht nur klar wie diese Dinge miteinander in Zusammenhang stehen, sondern dass wir nur gemeinsam das gewinnen können, was wir meinen, durch die Veränderung zu verlieren.

TEIL 2

1. Sehnsucht und Verlangen

Sehnsucht oder Verlangen ist der Motor, welcher eine Veränderung einläutet und Wünsche in ihre äußere Entsprechung umzuwandeln beginnt. Je intensiver ein Wunsch oder Verlangen, je leichter wird daraus Realität. Damit ist das Verlangen der Beginn von Erfolg. Beide sind der noch sehr unspezifische Beginn von Veränderung.

Status Quo

Lange Zeit haben wir unser Verlangen und die Sehnsucht nach Veränderung und Neuem missverstanden, was zu den Gegebenheiten, die wir heute in uns selbst, in unserem näheren wie weiteren Umfeld und global vorfinden, führte.

Die Sehnsucht und das Verlangen nach innerem Reichtum wurde irrtümlicher Weise im außen gesucht und spaltete so in Arm und Reich sowie mächtig und machtlos.
Das Streben nach Reichtum und mehr Besitz scheint der Kompensator der fehlenden Liebe und Fülle im Herzen, sowie der missverstandenen Verbindung zu unserer universellen Natur zu sein. Dieses Missverständnis zieht Missverständnis um Missverständnis nach sich, sodass wir heute Verlangen etablieren, die krank und süchtig machen, die das ökologische Gleichgewicht sowohl in uns selbst wie auf dem Planeten zerstören und wir nicht zu wissen scheinen, wie wir damit besser umgehen können.

Tagtäglich spüren wir Verlangen, die zu nicht dienlichen bewussten wie unbewussten zerstörerischen wie selbstzerstörerischen Verhaltensweisen führen. Tagtäglicher Streit und Gewalt gegen sich selbst oder andere zeugen davon.

Auswirkungen

Ich werde hier nicht mehr so ausführlich darauf eingehen, da wir dies bei den Ängsten schon erörtert haben, doch ich möchte eines nochmals wiederholen.

Das Verlangen nach mehr äußerem Reichtum führt dazu, dass viele Menschen im Hamsterrad des Tuns stecken, schwächer und kränker sowie unglücklicher werden und das mehr an Reichtum dieses Leck wenn, dann auch nur vordergründig zu füllen vermag.

Kinder werden auf diesen Kreislauf in den Familien und Schulen vorbereitet, wobei sie mehr und mehr bereits mit Verhaltensauffälligkeiten, Depressionen, Burn-out und einem Gefühl von Lust- oder Sinnlosigkeit in ihre Zukunft entlassen werden.

Zur Kompensation setzen dann andere Verlangen ein. Das kann das Verlangen nach Alkohol, Zigaretten, Drogen, Computerspielen, Social-Media, Fernsehen, alle möglichen Luxusgüter und Luxusverhaltensweisen oder irgendetwas anderes sein, was das wahre ungestillte und vor allem nicht erkannte Verlangen von „sich selbst sein dürfen" überdeckt. Dieses Ersatz-Verlangen wird teilweise bewusst genutzt, um Süchte zu erzeugen, damit Profit gemacht werden kann.

Im Weiteren führt dieser Kreislauf dazu, dass das stetig steigende Konsumverhalten und Verlangen nach „mehr" die Herstellung unserer Güter in Ländern mit deutlich niedrigen Kosten bedingt, damit der Profit für einige wenige weiter ansteigen und der Konsum für die Masse mittels moderater Preise gewährleistet, beziehungsweise noch angekurbelt werden kann.

Die Rahmenbedingungen die dieses Vorgehen ermöglichen, sind größtenteils einfach nur als unzivilisiert – sowohl für Mensch als auch Natur – zu bezeichnen.

Die Konsequenz

In unserer sogenannten Ersten Welt wird eine Sinnlosigkeit spürbar. Mehr und mehr Menschen beginnen zu erkennen, dass es so nicht weitergehen kann. Die tiefe Sehnsucht ist seit längerem unbewusst überall zu erkennen. Wie sonst könnte es sein, dass unzählige Songs, Filme, Dekorationsgegenstände und Bücher unseren Ruf und unsere Suche nach Liebe und Glück - im Grunde nach uns selbst - widerspiegeln? Die Sehnsucht nach Liebe, Frieden und Harmonie sind der Wegweiser des eigenen Ausdrucks. Diese Sehnsucht wird größer und intensiver, je mehr das Gegenteil im Leben erfahren wird. Je mehr Negativität, also Abwesenheit von dem, was wir eigentlich sind und wollen, beziehungsweise Anwesenheit von dem, was wir nicht sind und wollen, je größer wird die Sehnsucht nach dem eigenen Ursprung, bis hin zu einem brennenden Verlangen. Eine tiefe Sehnsucht nach Etwas, was uns einfach nicht mehr loslässt, auch wenn der Verstand es ausreden möchte, entsteht.

Das größte Verlangen oder die größte Sehnsucht ist, wahrhaftig man selbst sein und sich vollkommen erfahren und ausdrücken zu können. Unbewusst haben wir uns wohl schon längst erkannt. Wir können nur noch nichts bewusst damit anfangen, da der äußere Rahmen und die Bewusstheit zur Selbsterkenntnis fehlen.

Träume und Wünsche

Der unspezifische Beginn von Sehnsucht oder Verlangen sind Träume, die zu Wünschen werden. Wichtige Wünsche, die sich lange nicht erfüllen, werden dann zu Sehnsucht und Verlangen. Träume sind Wegweiser, die etwas mitteilen wollen. Es gibt Träume, von denen wir bisher denken, dass in ihnen Dinge einfach nur verarbeitet werden, die schlimmste Variante davon sind Alpträume. Wenn auch hier die Annahme gilt, dass alles richtig und wichtig ist, so könnten wir zu dem Schluss kommen, dass Träume noch eine ganz andere Bedeutung haben, von der wir noch nichts zu wissen scheinen.

Doch es gibt auch Träume, die wegweisend für die eigene Sehnsucht und das Verlangen sind. Tagträumerei oder großartige Träume und Visionen sind jedoch nicht unbedingt erwünscht und wurden in der Kindheit oft gerügt oder auch zuweilen bestraft. Diverse Überzeugungen, die Träume und Hoffnungen schmälern, trägt jeder in sich. Gerade diese Träume und Visionen der Kindheit sind es, die jedoch den Weg zurück zu uns selbst weisen können. Sie sind im übertragenen Sinne ein Fingerzeig dessen, worum es für den einzelnen in seinem Leben geht. Als Kind ist die Verbindung zu dem, was wir wirklich sind, noch tiefer. Wir waren noch mehr in Kontakt mit dem wahren Sein und dem, wozu wir hierhergekommen sind. Es war lediglich keiner da, der uns beibringen konnte, was es mit den Träumen und der Liebe sowie zwischenmenschlichen Beziehungen wirklich auf sich hat.

Große Ziele haben eines gemeinsam. Es gehen ihnen immer erst große Träume und Hoffnungen voraus. Für unsere alltäglichen Wünsche kennen wir dies durchaus, doch für die Ziele unserer Seele nicht unbedingt. Der Wunsch nach Frieden auf dieser Welt, sowie Frieden und Lieben in unserem Umfeld, wie auch in uns selbst, ist die Grundlage auf der mehr und mehr Menschen beginnen, den Traum, die Hoffnung und das Ziel der Seele auf eine neue, andere Welt zu entwickeln, auch wenn diese Hoffnung wie Utopie erscheint.

Hoffnung

Das Feuer der Hoffnung ist wichtig, wenn sich vermeintliche Hindernisse in den Weg stellen. Die Hoffnung ist die Erinnerung an das Gute, was jeder in sich mehr oder weniger erkennbar hat. In der heutigen Zeit geht es darum, unsere wahren Ziele zu erkennen und festzuhalten um einen neuen Weg zu erkennen und zu definieren. Das beinhaltet ein JA zu neuen Wegen und Zielen und ein NEIN zum „Wie" des Alten. Es ist wichtig dem „eigenen Aufgeben wollen", den Herausforderungen im Innen wie im Außen entgegen zu treten und sich selbst das NEIN entgegen zu setzen. Dies könnte vermutlich die größte Herausforderung jedes einzelnen für sich und des Kollektivs im gesamten sein. Es ist wichtig die Selbstzweifel gehörig anzuzweifeln.

Vaclav Havel prägte einst folgendes Zitat:
„*Hoffnung ist nicht die Überzeugung, dass etwas gut ausgeht, sondern die Gewissheit, dass etwas Sinn hat, egal wie es ausgeht.*"

Dieses Zitat macht aus dem "Nein" das "Ja". Es setzt das innere "Ja" für unser wahres Selbst an Stelle des äußeren "nein" zu unserer nicht dienlichen Weltsicht des Erfolges. Wir haben die Art und Weise unser so oft verleugnetes Selbst auszudrücken vergessen, so dass es wie Selbstverleugnung erscheint, wenn wir zu den derzeitigen Gegebenheiten unserer Welt, die uns nicht dienen "Nein" sagen. Das "Nein" erzeugt dann immer wieder das Gefühl des tiefen Schmerzes der Getrenntheit von uns selbst.

Konflikt

Um sich nach Frieden, Anerkennung oder Liebe zu sehnen bedarf es eines Defizits, des Konfliktes. Den Umgang mit Konflikten zu lernen ist eines, dass es gute und weniger gute Wege gibt, das Zweite. Das Verlangen oder die Sehnsucht ist eigentlich vorhanden, um Überlegungen anzustoßen, was statt des Konfliktes erwünscht ist. Diese Überlegung kann in die Selbstermächtigung und Selbstverantwortung führen, alles in der Macht Stehende zu tun und Rahmenbedingungen zu schaffen, in deren Kontext der Konflikt erst gar nicht entsteht.

Es geht hier nicht darum, ein negatives Verhalten gegen ein positives Verhalten auszutauschen, sondern darum, zu wissen, was man WIRKLICH WILL.
Betrachten wir dies am Beispiel der Angst vor dem Tod. Der Tod ist das, was NICHT gewollt ist. Der Fokus liegt auf TOD. Automatisch fußen jeder Gedanke und somit jedes Tun auf dem, was man nicht will. Nun ändern wir den Fokus und die Definition: Angst vor Verlust des Lebens. Automatisch ist das enthalten, was WIRKLICH GEWOLLT ist, das Leben. Hier ist das WARUM hinter dem WARUM und somit das ursprüngliche Verlangen hinter der Angst gefunden. Jetzt kann das Verlangen für und

nicht länger gegen uns arbeiten. Mit dieser Grundlage erkennen wir viel mehr Details in unserem Leben, die uns nicht dienen und das weit über den Punkt Gesundheit hinaus. Jetzt sind wir an dem Punkt angekommen wo wir all das erkennen, was mit dem tatsächlichen Ziel von Gesundheit nicht in Einklang steht. Jetzt werden wir uns nicht nur der Bedingungen bewusst, die das Hamsterrad produziert, sondern endlich auch der Bedingungen, die zum Hamsterrad selbst führen. Hieraus entsteht ein Verlangen die ursprüngliche Situation, welche zum Hamsterrad führt, zu verändern und nicht nur die Ergebnisse desselben. Wenn wir unser Verhaltensweisen die uns in das Hamsterrad manövrierten verändern, wechselt die gesamte Energie des negativen Hamsterrades die Richtung und wird zu dem positiven Flow-Erlebnis - der Erfahrung, nach der wir uns sehnen. Wenn wir dies nun wissen, dann fällt es uns unendlich viel leichter, das notwendige Handeln konsequent anzuwenden, da wir an den wahren Ursprung unseres Verlangens nach Veränderung gehen. Es ist eine HIN-ZU-Motivation entstanden, welche die „Weg-Von-Motivation" ersetzt.

Ein weiser Spruch lautet: *„Know your WHY and start to FLY"* (Unbekannt), was übersetzt bedeutet, *"Kenne dein WARUM und beginne zu fliegen."*

Wissen wir als Einzelperson oder aber auch als Spezies, was wir wirklich wollen, dann entsteht aus Träumen mittels unseres Verlangens der Wunsch, das in Erfahrung zu bringen, was noch nicht erfahren wurde.

Wünsche

Sie sind schon konkreter als Träume und zeigen in den einzelnen Lebensbereichen an, wo es Potential gäbe, klare Ziele zu setzen. Das Verlangen ist bereits gewachsen, doch der Tatendrang ist noch nicht so groß, dass klare und konkrete Handlungsimpulse erfolgen. Dieser Wunsch ist entweder noch nicht wichtig genug oder er wird als Unmöglichkeit erachtet. Es wird das Wunschbild im Geiste bewegt, jedoch wird noch kein klares Ziel definiert, welches durch ebenso klare Handlungen ins Leben gebracht werden könnte. Der Fokus liegt auf den Problemen, die mit der Ist-Situation zusammenhängen, statt auf den Lösungsansätzen für die Wunschsituation.

Hier nun kommen wir zum Kern der Herausforderung unserer Zeit. Durch das Missverständnis von uns selbst und des daraus resultierenden Missverständnisses von Erfolg, haben wir uns selbst den Weg ins Paradies auf Erden verbaut.
Der Wunsch nach Frieden, Fülle und Liebe scheint dem Wunsch nach Sicherheit, Wohlstand und Anerkennung entgegenzustehen. Der Verstand hält dieses Unterfangen für unmöglich, weil er auf das Überleben ausgerichtet ist und all das, was wir uns erschaffen haben, unserem Überleben zu dienen scheint. Wenn wir nun aber das Hamsterrad selbst in Frage stellen, stellen wir damit automatisch auch das Überleben in Frage, zumindest in der Auslegung unseres so konditionierten Verstandes. Die Instanz, die aus dem Entweder-Oder ein Sowohl-als-Auch machen kann, ist unser wahres Selbstbewusstsein, welches über den Teil, dem wir schon so lange nicht wirklich vertrauen, zu finden ist – unser Herz, die Anbindung und die Verbindung zu unserer wahren Göttlichkeit.

Notwendigkeit für Veränderung

Ziele sind eine essentielle Bedingung für Veränderung. Wer nicht wirklich weiß, was er will, wird keine effektive Veränderung vollbringen können. Mit anderen Worten:
„Wer den Hafen nicht kennt, wohin er segeln will, für den ist kein Wind der Richtige." **Seneca**

Das große Missverständnis über uns selbst und Erfolg sowie all seinen Auswirkungen für den Einzelnen wie auch für das Kollektiv, lässt nun klarer erkennen, warum alle Bemühungen auf dieser Erde die Konflikte im besten Sinne zu lösen, scheitern mussten. Das wirkliche Ziel war und ist nicht im Vordergrund geschweige denn, dass es bekannt oder gar anerkannt ist. Wenn das oberste Ziel ist, sich selbst als bestmöglichen göttlichen Ausdruck von Frieden, Liebe und Teil des göttlichen Selbst zu erfahren, werden sich die verschiedenen, konkreten Ziele in den einzelnen Herausforderungsbereichen ergeben können, die über Unterziele dann in konkretes Handeln umgewandelt werden. Alle Handlungen werden dann im Einklang mit dem alles übergeordneten Ziel sein.

Festhalten

Auch wenn es oft heißt, es ist wichtig, loszulassen, sei dieser Punkt hier als ein sehr wichtiger genannt. Denn es geht hier schlicht darum zu erkennen, WAS es loszulassen gilt und WAS FESTZUHALTEN. Es scheint so, als ob es zuerst gilt zahlreiche alte Überzeugungen sowie das daraus resultierende Denken, Fühlen, Sprechen und Handeln loszulassen. Wer an seine Wünsche und Träume glaubt, wird so manches loslassen dürfen. Viele Menschen haben einfach nur nicht lang genug an dem festgehalten, was ihnen WIRKLICH wichtig ist und kurz vor dem Ziel aufgegeben, weil Menschen mit anderen Überzeugungen Zweifel gesät hatten. Dieses Anzweifeln ist so sicher, wie das Amen in der Kirche, sollten wir als Menschen das gemeinsame Ziel der Selbstbewusstheit und daraus logischen Konsequenz des Kollektiv-Bewusstseins und dem daraus resultierenden Wunsch den „Himmel auf Erden" zu kreieren Raum geben wollen. Die Frage ist, zum einen ob wir daran glauben und ob wir dann lange genug daran glauben um die dazugehörigen Handlungen auch umzusetzen.

Die Macht der Niederlage

Jede Niederlage trägt in sich den Keim eines entsprechenden Erfolges. Um die Macht der Unmöglichkeit zu zeigen, bedienen wir uns folgender Beispiele: Henry Ford war arm und ungebildet, doch er träumte von einem Fortbewegungsmittel, das ohne Zugtiere auskommt. Ging immer alles gut? - NEIN, ganz und gar nicht! Waren die Leute anfangs

begeistert von seinem Vorhaben? - NEIN, natürlich nicht! Und doch - sein unbeirrbarer Drang an das zu glauben, was seine Vision war, lässt dich und mich heute in unserem Auto fahren. Ein herzliches Dankeschön an diesen Mann.
Steve Jobs ist ein weiteres Beispiel. Er hatte das Verlangen und die Vision, dass jeder einen Computer auf seinem Schreibtisch stehen haben sollte. Anfangs wurde er damit für verrückt erklärt. Doch er glaubte dran, sein Verlangen brannte in ihm. Ging alles gut? Natürlich nicht! Gab es Rückschläge und Kritik? JA, selbstverständlich und nicht zu wenig! Blieb er seinen Träumen treu? JA, solange bis sie Wirklichkeit geworden waren! Und heute? Heute hast du, ich und viele andere auf der ganzen Welt das Gerät auf dem Schreibtisch stehen, wovon er träumte.

Es gibt unzählige weitere Beispiele. Warum sollte es dann also nicht möglich sein, dies auch für Gesundheit, die Wunschbeziehung, die Beziehung zu dir selbst, die Beziehung zur Familie, den richtigen Beruf oder was auch immer zu nutzen?
Wenn wir merken, dass Träume wahr werden, entdecken wir vielleicht einen weitaus größeren Traum in uns - den Traum, unseren Beitrag für eine neue positive Welt zu schaffen, den „Himmel auf Erden". Ich halte dies keineswegs für abwegig, doch es liegt an uns selbst, uns Gedanken darüber zu machen, dass wir vielleicht eine komplett neue Interpretation davon brauchen, wie der Himmel aussieht. Ich glaube daran, dass jeder einen Traum in sich trägt, der nicht nur sich selbst dient. Ich wünsche, dass jeder ihn irgendwann finden darf und so lange daran festhält, bis er Realität geworden ist. Wird immer alles gut gehen? Vermutlich nicht. Wird es Kritik und Rückschläge geben, wenn wir den „Himmel auf Erden" schaffen wollen? Mit absoluter Sicherheit! Doch was wäre, wenn unsere Kinder und Enkel in 50 Jahren im „Himmel auf Erden" leben und rückblickend sagen können: „Schau dir das an..., das haben wir unseren Eltern und Großeltern und teilweise auch noch Groß-Großeltern zu verdanken."
Träume sind die Samen dieser Welt. Auch die größte Errungenschaft war zuerst nur ein Traum!

Das Verlangen nach Veränderung in diesem Leben, dieses brennende Verlangen nach wirklichem Leben und Selbst-Verwirklichung, ist die Startbahn von der aus Träume sich in die Luft erheben. Träume entstehen nicht aus Gleichgültigkeit, Faulheit oder mangelnder Aktion. Denke immer daran, wenn du Dich vielleicht gerade klein fühlst, zweifelst oder aufgeben möchtest: Alle Menschen, die im Leben erfolgreich sind, egal mit was, haben in ihrem Leben irgendwann mit Niederlagen zu tun gehabt. Sie haben Kämpfe ausgefochten, bevor sie schließlich in ihrem Traum angekommen sind.

Der Wendepunkt ist oft der Moment einer tiefen Krise, während deren Bekanntschaft mit dem anderen Selbst gemacht wird. Eine Erfahrung, die als zutiefst schmerzhaft empfunden wird, weil wir bisher so wenig darüber wussten. Dieses andere Selbst wurde missverstanden. Die Veränderung muss keineswegs so schmerzhaft sein, wie wir es bisher erfahren haben, da lediglich Missverständnisse zu diesem Schmerz führten. Wenn wir Menschen uns selbst verstehen lernen, werden wir den Moment erleben dürfen, wo wir Schmerz durch Glaube und Hoffnung ersetzen und wir sehen, dass es so etwas wie Schmerz nicht gibt, sondern einfach nur Missverständnisse. Wir werden dann erkennen, dass lediglich eine Information oder eine erweiterte Wahrnehmung noch fehlte, um das wahre Geschenk und die Botschaft einer jeglichen Situation zu erkennen. Es scheint, als ob die Menschheit selbst derzeit an jenem denkwürdigen Punkt der tiefsten und größten Krise angekommen ist.

Das Potential für diese Wende und unser wahres SEIN liegt in jedem einzelnen von uns und in uns allen gleichzeitig.

Wahrheit oder Lüge

Um wahrlich an etwas zu glauben oder zu vertrauen, kann es einem zuweilen vorkommen, dass man das Gefühl hat, Lügen zu benutzen. Ist der Geist mit negativen Begrenzungen überfrachtet, wird das Suchen der positiven Kehrseite mit allen damit verbundenen Sachverhalten anmuten, wie Phantasterei, Schönrederei oder Lügen. Nichts desto trotz ist diese Kehrseite zur gleichen Zeit vorhanden und stellt die Betrachtung eines anderen Standpunktes dar. Bewerten wir die Dinge vom Blickwinkel der alten Wahrheit, erscheinen neu zugelassene Gedanken, wie Lügen, außer wir machen ein fortwährend konsequentes Update der gesamten Wahrheiten, wozu es gehört, alte Wahrheiten als Missverständnisse zu enttarnen. Diese Updates zeigen im Umkehrschluss, dass die alten Wahrheiten unter den neuen Gesichtspunkten ebenfalls wie Lügen anmuten. Es ist egal, von welchem Standpunkt aus Wahrheiten vermischt werden, unter dem Blickwinkel der bedingten Liebe kommt scheinbar immer Lüge heraus. Nur bedingungslose Liebe bringt beide Anteile zusammen und wir werden sehen können, dass es niemals so etwas wie eine Lüge gab, nur unendlich viele Missverständnisse, denn es gibt immer nur die eigene Wahrheit. Es bestehen einfach nur mindestens zwei, sich konträr gegenüberstehende Wahrnehmungen.

Es heißt nicht umsonst: *„Wir sehen die Welt nicht, wie die Welt ist, sondern, wie wir sind."* A. Nin

Wenn wir uns selbst als Liebe und Teil des Göttlichen erkennen, kann das größte Missverständnis dieser Welt aufgelöst werden und zwei oder mehr entgegenstehende Wahrheiten können trotzdem eins werden und sein, da sie keine Wahrheiten, sondern nur Wahrnehmungen sind.

Es ist die Beurteilung von Etwas, welche den Charakter dessen prägt, was wir sehen. Beurteilen wir etwas positiv, wird das Positive in Erscheinung treten, beurteilen wir etwas negativ, wird das Negative in Erscheinung treten.

Hierzu gibt es zwei interessante Experimente:

Forscher vergleichen Probanden mit und ohne Spinnenphobie. Mit Hilfe eines Stereoskops boten sie dem einen Auge das Bild einer Spinne und dem anderen Auge eine geometrische Form. Die Probanden mit Spinnenphobie sahen überdurchschnittlich häufig die Spinne, die Probanden ohne Angst, nicht. Dazu ist zu sagen, dass unsere Augen immer nur in der Lage sind ein Objekt zur gleichen Zeit wahrzunehmen, was bedeutet, dass Ängste die Wahrnehmung beeinflussen. Beides ist zur gleichen Zeit da, die geometrische Form, wie auch das Spinnenbild, doch die Angst macht den Unterschied.

Es wurde eine Studie gemacht, in der so genannte Glückspilze und Pechvögel verglichen werden sollten. Es wurden Probanden gesucht und ausgewählt, die sich selbst jeweils als Glückspilz oder Pechvogel sahen. Nacheinander wurden die Probanden in ein Café bestellt, dessen Eingang präpariert worden war. Zu Studienzwecken wurde eine Fünf-Pfund-Note im Eingangsbereich platziert. Diejenigen, die sich als Pechvögel gemeldet hatten, waren allesamt an dem Geldschein vorbei, direkt in das Café gegangen. Diejenigen, die sich als Glückspilze einstuften hingegen, fanden den Geldschein. Wie man sieht, macht der Fokus ziemlich viel aus. Glückspilze haben eine offenere Wahrnehmung für das Positive, wohin gehend Pechvögel eine geschlossene Wahrnehmung im Allgemeinen und für das Positive im Besonderen haben.

Unsere Zukunft in unserer Hand

Ein sehr prägnantes Beispiel für wirklich große Ziele ist der Begründer des Christentums.
Jesus Christus war ein intensiver Träumer. Er verfügte über eine große Vorstellungskraft. Seine Vision brachte schlussendlich das Christentum hervor, wobei seine Botschaft leider missverstanden weitergeführt wurde. Die pragmatischen Träumer, und davon gab es schon viele, waren immer die Pioniere und Baumeister unserer Zivilisation. Was als Religion in so großem Stil funktioniert, muss doch auch funktionieren, wenn viele Menschen miteinander sich daran erinnern und rückbesinnen, worum es wirklich geht. Wenn Sehnsucht und Verlangen, Träume, Wünsche und Ziele in Einklang mit dem wahren Selbst gebracht werden können, ist davon auszugehen, dass unser aller Tun eine vollkommen zwangsläufige Sache ist, die dann einfach erfolgt.

Unsere einzigen Grenzen sind die unseres Denkens, welches auf dem fußt, was schon immer so war wie es war – einem Missverständnis über unser wahres Selbst und damit dem Missverständnis von Erfolg.

„Wir leben in einer Zeit vollkommener Mittel und verworrener Ziele"
Albert Einstein

2. Vertrauen

Vertrauen ist eine unerlässliche Grundsubstanz von Erfolg und maßgeblich an einem positiven Ergebnis beteiligt. Was steht hinter dem Wort „Vertrauen"? Es steckt das Wort TRAUEN darin, welches sich leicht mit Mut assoziieren lässt. Sich etwas zu trauen oder zuzutrauen hat sehr viel mit Mut zu tun. Dieser Mut steigt, je mehr die Verbindung zu uns selbst oder einem anderen Menschen im Außen gegeben ist.

Selbstvertrauen fußt somit auf der eigenen Selbstwirksamkeit. Unter dem Einfluss von Erfolg und Misserfolg, wie wir ihn bisher definiert haben, musste daher zwangsläufig ein inkomplettes Bild von Selbstvertrauen entsteht.

Erfolg war bisher mit Tun und Geld oder Besitz verbunden, Misserfolg oft mit Nicht-Tun und wenig bis kein Geld oder Besitz haben. Unsere Sehnsucht nach Nicht-TUN bzw. genauer genommen SEIN welches erst einmal das Ziel hat uns in Ruhe und Alleinsein zu bringen, damit wir uns unseres eigenen Missverständnisses bewusstwerden könnten, würden jedoch für unseren Verstand bedeuten, dass das Überleben nicht mehr gesichert ist, weil SEIN zugunsten von TUN plötzlich die höhere Priorität hätte. Um dieses Missverständnis genauer zu betrachten bedarf es des Mutes.

Beginn

Vertrauen ist uns ursprünglich in die Wiege gelegt und ein Geburtsrecht. Wir haben nur verlernt, uns selbst und damit auch anderen wirklich zu vertrauen. Die Ersten, denen wir vertrauen, sind die Eltern bzw. Erziehungsberechtigten. Je nachdem, wie sie mit uns umgegangen sind, besitzen wir mehr oder weniger Vertrauen. Das Maß und die Art der Reaktion des früheren Umfeldes bestimmen, in wieweit Vertrauen in sich, in die Menschen und in das Leben entwickelt wurde.

Eigentlich ist Vertrauen nichts, was der Person und den Umständen im Außen entspringt, sondern etwas, das ursprünglich aus der Verbindung mit unserem Inneren kommt und im Außen als Resonanz erfahrbar werden sollte. Erst die Diskrepanz von Selbstwahrnehmung und Fremdwahrnehmung erzeugen ein Gefühl von Misstrauen. Damit entsteht Angst und Unsicherheit.

Je mehr das ursprüngliche Umfeld die Verbindung zu uns selbst durch negative oder ängstliche Interventionen in Misskredit brachte, je mehr wurde das Selbstvertrauen bezweifelt. Im Gegenzug wird die Fremdwahrnehmung über die Selbstwahrnehmung erhoben, was bedeutet, den Aussagen und Impulsen des Umfeldes mehr Glauben zu schenken als den eigenen, inneren Impulsen. Die eigene göttlich universelle Herkunft wird zwangsläufig verleugnet und vergessen. Die physische Abhängigkeit bringt den unbewussten Glauben mit sich, dass die, die bereits im Leben sind, es besser wissen müssten, da sie ja bereits in dieser Welt leben. Demzufolge sollten sie ja wissen, wie das Leben funktioniert. Mit diesen Massen an Fehlinterpretationen war nicht zu rechnen, bauen sie doch alle auf ein und derselben ursprünglichen Fehlinterpretation von uns selbst und Liebe auf und damit auf der Unkenntnis darüber, was wahre, bedingungslose Liebe wirklich ist und welchen Erfolg sie wirklich bezweckt.

Ralph Waldo Emerson (amerikanischer Philosoph und Schriftsteller) formulierte es sehr treffend: *„Aus den Trümmern unserer Verzweiflung bauen wir unseren Charakter."* Dieser Satz zeigt, was aus der Verzweiflung heraus, als „kleiner Mensch" nicht verstanden zu werden, entsteht. Wir bauen den Charakter aus dem, was an Selbstwahrnehmung noch übrigbleibt. Daraus ergibt sich dann das jeweilige Leben.

Wahrnehmung

Wahrnehmung bedeutet, etwas als Wahrheit anzuerkennen. Wahrheit mutet hier jedoch wie etwas Statisches an, wohingegen Wahrnehmung sich weiterentwickelt und veränderbar erscheint. Wahrnehmung verändert sich, sobald neue Informationen und Erkenntnisse, die vorher nicht wahrnehmbar, aber nichts desto trotz existent waren, auftauchen. Hast du dir schon einmal die Frage gestellt, was Wahrheit ist? Es scheint fast so, als ob wir auch hier einem Missverständnis aufsitzen. Als ob es tatsächlich eine einzige Wahrheit gibt, diese aber nicht mit Wissen und Tun, als vielmehr mit dem Zustand des WIEs in Zusammenhang steht. Es scheint, wie wenn die einzige Wahrheit LEBEN und LIEBE heißt und als Ausdruck des „Göttlichen" unendlich viele Erfahrungs- und Wahrnehmungsmöglichkeiten bietet.

„Die Analphabeten des 21. Jahrhunderts werden nicht die sein, die nicht schreiben und lesen können, sondern die, die nicht lernen, verlernen und wieder neu lernen"

Treffender hätte es Alvin Toffler (Autor und Futurist) nicht formulieren können. Unsere alten Wahrheiten machen uns zu Analphabeten des Lebens. Erst wenn wir die alten Wahrheiten verlernen, hinterfragen, anschauen und in Selbstbewusstheit und damit Selbstliebe neue Wahrheiten (an)erkennen, lernen wir das Leben und uns selbst zu lesen, zu verstehen und dadurch zu vertrauen. Die gute Botschaft ist, dass alles Leben Veränderung ist. Demzufolge lässt sich auch das Analphabetentum des 21. Jahrhunderts verändern.

Missverständnis Selbstvertrauen

Selbst sehr lautstark und kraftvoll auftretende Menschen können im Kern wenig Selbstvertrauen besitzen. Sie kaschieren lediglich durch ein SelbstSICHERES Auftreten eine immer noch vorhandene alte Mangel-Wahrheit. Sie haben einfach gelernt, dass sie so die besseren Ergebnisse erreichen. Es wurde sozusagen ein sicherer Weg gefunden das Überleben und Leben so zu meistern, dass mehr Positives als Negatives als Ergebnis übrigbleibt. Sie vertrauen nicht darauf, dass man dem Leben vertrauen kann, sondern sehen vielmehr in der eigenen Aktion das, worauf man am ehesten vertrauen sollte und kann.

Diese Menschen haben auf der Basis von bedingter Liebe gelernt, Erfolg zu haben. Oft sind solche Menschen in Führungspositionen sowohl von Wirtschaft, Politik und anderen Institutionen zu finden. Durch die Mithilfe der Summe all dieser Menschen in Führungspositionen, die sich selbstsicher selbst ermächtigt haben, konnte Erfolg zu dem Weltbild führen, welches wir heute kennen.

Wahrhaft selbstbewusste Lehrer haben immer ein anderes Weltbild in bedingungsloser Liebe gelehrt, welches dem bestehenden System diametral entgegenzustehen scheint. In seiner Konsequenz würde dieses neue Weltbild diejenigen, die die bisherigen Systeme anführen, zwangsläufig mit ihrem größten Verlustschmerz und der größten Verlustangst konfrontieren – der Angst vor Verlust des Lebenssinns und damit einhergehend des Alleinseins. Dieser Lebenssinn ist aufgrund der Fehlinterpretation von Erfolg noch an selbige Definition gekoppelt. Diese Angst und der damit verbundene Schmerz sind vernichtend. Daher sind Angst und Schmerz in der Regel sehr gut verborgen und unbewusst.

Es gibt einen „Kreiere-Prozess", welchen wir bisher auf der Basis der bedingten Liebe benutzt haben, um das zu erschaffen, was wir heute sehen. Herz und Gefühl zeigen, was für uns als Wahrheit angenommen werden kann. Sie schaffen eine Verbindung von Gefühl und Verstand. Das Unterbewusstsein wird aufgrund des Glaubens an das, wie Erfolg bisher definiert ist, tätig. Es werden gedankliche Impulse von Vertrauen zurückgegeben. Der Geist beginnt damit, konkrete Pläne zum Erlangen des Gewünschten zu schmieden. Bedingungslose Liebe nutzt genau denselben Kreiere-Prozess. Wir wären in der Lage so etwas wie holistischen Erfolg zu kreieren, indem wir das Beste aus dem bereits bestehenden Erfolgsmodell nutzen und es um die Komponente der Selbstwahrnehmung als göttlich universelles Wesen, unseres wahren Selbstbewusstseins erweitern.

Das bestmögliche Ergebnis für alle Beteiligten rückt plötzlich in den Bereich des Möglichen. Jeder noch so kleine Schritt auf diesem Weg wird den Kreislauf des Vertrauens stärken, wenn wir hierbei auf die innere Stimme und inneren Impulse achten.

Missverständnis Selbstbewusstsein

Dem was wir Selbstbewusstsein nennen, liegt einmal mehr eine leichte Fehlinterpretation mit schwerwiegenden Folgen zugrunde.

Selbstbewusstsein sagt vom Wort her nichts Anderes aus, als dass wir uns unseres Selbst bewusst sind. Unsere auf bisherigen Erfolg begründete Interpretation von Selbstbewusstsein basiert darauf, seine positiven wie auch negativen Denk-, Fühl-, Sprach- und Verhaltensmuster zu kennen und im Rahmen dessen, wie wir Erfolg kennen, positiv erfolgreich einzusetzen. Sie basiert jedoch nicht darauf, uns als göttlich universelles Wesen zu erkennen und zu erfahren. Unsere Interpretation wurde reduziert auf die Außenwirkung, das selbstbewusste Auftreten, welches eigentlich nur ein selbstsicheres Auftreten ist. Wirkliches Selbstbewusstsein, sagt noch nichts darüber aus, wie stark jemand nach außen auftritt. Über die Dominanz ist somit noch keine Aussage enthalten. Bisher basiert das, was wir Selbstbewusstsein nennen, auf bedingter Liebe.
Es könnte sogar sehr gut sein, dass viel mehr Menschen sich ihrer selbst und ihres göttlichen Kerns deutlich mehr bewusst sind, als sie ahnen und nach außen nach der alten Interpretation nicht als selbstbewusst angesehen werden. Jedoch bringt unsere Fehldefinition von Erfolg eine Fehlinterpretation ihres Selbstvertrauens mit sich, was für diese Menschen bedeutet, dass sie die in ihnen wohnende bedingungslose Liebe nicht leben werden, weil sie diesen inneren Regungen entweder nicht vertrauen oder äußere Rahmenbedingungen das Leben dieser Liebe schier unmöglich machen.
Selbstbewusstsein ohne das nötige Selbstvertrauen bringt wenig. Es kann sogar in das Gegenteil führen, so dass massive Selbstverurteilung die Folge ist, da bewusst wahrgenommen wird, bereits so viel von sich selbst und den universellen Gesetzmäßigkeiten zu erkennen und zu wissen, ohne es in die erfolgsfördernde Umwandlung bringen zu können. Der äußere Kontext ist nicht im Einklang mit den inneren Erkenntnissen.

Der Turbo zum Kern unseres Vertrauens

Die Zustände, die wir als Vertrauen, Liebe und Sexualität bezeichnen, sind einzeln schon sehr mächtig. Sie können uns alle drei ganz leicht direkt mit dem inneren Kern in Verbindung bringen.
Berühren sie gemeinsam Gedankenimpulse, so erteilen sie diesen eine weitaus größere Macht, als es jeder einzelne von diesen Dreien vermögen würde und erst recht, wenn durch wahre Bewusstheit aus bedingter Liebe bedingungslose Liebe wird.
Kommen diese drei nun basierend auf dem alten Gedankengut zusammen, wird das Vertrauen genauso genährt, nur liegt dieser alten, bedingten Liebe in Wirklichkeit die Angst zugrunde.
Es ist egal, welcher gedankliche Impuls von Vertrauen berührt wird, das Unterbewusstsein wird den Impuls dem Glauben und dem Vertrauen entsprechend umsetzen.
Daher erhalten wir immer noch allzu oft ein in der Summe nicht zufriedenstellendes Ergebnis vieler Situationen, obwohl wir nach besten Kräften und Gewissen uns um einen guten Ausgang bemühen.
Dies ist so, weil unser derzeitiges Turbo-Gespann noch so aussieht: Vertrauen, Sexualität, Angst, getarnt als das, was wir gelernt haben als Liebe anzusehen. Unser tief verankerter Wunsch nach einer partnerschaftlichen Beziehung will uns unbewusst den Weg weisen, dass ein Teil unserer Seele um die ursprünglichen Gesetzmäßigkeiten weiß, diese jedoch bisher fehlinterpretiert und somit nicht „richtig" ins Leben integriert wurden. Dieser Teil in uns weiß, dass unsere bisherigen Liebesbeziehungen und Partnerschaften sowie das bisher gelebte Vertrauen und die bisher gelebte Sexualität in Kombination mit bedingungsloser Liebe ein ganz neues und anderes Ergebnis auf allen Ebenen hervorbringen kann. Liebesbeziehungen machen uns völlig unbewusst von Haus aus mutiger und stärker und lassen uns mehr Vertrauen in uns selbst und in den anderen wahrnehmen. Mehr zu dem Thema Liebe, Sexualität und deren Auswirkung und Bedeutung erfahren wir im letzten Kapitel dieses Buches, da dies zu diesem Zeitpunkt den Rahmen dieses Kapitels sprengen würde.

Auf Sand gebaut

Fakt ist und bleibt, dass unser Unterbewusstes genauso bereitwillig bösartige und negative Gedanken, wie auch positive, hervorbringt. Dies geschieht in Abhängigkeit davon, welches Umfeld uns im Leben geprägt hat.

Wer Vertrauen aufbauen möchte sollte sich fragen, auf welcher Basis er sein Vertrauen aufbaut, denn wem oder was wir im außen vertrauen, zeigt das Maß oder die Diskrepanz zum Selbstvertrauen im Innen.
Vergleichen wir es mit einem Weizenkorn. Das Korn wird ausgebracht und es fällt auf fruchtbaren Boden, wird gewässert und gepflegt. Es wächst eine Pflanze heran, die ihrerseits wieder Früchte trägt, in viel größerer Anzahl. Einmal ausgesät und kultiviert, bringt das Korn Früchte. Dieses Weizenkorn sind die Gedanken, die auf dem Vertrauen aufbauen, welches aus dem kommt, was wir für wahr halten. Ob wir nun positive Gedanken oder negative Gedanken säen, die Ernte wird entsprechend sein. Die ausgebrachte Saat vermehrt sich um ein Vielfaches mit jeder Saat und Ernte wieder.
Je nachdem welche Gedanken mehr vorhanden sind, wird eine entsprechende Ernte erfahren. Unser Weizenbeispiel zeigt anschaulich, wie sich die Mengenverhältnisse immer wieder neu mischen können, je nachdem welcher Saat von Gedanken wir den Vorzug geben. Jeder Gedanke, Plan, jedes Ziel und Vorhaben zieht eine ganze Menge ähnlicher Gedanken nach sich und fügt die Energien und Kräfte zusammen, sodass ein Einklang aus diesen ähnlichen Gedanken und Energien entstehen kann. Dieser Einklang wird irgendwann zum Hauptantrieb heranwachsen. Dies geschieht schlicht durch Wiederholung. Jeder beliebige Gedanke oder jedes beliebige Vorhaben kann im Geiste durch Wiederholung Fuß fassen. Über eine Lebensspanne betrachtet wird klar, warum es so etwas wie Glück und Unglück gibt.

Das Warum

Das ganze Universum dreht sich um dieses Warum. Folgendes Sprichwort aus dem Talmud veranschaulicht dies:

Gib auf dich Acht
„Achte auf deine Gedanken, denn sie werden Worte.
Achte auf deine Worte, denn sie werden Taten.
Achte auf deine Taten, denn sie werden Gewohnheiten.
Achte auf deine Gewohnheiten, denn sie werden Charakter.
Achte auf deinen Charakter, denn er wird dein Schicksal."

Das, was wir heute haben, ist das Ergebnis unserer Aussaat von den Dingen, die wir unserem Glauben von Erfolg nach gesät haben. Wir haben diesem Weg schon sehr lange vertraut, obwohl wir uns immer wieder wundern, warum so viel Gewalt und Lieblosigkeit auf dieser Welt im Kleinen wie im Großen zu finden ist. Wir haben bisher nicht begriffen, dass das Kleine mit dem Großen viel mehr in Zusammenhang steht als vermutet, weshalb es seit einiger Zeit hauptsächlich hieß, sich selbst von innen heraus zu ändern sei die Lösung. Das ist sicherlich ein sehr großer Teil der Wahrheit, aber nicht der ganze. An einem gewissen Punkt braucht es die Veränderung auch im Umfeld, sonst wird der Fluss unterbrochen.

Eine starke Vision

Um eine neue Angewohnheit zu etablieren, benötigen wir laut diverser Forschungen ca. 21 Tage regelmäßiger Anwendung. Dann wird das erste Plateau erreicht und es wird einfacher und einfacher. Nach ca. 6 Monaten ist das neue Verhalten in Fleisch und Blut übergegangen.

Stellen wir uns einmal vor, was möglich wäre, wenn wir ein neues Vertrauen in uns selbst und das, wie wir Liebe und Erfolg erfahren, etablieren könnten und daraus neue Angewohnheiten entstehen würden. Wenn genug Menschen für ein halbes Jahr bereit sind Liebe und Erfolg anders zu leben, hätten wir die Chance, dass sich auf dieser Welt etwas signifikant verändert. Wäre das nicht ein Versuch wert, selbst für die, die nicht so recht daran glauben wollen? Wenn es funktioniert, haben wir alle gewonnen, wenn es nicht funktioniert, haben wir zumindest nichts Nennenswertes verloren.

An dem herausragenden Beispiel von Gandhi lässt sich erkennen, worum es geht.
Er schaffte es Vertrauen in ein ganz bestimmtes Ziel in den Herzen und Köpfen von Millionen von Menschen wachsen zu lassen. Er erreichte dadurch das, was keiner militärischen Macht gelungen war - ganz ohne Geld, Soldaten und Kriegsgerät. Er brachte all diese Menschen zum Verschmelzen und einmütigen Handeln, als würden sie einen Geist teilen – was ja auch der Fall ist.

Was wäre möglich, wenn wir uns alle gemeinsam, jeden Tag ein paar mehr, das Paradies auf Erden erschaffen würden, was wir mehr und mehr bereits derzeit tun?

Entwickeln wir eine Idee von dem Leben, welches wir wirklich leben möchten. Vertrauen wir darauf, dass es uns zusteht und aus uns herauskommt. Und dann rufen wir diese Idee mittels unserer Vorstellungskraft ins Leben. Brechen wir das große Bild, die Vision, die Träume und Ziele herunter auf kleinere Bilder, die Unterziele darstellen. Entwickeln wir für jedes Unterziel gangbare Pläne. Sind unsere Unterziele zu groß, brechen wir sie in weitere Unter-Unterziele herunter. Dann legen wir Beharrlichkeit in unsere Umsetzung und gehen mit bedingungsloser Entschlossenheit an die vollständige Umsetzung. Unser brennendes Verlangen nach Frieden, Gesundheit und Liebe auf dieser Erde und dem Erleben unseres eigenen Lebens, so wie es als Idee in uns steht, wird uns den Weg dorthin ebnen.
Vertrauen ist das Elixier, welches unserem ganzen Streben Leben einhaucht, sodass Gedanken zu Kraft und Wirksamkeit erweckt werden.

3. Innerer Dialog und Autosuggestion

Die Art und Weise, wie wir selbst mit uns sprechen ist sehr entscheidend für Erfolg, ob nach neuer oder alter Wortdeutung. Autosuggestion ist die Macht unseres Denkens und das Mittel, mit dem auf das Unterbewusstsein Einfluss genommen wird. Autosuggestion sind Selbstgespräche, die jeder tagtäglich bewusst oder unbewusst in Gedanken oder Worten mit sich selbst führt.

Laut Wikipedia ist die Definition von Autosuggestion folgende:
„*Autosuggestion (griechisch-lateinisch: Selbstbeeinflussung) ist der Prozess, durch den eine Person ihr Unbewusstes trainiert, an etwas zu glauben. Dies wird erreicht durch Selbsthypnose oder wiederholte Selbst-Affirmationen und kann als eine selbstinduzierte Beeinflussung der Psyche angesehen werden. Die Wirksamkeit der autosuggestiven Gedankenformeln kann durch mentale Visualisierungen des angestrebten Ziels erhöht werden. Der Erfolg der Autosuggestion wird umso wahrscheinlicher, je konsistenter und länger (bzw. öfter) sie angewendet wird. ….*"

Die Gedanken und visualisierten Ziele, denen wir vorwiegend erlauben, eine maßgebliche Rolle zu spielen, egal ob positiv oder negativ, bewusst oder unbewusst, bedienen dieses Prinzip und bewirken unsere Realität.

Autosuggestion entsteht aus der Suggestion von außen. Meditation ist Suggestion. Erziehung ist Suggestion. Die Dauerberieselung durch die Medien ist Suggestion. Alles Mögliche, immer und immer wiederholt kann Suggestion sein und zur Autosuggestion werden. Ein anderer Begriff dafür sind Glaubenssätze – jene, Sätze die wir unserer inneren Wahrheit gemäß denken und sprechen.

Eltern, Religionen und Gesellschaft sind die tragenden Säulen unserer Autosuggestionen.

Drei große Mantras unserer Zeit

Die Fehldefinition von Erfolg brachte uns soweit, folgende Sätze als unsere tägliche bewusste oder unbewusste Wahrheit entstehen zu lassen:
„Ich habe keine Zeit", „Ich habe kein Geld", „Ich habe keine Beziehungen". In diesen 3 Sätzen liegt das gesamte Grundmissverständnis verborgen.

„Ich habe keine Zeit" kann schon rein vom Wortlaut nicht sein, denn jeder Mensch hat genau dieselben 24 Stunden Zeit pro Tag. Die einzige Frage die wir uns als Menschen stellen sollten ist, für was und mit wem verbringen wir diese Zeit?

„Ich habe kein Geld" erscheint im Angesicht der Tatsache, wie wohlhabend wir im Vergleich zu sehr vielen anderen Regionen dieser Welt sind, ebenfalls wie eine Fehlwahrnehmung. Es erscheint eher, wie wenn unsere Deutung von Erfolg uns dazu brachte, Geld sowie die damit verbundenen Güter und dem damit einhergehenden Konsum einen Stellenwert einzuräumen, der ungesund für uns ist. Es ist jedoch die Frage, für wen oder was wird dieses Geld verwendet?

Zu guter Letzt die Aussage „ich habe keine Beziehungen". Sie erscheint mir die gravierendste, zeigt sie doch, was das Missverständnis von Erfolg mit sich bringt.

Die bisherige Erfolgsdefinition besagt, dass wir erfolgreicher werden, wenn wir nur die richtigen Beziehungen pflegen. Auf der Suche nach dem großen Reichtum bleibt nicht selten jedoch die Beziehung zu uns selbst und zu uns wichtigen Menschen auf der Strecke und wird ersetzt durch die Beziehung zur Karriere, zum Beruf und dem damit verbundenen Umfeld. Der Wert von Beziehungen wird unbewusst daran gemessen, was die Beziehung materiell bringen kann. Die Wertigkeit von Beziehungen, die dies nicht erfüllen, wird mit Null angesetzt, wenn wir uns den Wortlaut ansehen. Somit nimmt es kaum Wunder, wenn wir unsere Zeit hauptsächlich dort investieren, wo materieller Zuwachs zu finden scheint. Es ist unausweichlich, dass wir dann früher oder später die Beziehungen einbüßen, die für unsere wahre Sehnsucht nach Liebe, Gesundheit und Frieden wichtig sind. Und dies gilt nicht nur für die Beziehung zwischen Menschen, sondern auch für die Beziehung zu Situationen, Umständen und Dingen. Daher sollten wir uns fragen: Mit wem oder was verbringen wir unsere intensivsten Beziehungen? Pflegen wir Beziehungen zu Dingen mehr als die Beziehung zu uns selbst, anderen Menschen oder zur Natur?

Würden wir Erfolg neu definieren und in das Zentrum dieser Definition die bedingungslose Liebe stellen, so wären diese drei Sätze obsolet und damit hinfällig. Solange wir der bisherigen Art von Erfolg treu bleiben, werden diese Sätze zu den Autosuggestionen von vielen Menschen gehören, die sich weiterhin fragen, was in ihrem Leben und auf dieser Erde schiefläuft.

Das Gegenstück

Wenden wir uns ab von Erziehung, Politik und Religion hin zu den Antworten, die wir uns schon längere Zeit selbst geben, ohne es zu bemerken. In Liedern, Romanen, Gedichten, Dekorationsartikeln, Postkarten, Weisheitsbüchern und Filmen und vielen anderen Dingen steht immer mehr die Liebe im Mittelpunkt - interessanter weise fehlt auch in zahlreichen Actionfilmen oder Thrillern die Liebe nicht. Hier zeigt sich die unbewusste Sehnsucht nach unserem Ursprung. Suggestion über kreatives Arbeiten erscheint wie der Ruf der Seele nach sich selbst und erzeugt über unsere Gefühle eine Sehnsucht und andere Gedanken und Autosuggestionen, die dem alltäglichen Trott des erschaffenen Wohlstandshamsterrades mit all seinen Pflichten entgegenstehen. Über positive Gefühle gehen wir in Resonanz mit diesen wunderbaren Botschaften, die den Sinn haben, uns aufzuwecken. So kreieren wir immer wieder neue Momente der Selbsterkenntnis, ohne dass wir uns dessen jedoch bewusst sind.

Die Haupt-Rolle

Unser Geist und Verstand setzt nur die Gedanken, die von Gefühlen und Gemütsbewegungen durchdrungen sind, in Erfolg um. Dies ist der Erfolgsfaktor Nr. 1 für Veränderung, egal in welche Richtung. Gedanken mit negativen Emotionen werden ebenso wahr, wie Gedanke mit positiven Emotionen. In dem Moment, in dem den Gedanken Gefühle und Gemütsbewegungen an die Seite gegeben werden, erwacht in uns etwas zum Leben. Gefühle sind der Ausdruck der Seele, die über Positives den Einklang mit der eigenen Wahrheit signalisieren, oder durch Negatives die Disharmonie in Bezug zur eigenen Wahrheit kundtun. Positive wie negative Gefühle sind Ausdruck von Leben. Diese „Be-GEIST-erung" ist unser Ausdruck.

Es erscheint unter diesen Gesichtspunkten wenig verwunderlich, warum die „Liebes- und Weisheitskreationen" in Wort, Schrift, Gesang und Film mehr und mehr zunehmen müssen. Sie bilden den Ausgleich der stetig zunehmenden Negativmeldungen und Angstszenarien und weisen den Weg zu unserer wahren Sehnsucht von Selbst-Ausdruck in Liebe.

Kontrolle

Wir Menschen sind so geschaffen, dass wir Kontrolle darüber haben, was in unser Unterbewusstsein vordringt oder nicht. Die meisten Menschen nutzen dies jedoch kaum oder überhaupt nicht, da es ihnen schlicht nicht bewusst oder bekannt ist. Sehr einfache Wege sich bezüglich negativer Gefühle zu kontrollieren und zu disziplinieren, ist die Tatsache, sich mit so wenig Angst produzierenden Medien und Menschen als möglich zu umgeben. Dafür können dann der eigenen Entwicklung dienlichere und positive Dinge und Menschen diesen Platz einnehmen. Wir haben es selbst in der Hand, ob wir uns permanent über die Schreckensnachrichten dieser Welt auf dem Laufenden halten wollen und dabei immer mehr Angst verspüren oder ob wir uns positiven Nachrichten zuwenden, die ebenfalls existieren, jedoch nicht so leicht zugänglich sind. Wir entscheiden selbst darüber, welche Art von Musik uns (dauer)beschallt. Wir selbst bestimmen darüber, mit welchen Menschen und deren Dauerbeschallung wir uns hauptsächlich umgeben wollen.

Wechseln wir von der äußeren zur inneren Beschallung. Der obige Absatz soll mitnichten bedeuten, dass wir uns nicht für das interessieren sollen, was auf dieser Welt vor sich geht. Es erscheint sogar unabdingbar, dass wir viele Dinge in einem viel größeren Gesamtkontext und Bezug zu uns wahr- und ernst nehmen dürfen. Es geht jedoch darum, zu erkennen, dass Angst uns nicht weiterhelfen wird, wenn wir an diesen Herausforderungen wirklich etwas ändern wollen. An diesem Punkt wird es wichtig zu erkennen, dass das eigene Innere lernen kann damit umzugehen, aus den Verstrickungen und Fehldeutungen von dem, was wir Erfolg nennen, herauszutreten. Wir sind aufgefordert uns vom Lärm und der Angst um uns herum abzuwenden und dem eigenen Inneren erst einmal zuwenden, um uns selbst zu verstehen und damit auch das, was um uns herum geschieht. Die Anbindung an die Liebe, der Quelle der ursprünglichen Kraft und Weisheit in uns, zeigt Wege auf, wie mit diesen Herausforderungen umgegangen und was getan werden kann. Im Zustand der Liebe lassen sich diese Herausforderungen sehr wohl lösen, nur eben völlig anders, wie wir es üblicher Weise tun würden.

Eine einfache Möglichkeit, das Verlangen der Seele fassbarer zu machen und auszudrücken ist, dies schriftlich zu fixieren. Das Verlangen kommt somit aus der energetischen, gedanklichen Manifestation in die physische, materielle Entsprechung.

Eine weitere Möglichkeit, sich positiv zu stärken sind Autosuggestions-Übungen, die morgens und abends regelmäßig gesprochen werden. Gerade in Zeiten, in denen viele angstmachende Szenarien vorhanden sind, ist die Stärkung des eigenen Ichs von innen heraus von großer Bedeutung, bevor man im Außen etwas verändern kann.

Feedback

Positives wie negatives Feedback kann als Suggestion von außen aufgefasst werden.
Daher ist es so wichtig, Feedback positiv geben. Die eigene Wahrheit auszusprechen ist sehr wichtig, jedoch sollten die Worte mit Bedacht und friedlich gewählt werden. Je öfter wir es schaffen, Dinge die uns nicht gefallen, positiv zu formulieren, desto mehr stärken wir uns gegenseitig. Mehr innere Stärke, Selbstsicherheit und Selbstvertrauen erwächst daraus, weil wir erinnert werden, wer wir wirklich sind. So können wir uns gegenseitig unterstützen, nicht von den allgegenwärtigen Krisenszenarien vereinnahmt und überfordert zu werden. Stattdessen helfen wir uns in einen Zustand der inneren Kraft zu gelangen, der die Lösung dieser Szenarien möglich machen kann. Eine Autosuggestion, die helfen kann, innere wie äußere Herausforderungen zu meistern, ist folgende: „Was würde die Liebe jetzt tun?"
Wer weiß, was stattdessen gewollt ist, wird über kurz oder lang Mittel und Wege finden, gar nicht erst in „Konfliktsituation" zu gehen. Es wird bewusst, dass bereits vorher eine andere Realität und damit eine andere Situation erdacht und somit auch herbeigeführt werden kann. Für diese neue Realität werden ganz andere Wege im Denken, Fühlen, Sprechen und Handeln eingeschlagen.

Konzentration

Konzentration bedeutet die zielgerichtete Lenkung auf eine bestimmte Sache. WAS WÄRE DIE GEMEINSAME BESTIMMTE SACHE, wenn Erfolg nicht mehr im Zentrum steht und in Arm und Reich, Mächtig und Machtlos, Sprechende und Stumme, Überfressene und Verhungernde und Groß und Klein spaltet, sondern die göttliche Energie der Liebe und Verbundenheit dem Erfolg zugrunde liegt?
Wenn wir wirklich vorhaben unser Leben im Einzelnen wie auch im Globalen zu verändern – beides hängt untrennbar miteinander zusam-

men - werden wir nicht umhinkommen, vom Werkzeug der Konzentration Gebrauch zu machen.

Viele Philosophen haben behauptet, dass der Mensch Herr seines eigenen Schicksals ist – und sie hatten Recht! Jeder selbst und alle gemeinsam sind wir die Herren über unser Schicksal. Wenn wir uns die Macht und Verantwortung der Liebe wieder zu Eigen machen, besteht die Chance, unser Schicksal in positive Bahnen zu lenken. Wir haben die Aufgabe, uns selbst der „Vater und die Mutter Gott" zu sein, die unsere Eltern nicht sein konnten, weil sie nicht um die Wahrheiten und Gesetzmäßigkeiten von wahrer Liebe, Göttlichkeit und Erfolg wussten. Sie waren sich ihrer selbst nicht bewusst. Wir haben auf diesem Weg nicht nur die Chance, unser Leben in das zu verwandeln, was wir uns schon immer wünschten, sondern führen gleichzeitig Versöhnung und Heilung der alten Verletzungen herbei. Wenn wir den Mut und die Kraft aufbringen, uns selbst und unseren Ängsten zu stellen, findet jeder einzelne den Frieden in sich, um wiederum zum Frieden um sich herum beizutragen.

Warten wir nicht auf den perfekten Plan. Fangen wir stattdessen an, uns und die Welt zu verändern und erwarten und verlangen von unserem Unterbewusstsein, dass es uns die entsprechenden Pläne oder Handlungsschritte offenbart. „Der Weg IST das Ziel" ist hier die Maxime, die uns weiterbringen kann.

4. Beobachtung, persönliche Erfahrungen und Wissen

Für Erfolg jedweder Art sind sowohl Erfahrungen, Wissen, wie auch die Gabe der Beobachtung eine überaus wichtige Voraussetzung. Wenn wir Bildung betrachten, erkennen wir, dass in Schulen, Unis und sonstigen Bildungseinrichtungen so ziemlich alles an Wissen zu finden ist, was unsere Gegenwart zu bieten hat. Doch egal, wie groß oder vielfältig dieses Wissen auch sein mag, zum Erreichen unserer Ziele von wahrer Liebe, Frieden und gesundem Miteinander scheint es nur bedingt beitragen zu können.

Wissen ist Macht! Doch stimmt das wirklich? Es erscheint eher wie: Wissen ist potentielle Macht!
Wer Wünschen und Verlangen durch zielgerichtete Handlungen Ausdruck verleiht, wird in den Genuss kommen, dass Wissen Macht darstellt.
Leider brachte unsere bisherige Art von Erfolg das hervor, was wir heute und überall die vorangegangenen Zeiten als Macht erfahren haben. Es scheint uns die Zielgerichtetheit unabhängig von einem Ergebnis zu fehlen, was all unser Wissen in Hinblick auf unsere tiefste Sehnsucht nach wirklicher Liebe, Gesundheit und Frieden unbrauchbar werden lässt. Offensichtlich scheint die bisherige Zielsetzung nicht adäquat oder doch zumindest zu kurz gegriffen zu sein.

Der Mangel des Verständnisses dieser Zielsetzung ist dafür verantwortlich, dass tagtäglich Millionen von Menschen dem Irrglauben „Wissen ist Macht" aufsitzen und sich wundern, warum sie „B" bekommen, wo sie doch „A" wollen. Begründet liegt dieses Missverständnis in den Beobachtungen und Erfahrungen durch äußeres Wissen, also eigene Erfahrungen, schulisches Wissen, Wissen durch Ausbildungen, Wissen durch Forschung, Gesellschaft usw. Der permanente Abgleich des äußeren mit dem inneren Wissen, also dem Wissen um die göttlichseelische Herkunft, Potentiale und Aufgaben stehen sich scheinbar diametral gegenüber. Diese beiden Parameter beeinträchtigen in ihrer Auswirkung die Macht über uns selbst, das Leben, sowie aller damit einhergehenden Umstände.

Auswirkungen

Üblicherweise wird die Meinung vertreten, dass jemand als gebildet bezeichnet wird, wenn er über ein großes Allgemein- und Spezialwissen verfügt. Trotzdem ist die Welt voll von gebildeten Menschen, die damit scheinbar nicht erfolgreich und schon gar nicht glücklich sind. Beobachtungen und Erfahrungen jedes Einzelnen aber auch gemeinsam, ergeben ein groteskes Bild über uns als Menschen. Diese große Menge an Allgemein- und Spezialwissen scheint es nicht zu vermögen, dass wir das hervorbringen können, was uns allen am wichtigsten zu sein scheint: Frieden, Gesundheit und ein liebevolles, respektvolles Miteinander.

Wir verwenden das immer größere Spezialwissen darauf, neuere und kreativere Dinge herzustellen, die unseren Alltag erleichtern und freudvoller machen sollen, um endlich Zeit zum Glücklich-Sein zu haben. Es werden immer neue Computerspiele erfunden, die uns durch spielerische Herausforderungen in immer höhere Level vordringen lassen. Es werden Spielzeuge erfunden, die interaktiv mit den Kindern kommunizieren, teilweise echte Tiere und auch uns als Spielkameraden ersetzen. Es werden immer neuere Kreationen von Nahrungsmitteln hergestellt und erfunden, genauso wie es mit Dekorationsmöglichkeiten und praktischen Alltagshelfern der Fall ist. Die Kreativität scheint keine Grenzen zu kennen und doch vermag sie uns nicht den inneren wie äußeren Frieden und die innere wie äußere Harmonie zu bescheren.
Es scheint an der Zeit, all diese Kreativität in ein weitaus höheres Ziel zu investieren, damit statt in der fiktiven Computerwelt endlich neue Level in der realen Welt erreicht werden. Es scheint an der Zeit zu sein, statt

der immer neuen Kreationen von wunderbar schmeckenden und bezaubernd aussehenden Lebensmitteln dafür zu sorgen, dass nicht stündlich mehrere Hundert Menschen verhungern, während wir uns Gedanken machen, wie diese oder jene Speise noch verfeinert und verschönert werden könnte. Die Summe all unseres Wissens und all unserer Erfahrungen hat bis heute nicht die Konsequenz beschert, dass unser Weg, den wir bisher gegangen sind, menschenwürdig ist. Wie kann es dazu kommen?

Eine mögliche und irgendwie logische Antwort wäre die, dass wir an der falschen Stelle Entwicklung vorantreiben. Wir erforschen bis ins Kleinste, wie genau diverse Vorgänge von Pflanzen, Tieren, Menschen und Umwelt sowie des Universums funktionieren und übersehen dabei eine große Gemeinsamkeit. All diese Vorgänge funktionieren AUTOMATISCH. Weder Pflanzen, Tieren, der Umwelt noch dem Universum muss beigebracht werden, wie Wachstum und Weiterentwicklung als natürlicher Erfolg hervorgebracht werden muss. Könnte es nicht sein, dass wir vor lauter Erforschung des „WIE" das „DASS" der Automatismen übersehen und nicht erkennen, dass all unsere Versuche im Außen - seit jeher und forciert seit mehr als 100 Jahren - Automatisierung herzustellen,- im Grunde die Sehnsucht zeigt, dass wir die Automatisierung der göttlich universellen Energie in uns selbst, als die Ethik unserer Seele, einfach nicht verstanden haben, weil wir uns ihr ständig und permanent mit großer Macht und teilweise purer Gewalt in den Weg stellen? Keine andere Spezies geht so miteinander um. Keine Spezies zerstört und entzieht sich selbst ihre Lebensgrundlage so wie wir Menschen. Erfolg wie wir ihn gelernt haben steht über der Selbst- und Nächstenliebe.

Wenn wir die Liebe in aller Konsequenz in unser Leben einladen, scheinen wir automatisch erfahren zu dürfen, wie das „WIE" von allem funktioniert und es uns dann absolut logisch erscheint, weil wir uns als Teil des Ganzen erkennen und somit wissen, dass wir genauso automatisch einen immer besseren Erfolg aus und durch uns hervorbringen. Es wird Zeit, unsere wahre Menschlichkeit einzuladen. Es findet dann immer noch Erfolg statt, nur auf einer viel befriedigenderen und wahrhaft fundamentalen und lebensbejahenden Basis. Wenn wir wollen, erkennen wir im Versuch der Automatisierung unseres Umfeldes und der Dinge im Außen, dass wir mit diesem Handeln versuchen ein HABEN aufzubauen, damit wir irgendwann einmal genug Geld und Zeit haben, um uns darum zu kümmern der Mensch zu SEIN, der wir sein wollen. Auch hier erkennen wir, dass dieser Vorgang verkehrt, nicht im Sinne von „falsch", sondern „falsch herum = ver-kehrt" ist. Der ursprüngliche Prozess von SEIN-TUN-HABEN wurde missverstanden und in TUN-HABEN-SEIN verkehrt. Wenn wir erkennen, dass wir alle nach denselben göttlich universellen Gegebenheiten „agieren" könnten, dann würden wir feststellen, dass das SEIN nicht etwas ist, was wir werden müssen, sondern etwas, was wir schon längst SIND und es vergessen haben. Wenn wir aus dieser Selbsterkenntnis heraus dann das TUN, was aus uns herauskommt, dann werden wir Erfolg HABEN – und zwar auf der gesamten Linie.

Beim Barte des Propheten

Ein wahrlich gebildeter oder auch weiser Mensch ist, wer den Geist so weit entwickelt hat, dass alles was gewollt ist, erreicht werden kann, ohne dabei die Rechte anderer zu verletzen. Äußeres und inneres Wissen stehen im Einklang von Körper, Geist und Seele und werden zur Weisheit vereint. Das Handeln ist auf ein bestmögliches Ergebnis für alle Beteiligten ausgerichtet. Dies geschieht automatisch, wenn Selbstliebe und Selbsterkenntnis in den Mittelpunkt von Sein, Tun und Haben rücken. Ja, es geschieht automatisch, denn es ist ein tiefes seelisches Bedürfnis und entspricht der Ethik der Seele.

Ein wichtiges Wort sei hier herausgegriffen: Der Wille.
Erfolg, wie wir ihn kennen, bringt einen anderen Willen hervor, als Erfolg, der auf bedingungsloser Liebe basiert. Früh haben wir verlernt, was wir wirklich wollen. Träume, Ziele und Visionen, die noch im Einklang mit unserer wahren Herkunft standen, wurden Stück für Stück durch die Rahmenbedingungen von Erfolg, wie wir ihn kennen verdrängt.

Die wahre Sehnsucht des Herzens erscheint unmöglich. Hier begegnen uns die drei Sätze „Ich habe erstens kein Geld, zweiten keine Zeit und drittens keine Beziehungen" wieder.
An diesem Punkt unseres persönlichen Lebens sowie dem Punkt, an dem die Menschheitsgeschichte heute steht, werden wir nicht umhinkommen, diese drei Sätze zu überprüfen.

1. Wenig/kein Geld: Hier gilt es zu hinterfragen: Wer hat das Geld? Wer hat wieviel Geld? Und wofür wird es eingesetzt?
Dient es der Gesundung, Gesunderhaltung und dem Wohlergehen jedes Einzelnen und der gesamten umgebenden Struktur oder dient es der unbewussten wie auch teilweise bewussten Zerstörung des eigenen Körpers, anderer Menschen oder der Umwelt?

2. Keine Zeit: Für wen oder was werden die 24 Stunden Lebenszeit eingesetzt?
Dient unsere Zeit der Gesundung, Gesunderhaltung und dem Wohlergehen der Beziehung jedes Einzelnen zu sich selbst und den Beziehungen der gesamten umgebenden Strukturen oder dient sie der unbewussten wie auch teilweise bewussten Zerstörung der Beziehung zu uns selbst, zu anderen Menschen und der Umwelt?

3. Keine Beziehungen: Mit wem oder was pflegen wir die wirklich intensiven Beziehungen?
Pflegen wir mehr Beziehungen zu Dingen als zu uns selbst, anderen Menschen oder der Natur?
Dienen diese Beziehungen unserem eigenen Ausdruck von uns selbst, Heilung für das eigene Selbst, das eigene Umfeld sowie Heilung für die uns umgebende Welt zu schaffen, oder dienen diese Beziehungen unbewusst wie auch teilweise bewusst dazu, das eigene Selbst zu verleugnen und Zerstörung des eigenen Selbst, des Umfeldes und der umgebenden Welt zu erschaffen?

Der würdige Zweck

Hier ist ein sehr wichtiger Punkt angesprochen – der würdige Zweck, der Sinn, das WARUM!
Alles, was wir an Wissen ansammeln, uns aneignen oder erfahren, macht WIRKLICH SINN, wenn es im Kontext des eigentlichen menschlichen Ursprungs, der „Göttlichkeit" steht. Die Lebensaufgabe jedes Einzelnen und die Aufgabe der Menschen im Gesamten werden dann anwendbar. Die Lebensaufgabe ergibt sich durch die relevanten, für jeden wichtigen aber individuellen Lebensbereiche. Ein Teil von uns hat eine Vorstellung davon, was für uns wichtig ist, weiß um die Lebensaufgabe und versucht, uns durch das Bauchgefühl und die Intuition zu leiten, dass wir die dafür wichtigen Dinge tun. Unser Alltag, der auf unserer bisherigen Interpretation von Erfolg basiert, bedingt nur allzu oft, dass wir gegen dieses Gefühl und für die gesellschaftlichen Vorgaben handeln - ein stetiger Verrat an uns selbst. Dieser Verrat ist es, der uns unzufrieden und unglücklich sein lässt, denn unser TUN spiegelt nicht das wieder, was für uns als Seele Sinn macht, weil es mit der eigentlichen Aufgabe nicht in Einklang steht. Unser Wissen hat dann den Nutzen, nachdem wir uns sehnen, wenn wir es seinem würdigen Zweck und der wahren ursprünglichen Verbindung zuführen.

Ehrgeiz - ein verkannter Helfer

Es gibt eine menschliche Schwäche, für die kein Heilmittel zu existieren scheint: Der Mangel an Ehrgeiz.
Laut Duden ist die Bedeutung dieses Wortes: „starkes Streben nach". Wie so oft, wurde es in seiner Definition negativ ausgelegt. Erst in der neueren Zeit, wurde ein so genannter positiver Ehrgeiz definiert.

Wenn wir davon ausgehen, dass jede einzelne Seele auf dieser Erde das eine Ziel hat, sich selbst zu erfahren, dann bekommt dieses „starke Streben nach" eine ganz neue Bedeutung. Von diesem Blickwinkel aus ist es nur allzu natürlich, dass Ehrgeiz eine essentielle Zutat dafür ist, sich selbst zu finden oder selbstbewusst zu sein bzw. zu werden. Auch hier stellt uns die Fehlinterpretation ein Bein und führt zu Ehrgeiz nach Erfolg, wie wir ihn kennen, mit all seinen unguten Konsequenzen.

Mit dem fehlenden Wissen um die eigene Bestimmung und den damit einhergehenden Fehlbeurteilungen der Angst, konnte nur eine Fehlinterpretation dieses Wortes die Folge sein. Als logische Konsequenz erfolgt dann die negative Verankerung des Wortes „Selbstbewusst". Diese Definition bringt oft eine Verabscheuung von vermeintlich selbstbewussten Menschen mit sich, die als hochmütig angesehen werden, und der Hochmut kommt ja bekanntlich vor dem Fall. Ein Teil in uns Menschen scheint intuitiv zu spüren, dass dieser Ausdruck nicht im ursprünglichen Sinne stimmt, da die bedingungslose Liebe fehlt und somit die Handlungen nicht im Einklang mit der wahren Wurzel von „selbstbewusst" stehen. Die Frage ist nur, was fällt?

Bisher wurde diese Frage immer aus dem Blickwinkel der Angst bewertet. Das führt dazu, dass ein Teil von uns immer an sich selbst zweifelt, weil es so etwas wie eine Diskrepanz der Wertedefinitionen gibt. Ehrgeiz ja, Ehrgeiz nein, Selbstbewusstsein ja, Selbstbewusstsein nein – doch bitte immer mit dem richtigen Maß. Und was ist dieses Maß? Ein Gefühl von Anstrengung und hoher Achtsamkeit, sowie die Angst vor einem gewissen Versagen, betreten bei all diesen Fragen den Raum.

Könnten es nicht alte Begrenzungen und Überzeugungen sein, die da fallen, sobald endlich hoher=großer Mut – das Gegenteil von Armut – sowie wahrer Ehrgeiz und wahres Selbstbewusstsein den Raum betreten? Wenn diese Eigenschaften aus dem Ursprung der Seele, der bedingungslosen göttlichen Liebe betrachtet werden, dann ergeben sie tatsächlich einen Sinn.

Das Leben an sich ist ein ständiger Wandlungsprozess. Ein Prozess von Wissen aneignen und neu lernen, wieder verlernen und wieder neu lernen, was jedoch bei genauerer Betrachtung nur ein erinnern ist.

Die MACHT DER GEWOHNHEIT braucht Ehrgeiz auf der neuen Definitionsbasis der Liebe. Sie unterstützt maßgeblich darin, alte Gewohnheiten zugunsten neuer zu durchbrechen, damit das in so vielen von uns ruhende tiefe Sehnen nach innerem wie äußerem Frieden, innerer und äußerer Liebe und innerer und äußerer Gesundheit eintreten kann, das lohnenswerteste Ziel, welches wir Menschen haben können.

Der Ehrgeiz lässt sich aber auch noch ganz anders bewerten. Unser bisheriger Weg brachte es mit sich, dass die größte Ehre dem zuteilwird, der große schauspielerische, musikalische, sportliche oder finanzielle Leistung hervorbringt. Alle weiteren Kategorien sind mit weitaus weniger Ehre gezollt. Ehre wird dem zuteil, der es geschafft hat, erfolgreich viel Geld zu erwirtschaften. Eine logische Konsequenz der bedingungslosen göttlichen Liebe könnte dann sein, mit der Ehre für das zu geizen, was wir bisher als die größten Erfolge dieser Welt ansahen, beziehungsweise zu erkennen, dass großer sportlicher, schauspielerischer, stimmlicher sowie finanzieller Erfolg nicht „mehr" wert, sondern gleich wertvoll ist, wie die Erfolge von Entwicklungshelfern, Erziehern, Lehrern, Sozialarbeitern oder Eltern. Egal wie wir es drehen, ist es an der Zeit, eine dienlichere Definition im Sinne von echter Gleichberechtigung und wahrer Gleich-Gültigkeit zu finden, damit diese nichtdienliche Gleichgültigkeit enden kann.

Die Chance

Die Tatsache, dass das Leben und die eigene Rolle sich immer wieder verändern, basiert auf unserer Wahrnehmung. Mit jedem neuen Wissen, also mit jeder Wahrnehmungserweiterung, kann es sein, dass alte Wahrheiten sich verändern und nicht mehr haltbar sind. Das Leben ist plötzlich ganz anders als es zu sein schien, wenn die neuen Erkenntnisse hinzugefügt werden. Mit jeder weiteren Wahrnehmungserweiterung und somit jedem Aneignen von speziellem Wissen, besteht die Chance, wieder zu einer neuen Wahrheit zu gelangen. Im ersten Moment mag sich das anstrengend anhören. Doch dieser Prozess lädt uns dazu ein, zurück zu unserem Ursprung zu finden. Bisher wehren wir uns allzu oft dagegen, das zuzulassen, was einfach nur natürlich ist, was es dann so anstrengend erscheinen lässt.

Genau genommen muss auch nichts neu erlernt werden. Erkenntnisse und Wahrheiten sind schon die ganze Zeit da, nur, dass sie lange Zeit kaum wahr- und schon gar nicht ernstgenommen wurden. Der Teil von uns, der mit Allem verbunden ist, erinnert sich nur zurück, wie alles gedacht war, bevor das Leben Muster und Prägungen darüberlegte. In dem Moment des Rückerinnerns an die ursprüngliche Wahrheit, überkommt einem ein ganz eigenes Gefühl. Es ist wie ein blitzschnelles Erkennen und tiefes Wissen, dass es jetzt einen Sinn ergibt. Leichtigkeit, Freude und ein Hochgefühl gehen damit einher. Es entsteht eine tiefe Gewissheit von „wissen, dass man weiß" ein „zu-Hause-Gefühl". Manches Mal können auch Tränen der Erkenntnis und Erleichterung rollen. Manches Mal aber auch Tränen des Schmerzes und der Erkenntnis über all das nicht gelebte Leben.

Die Macht der Idee

Hinter jedem Wunsch nach Veränderung steht eine Idee:
Die Idee, dass es doch irgendwie anders oder bessergehen müsste. Es erscheint zuweilen grotesk, wenn wir Menschen Spezialwissen zur Erforschung des Weltalls anwenden, um die Idee von Leben oder Überleben dort draußen unter unwirtlichen Bedingungen zu ermöglichen, wenn wir zeitgleich Stück für Stück unser Paradies hier auf Erden zerstören, ahnend, dass wir hier nicht mehr lange leben können, wenn wir so weiter wirtschaften.

Spezialwissen ist sozusagen die Geburtsstätte von neuen Ideen. Unglücklicherweise haben zwar die meisten Menschen Zugang zu viel Spezialwissen, aber wenig inneren und äußeren Zugang zur Seelenethik und den daraus resultierenden Ideen, wie sich das Wissen für die vorherrschenden Situationen sinnbringend und vor allem zielführend einsetzen lässt. Ideen und Visionen tragen dazu bei, dass durch Imagination und Fantasie, Lösungsansätze für alle Bereiche des Lebens zu schaffen wären. Durch das Erkennen der positiven Angewohnheit hinter der negativen Angewohnheit, und damit das Erkennen des tatsächlichen Ziels, könnte jeder einzelne dazu beitragen, dass Ideen und Lösungsansätze für die derzeitigen Herausforderungen auf dem Planeten bereitgestellt werden könnten.

Menschen helfen Menschen

Mehr und mehr Menschen spüren, dass in ihnen etwas „Größeres" wartet. Sie machen sich auf den Weg, um ihr „Warum" herauszufinden. Die Zahl derer, die gerne als Coach tätig sein wollen, wächst stetig an. Diese Menschen scheinen erkannt zu haben, dass ihr eigener Weg zum Selbstbewusstsein und Selbstausdruck Lösungsmöglichkeiten birgt, die Anderen dienen können. Diese Menschen haben Potentiale in sich erkannt, die in dieser Zeit der großen Herausforderungen dazu dienen, alte Verletzungen und Fehlinterpretationen zu heilen, damit die wahren Potentiale und Lebensaufgaben von immer mehr Menschen zutage treten können. Sie helfen dabei, die Ideen und Handlungsschritte sichtbar zu machen, die notwendig sind, um Herausforderungen hinter sich lassen zu können. Diese Berufsgruppe scheint so stark zu boomen, damit so viele Menschen wie möglich, in so kurzer Zeit wie möglich in ihr Selbstbewusstsein geführt werden können. In jedem, der dieser Bewusstheit folgt, schlummern die Potentiale, das Wissen und die Ideen die benötigt werden, um den Herausforderungen, die wir allesamt selbst erschaffen haben, gemeinsam Herr zu werden.
Genauer gesagt müssen wir nur wissen WIE unser Wissen und unsere Errungenschaften, die bereits vorhanden sind im besten Wissen und Gewissen für bedingungslose Liebe, bedingungslose Gesundheit und bedingungslosen Frieden eingesetzt werden können.

Ein ganz spezielles Spezialwissen

Über einige Zeit wurde unser Planet mit einem stetigen Wachstum ausgebeutet. Die schwerwiegenden und zerstörerischen Folgen waren zu Anfang nicht zu sehen und zu erkennen. Jetzt jedoch erkennen Wissenschaftler, dass die Folgen dessen, was sukzessive über die Jahre

geschehen ist, exponentiell zunehmen könnte. Wenn der Mensch nicht nennenswert etwas verändert, können die prognostizierten Szenarien eintreffen...und zwar ziemlich schnell. Exponentielles Wachstum ist hier das Wort der Stunde.
Wer dazu mehr wissen will, darf sich unter folgender Adresse detaillierte Informationen dazu ansehen
http://www.peakprosprity.com/crashcourse/deutsch.

„Zeitnot" scheint gegeben, wenn sich Erkenntnisse mehren, dass die Entwicklung des exponentiellen Wachstums in seine Endphase eingetreten ist. Alles was bis dahin unendlich lange gedauert hat und kaum Konsequenzen zeigte, wird innerhalb kürzester Zeit zu rasanten Veränderungen führen. Das ist das Wesen der Exponentialität.

Aber dieses Prinzip funktioniert nicht nur für negative Entwicklungen, sondern in gleichem Maße auch für positive Entwicklungen. Dieses Prinzip birgt sogar die Chance in sich, diese exponentiell negative Kurve unter dem Einfluss der bedingungslosen Liebe, Selbstbewusstheit und Selbsterkenntnis als Sprungbrett zu nutzen, um den Effekt umzukehren. Nicht das schlimmstmögliche Szenario tritt dann in der Folge ein, sondern das bestmögliche Szenario wäre möglich. Man könnte auch sagen, wir sind nur eine Entscheidung vom Paradies entfernt.

Unsere menschliche Vergangenheit und alle damit verbundenen Erfahrungen und Entwicklungen ergeben erst dann Sinn, wenn wir unsere seelische Vergangenheit nicht länger vergessen und verleugnen, sondern diese erinnern, anerkennen, integrieren und vor allem danach handeln.
Zu vergleichen ist das mit den Lebensgeschichten von z. B. Neal Donald Walsch, Eckehard Tolle, Wayne Dyer oder ältere Beispiele wie Saulus, der zu Paulus wurde. An Punkten massiver Zerstörung oder Selbstzerstörung erwachten sie und veränderten gravierend ihre Realität und ihren Ausdruck. Was ist möglich, wenn an dem Punkt ihrer größten Selbstzerstörung die Menschheit erwacht und ihren Ausdruck komplett verändert?

5. Der Verstand

Wenn wir all unser Allgemein- und Spezialwissen betrachten, so müsste man doch annehmen, dass wir über einen sehr guten Verstand verfügen. Doch wenn wir die Konsequenzen unserer Handlungsweisen und den Zustand vieler Menschen und dieser Welt betrachten, müssen wir wohl irgendetwas NICHT VERSTANDen haben.

Um Informationen abzugleichen, brauchen wir einen wachen Verstand und einen klaren Geist. Was aber heißt „wach" und was bedeutet „klarer Geist"?
Negative wie positive Emotionen lassen uns aus unserem Tiefschlaf erwachen, vor allem, wenn sie abwechselnd in sehr starken Ausprägungen vorhanden sind. Legen wir das Hauptaugenmerk auf den klaren Geist, so erkennen wir, dass es mitnichten um unseren Verstand, sondern um den göttlichen Geist oder Spirit in jedem von uns geht, der oft nicht klar erkennbar ist bzw. sogar verleugnet wird.

Folgendes Zitat von R. Niebuhr beschreibt die Herausforderung, vor der wir als Menschheit derzeit stehen:
„Gott, gib mir die Gelassenheit Dinge hinzunehmen, die ich nicht ändern kann, den Mut Dinge zu ändern die ich ändern kann, und die Weisheit das eine vom anderen zu unterscheiden."
Bisher wurde dieses Zitat weitestgehend so interpretiert, dass die Umstände auf dieser Erde zu den Dingen zählen, die wir nicht ändern können und dass es weise ist, diese Tatsache nicht in Frage zu stellen, damit der innere Friede und die eigene Gelassenheit entweder gar nicht erst verloren gehen oder doch zumindest wiedergefunden werden können. Interessanter Weise trägt dieses Bild dazu bei, dass sich damit auf dieser Erde nichts wirklich zum Positiven verändern kann, da diese Beurteilung aufgrund von Angst und bedingter Liebe und deren Auffassung von Erfolg aufgebaut wurde. Was aber, wenn es genau anders herum ist?

Wenn wir uns das Missverständnis in wacher Bewusstheit über unsere wahren Wurzeln ansehen, kann der obige Ausspruch auch völlig anders gedeutet werden.
„Gott, gib mir die Gelassenheit meinen göttlichen Ursprung hinzunehmen, den ich nicht ändern kann, den Mut die Dinge in mir und auf der Welt zu ändern die ich ändern kann, und die Weisheit das eine vom anderen zu unterscheiden."
Dann ist der erste Teil des Satzes Ausdruck des Wissens um die eigenen wahren Wurzeln und Potentiale. Wir können uns noch so verbiegen, der göttliche Ursprung in allem ist noch lange nicht weg, nur, weil wir uns weigern das anzuerkennen.
Der zweite Teil des Satzes spiegelt unsere Verantwortlichkeit gegenüber uns selbst und allem was uns umgibt wider. Im dritten Teil des Satzes ist ersichtlich, dass es nicht ganz einfach zu sein scheint, den Unterschied wahrzunehmen, solange wir uns unseres wahren Selbst nicht ganz bewusst sind.

Der Weg

Wir haben gelernt, Dinge die sich nicht erklären oder belegen lassen, als nicht existent zu werten, was sich Gott sei Dank mehr und mehr ändert. Die von Geburt an mitgebrachte bedingungslose Liebe ist etwas, was sich nicht erklären oder belegen lässt. Sie fand keine Bestätigung. Also existierte sie laut unserem Gehirn und unserer Definition nach nicht. Leben konnte nicht dem ursprünglichen Kontext gemäß VERSTANDen werden, weil die entsprechende Resonanz mangels der Unkenntnis des Umfeldes darüber ausblieb.
Kinder sind von Haus aus mit den drei Hauptkomponenten Liebe, Vertrauen und Fantasie gesegnet. All das wurde jedoch größtenteils aberzogen von Erwachsenen, die ebenfalls ihrerseits das schon aberzogen bekommen hatten, von Erwachsenen, die ihrerseits ebenfalls dies schon aberzogen bekommen hatten, von Erwachsenen….
Wir haben vergessen, auf der Basis von bedingungsloser Liebe zu sehen, zu fühlen und wahrzunehmen, womit Erfolg automatisch zu etwas

Anderem werden musste. Und doch hat jede Generation schon etwas mehr wahrgenommen, als die andere davor und wir versuchen bis auf den heutigen Tag, immer die nächstbessere Version dessen zu werden, was wir schon sind.

Wenn ihr nicht so werdet wie die Kinder

Das was wir selbst gelernt haben, stülpen wir als Scheuklappen und Non-Plus-Ultra unseren Kindern über. Kinder werden mehrheitlich als unschuldige – göttliche - kleine Wesen betrachtet, die wir vielleicht einfach nicht verstehen. Wer sagt, dass Kinder nicht mehr sehen, als wir Erwachsene? Könnte es nicht sein, dass sie von Geburt an einfach durch ihr bloßes Sein, uns versuchen daran zu erinnern, wer wir wirklich sind? An dieser Stelle möchte ich ganz bewusst den Bogen zum Kapitel Autosuggestionen schlagen, genauer zu den Suggestionen, die wir zu Hauf zu hören bekamen und die uns prägten: „Dafür bist du noch zu klein", „Das verstehst du noch nicht", „Hör doch endlich auf mit deinem ewigen Warum". Die häufigste kindliche Frage ist die Warum-Frage und jetzt frage ich uns: Warum? Könnte es nicht sein, dass unsere Kinder, sobald sie einigermaßen sprechen können über diese Frage die Diskrepanz zwischen innerer Wahrheit und äußerer, vorgelebter Wahrheit verstehen wollen? Könnte es nicht sein, dass sie uns durch dieses ewige Fragen dazu bringen wollen, dass wir selbst einmal das hinterfragen, was wir so selbstverständlich von uns geben und leben und doch oft selbst blind geworden sind für unser eigenes inneres Selbst und die darin verborgenen Werte? Wie oft reagieren wir aber mit Ärger, Unverständnis oder gar Wut, weil erstens keine Zeit zur wirklichen Beantwortung bleibt und zweitens das echte Hinterfragen uns unangenehme Gefühle wie Machtlosigkeit und unsererseits Unverständnis und deren Konsequenzen spüren lässt.

Liegt es nicht nahe, dass unsere Kinder uns an unsere eigenen missverstandenen Kinder in uns selbst erinnern sollen? Liegt die Heilung weniger in all den Verletzungen, als vielmehr in all den wunderbaren und göttlichen Potentialen in uns, die mangels Wissen um bedingungslose Liebe und damit Erfolg, wie er gemeint sein könnte, einhergeht? Ist es nicht so, dass unsere Kinder oft genau an jenen Missverständnissen aus unserer eigenen Kindheit kranken, auch wenn die Ausprägungen vielleicht genau das Gegenteil davon sind? Wir haben als Kind vergeblich versucht jene göttliche Botschaft an unsere Eltern zu überbringen. Die Rahmenbedingungen waren über unendlich lange Zeit wie sie eben waren, weil ein Missverständnis an der Wurzel von allem, eine Kaskade von Ausprägungen von dem was Leben scheinbar ist, nach sich zog. Diese Art und Weise wie wir Leben gelernt haben, scheint in vielen Punkten der göttlichen universellen Ordnung entgegenzustehen.

Eine wichtige Rolle

Unser Gehirn ist die Sende- und Empfangsstation für unsere Gedanken. Gedanken bekommen Relevanz und Auswirkung, wenn wir ihnen Emotionen beimischen, da wir ihnen so Leben einhauchen. Emotionen sind bildlich gesprochen unsere Farbfilter, die unsere Realität färben. Beim Verliebt-Sein spricht man beispielsweise von der rosaroten Brille, bei Depressionen davon, dass man alles grau sieht. Alle Emotionen stammen in der Dualität von den Emotionen Angst und Liebe ab. Das Gehirn übersetzt somit, was wir ihm vorsetzen. Es gleicht permanent äußere und innere Wahrheit ab. Negative Emotionen zeigen, wo dies nicht im Einklang mit der inneren Wahrheit von „Wer bin ich wirklich" steht. All das, was wir auf einem einzigen großen Missverständnis aufgebaut haben, weist uns den Weg zum wirklichen verstehen. Wir haben uns mit all unserer Technik und Weiterentwicklung so weit gebracht, dass viele Menschen tiefe Ängste und ein großes Gefühl von Alleinsein im missverstandenen Sinn erfahren müssen. Doch wenn alles Eins und alles Liebe ist, dann können wir vielleicht hier schon erkennen, welch große Chance hier auf uns wartet. Wir stehen an einem Punkt, wo die massiven Ängste in Liebe und dieses unsägliche Alleinsein in wirkliches „All-Ein-Sein" verwandelt werden können – einfach durch Bewusstheit und damit dem Verstehen.

Das Wunderwerk in unserem Kopf

Von der Kraft unserer Gedanken wissen wir nach wie vor immer noch relativ wenig. Mehr und mehr wird jedoch klar, dass unsere Gedanken zusammen mit unseren Emotionen Urheber unserer Realität sind. Schritt für Schritt kommt auch hier mehr Licht in das Dunkel.
Die Neuro-Wissenschaft steckt zwar noch in den Kinderschuhen, doch was bisher hervortrat ist, dass das Gehirn eine weitaus größere Bedeutung hat, wie wir bisher angenommen haben.
Es wird zwischenzeitlich sichtbar, dass allein die Großhirnrinde weit mehr leistet, als nur den Dienst der Erhaltung physischen Wachstums- und Lebenserhaltungsfunktionen. Die Großhirnrinde ist wie ein hoch differenziertes Kommunikationsnetzwerk angelegt. Dies wirft die berechtigte Frage auf, ob es nicht vielmehr eine Kommunikation auf höherer Ebene, mit uns bisher noch ungreifbaren Kräften ist, zu der das Gehirn hauptsächlich konzipiert ist.
Dieses Meisterwerk könnte durchaus dazu dienen, völlig anders mit sich selbst und mit der Umwelt zu kommunizieren und interagieren, als wir es bisher tun. Dieses Meisterwerk besitzt die Kapazität, nicht nur mit Menschen zu kommunizieren, sondern scheint Schnittstelle zur Kommunikation mit Allem, was existiert, zu sein. Damit wäre es nicht verwunderlich, warum nur ein sehr geringer Prozentsatz des Gehirns bisher aktiv genutzt wurde. Vielleicht liegt dies ja daran, dass wir bisher nicht wussten, wie dieses adäquat und sinnvoll zu nutzen ist. Wir verfügten bisher nicht über die Wahrnehmung. Denn zum WAHR-nehmen bedarf es vielleicht einer neuen, anderen Emotion: Der Emotion der bedingungslosen Liebe, der göttlichen Energie selbst, da diese die Erkenntnis mit sich bringt, dass alles aus derselben Energie entspringt und damit viel mehr möglich ist, als wir dies bisher für möglich gehalten haben. Damit müsste doch gegeben sein, dass dementsprechend auch Kommunikation mit allem was ist, möglich sein muss. Dies bedeutet aber auch, dass wir in letzter Konsequenz über diese Verbindungen zu allem was ist, auch die Verantwortung für alles was ist, haben.

Die unsichtbaren Mächte

Sie sind etwas, woran immer mehr Menschen wieder glauben, schlicht, weil sie Dinge erfahren, die mit menschlicher Betrachtungsweise sowie Zahlen, Daten, Fakten nicht unbedingt erklärbar sind. Wir stehen an der Schwelle zu einem neuen Zeitalter, in dem ein größeres und machtvolleres Bild des eigenen, wahren Selbst sowie aller damit verbundenen Ressourcen und Potentiale sichtbar werden kann und darf. Es ist ein Zeitalter, in dem die göttliche Essenz sichtbar wird und Verstand langsam aber sicher wirklich als Verstand eingesetzt werden kann. Wir hatten einfach nicht gelernt, wonach Ausschau halten und die Zeichen zu deuten, da wir kaum oder eben verkehrte Referenzen im Außen vorfanden und erst jetzt so langsam erkennen, dass wir jegliche Referenz in uns tragen, damit sie über die Resonanz mit unserem Umfeld, zu realen Erfahrungen abgeglichen werden können und sollen. Kaum einer hat vorgelebt, was Liebe wirklich ist. Das Unterbewusstsein hat die ganze Zeit versucht zu kommunizieren, doch wir haben die Sprache nicht verstanden. Jetzt erinnern wir uns Schritt für Schritt wieder daran, wer wir wirklich sind. Dadurch sind wir eingeladen, einen viel größeren Bezugsrahmen in und um uns herum zuzulassen und zu kreieren.

Unsere Computertechnologie ist die Analogie, die uns Wege weisen kann. Der Umgang mit dem Internet kann uns darauf hinweisen, wie wir mit unseren inneren Anbindungen umgehen. Unsere bisherige Erfolgsdefinition bringt uns dazu, Software und Endgeräte zu produzieren, die nicht kompatibel sind und macht uns glauben, dass weniger Geld verdient wird, indem Kompatibilität geschaffen wird. Angst setzt Profit vor gemeinschaftlicher Zusammenarbeit und höhere Zielerreichung und erkennt weder Nutzen noch Bedeutung über das Ziel von Profit hinaus. So entsteht Missbrauch und Vertrauensverlust. Das, was wir über das Internet denken und wie wir es nutzen, spiegelt die Einstellung über und unseren Umgang mit dem eigenen inneren Netzwerk, der Verbindung zu uns selbst und Allem was ist, wider. Im übertragenen Sinne spiegelt dies unsere Auffassung von Getrenntheit.

Zukunft

Steve Jobs, der Gründer von Apple hat in seiner berühmten Rede an der Stanford University gesagt:
„Lasst den Lärm der Stimmen anderer nicht eure innere Stimme ersticken... das Wichtigste ist: Folgt eurem Herzen und eurer Intuition. Siewissen bereits, was ihr wirklich werden wollt."

Es könnte durchaus sein, dass auch hier ein deutlich größerer Bezugsrahmen zur Beantwortung der Frage, wer oder was wir wirklich sein wollen, über das Berufsbild hinaus zu finden ist, nämlich, das werden und sein, wer wir wirklich von Geburt an sind. Denn eines ist so gut wie jedem von uns widerfahren: Der Lärm der Stimmen unserer Kindheit hat unsere innere Stimme erstickt. Diese innere Stimme ist unsere Intuition. Albert Einstein hat die Grundlage seiner Theorien nicht nur durch wissenschaftliche Analyse, sondern durch Intuition und Bauchgefühl entwickelt. Unzählige Zitate von ihm weisen Wege in eine völlig andere Zukunft, in der wir so lange nicht glücklich sein werden, solange es noch EIN unglückliches Kind auf Erden gibt. Offensichtlich hat dieser weise Mann etwas Entscheidendes verstanden – nämlich, dass wir alle miteinander verbunden sind.
Auch der Regisseur Steven Spielberg nannte die Intuition als einen der wichtigsten Faktoren für seinen Erfolg.
Sie ist die Stimme, die uns mit all den anderen Flüsterstimmen dieses Energienetzes verbindet, von denen wir viele ausgrenzen, weil sie „arm" sind - ganz zu schweigen von den Flüsterstimmen die zu Tieren, Pflanzen, Bäumen, Steinen oder was auch immer gehören.
Unsere Prägung unter der Definition von Erfolg, wie wir ihn kennen, lässt uns glauben, dass wenig materieller Reichtum auf wenig Reichtum im Herzen hinweist. Seltsamer Weise sind jedoch arme Menschen oft viel eher bereit, das zu geben was sie haben, wie Menschen die viel haben. Wie sonst könnte es sein, dass durchschnittlich 5% der Menschen dieser Erde 95% des Reichtums besitzen und kaum etwas am Zustand dieser Welt verändern. Damit ist dieses Statement, geringer äußerer Reichtum weise auf wenig erfolgreiche Menschen mit

geringem inneren Reichtum hin, im Grunde obsolet und hinfällig, doch wir glauben mehrheitlich genau daran und rechtfertigen damit unser Handeln. Könnte es nicht genau andersherum sein? Fürchten wir deshalb so sehr unsere Flüsterstimme, weil sie Veränderung in aller Konsequenz bringt und unseren falschverstandenen Glauben über Wohlstand aufdecken könnte?

Das Potential

Telepathie ist das Wort der Stunde, obwohl sie lange Zeit als Gaukelei angesehen wurde. Telepathie ist nichts Anderes als über das Unterbewusstsein mit dem Unterbewusstsein eines anderen verbunden zu sein. Und doch ist sie noch viel mehr.
Denn nicht nur das Gegenüber hat ein Unterbewusstsein. Unterbewusstsein und Bewusstsein sind auch nur Energie eines noch größeren Bewusstseins und stellen einfach nur dieselbe Energie auf verschiedene Arten dar. Alles auf diesem Planeten ist aus dieser Energie. Das ganze Universum ist aus dieser Energie und wenn man verschiedenen Stimmen Glauben schenken will, so gibt es noch zahlreiche Universen über das unsrige hinaus, welche ebenfalls aus dieser Energie sind.
Die Liebe bildet über die Intuition sozusagen eine Standleitung zu allen Informationen, die jemals existiert haben. Alles was jemals war, alles was ist, und alles was sein wird. Alles existiert im ewigen Moment des Jetzt bereits jetzt.
Je mehr wir uns auf den Weg zu uns selbst machen, desto mehr kommen wir automatisch in den Genuss dieser Fähigkeiten. Der adäquate Umgang damit ist es, der zuweilen etwas herausfordernd für jeden einzelnen ist. Wir befinden uns auf neuem Terrain. Nichts desto trotz macht Übung den Meister. Dieses neue Terrain ist nur deshalb so neu, weil wir eben nicht von Beginn an gelernt haben damit umzugehen. Im Gegenteil – wir wurden dazu angehalten, nicht daran zu glauben. Wie oft wird Kindern unterstellt, ihre Fantasie gehe mit ihnen durch? Wie viele Menschen landeten früher in einer Anstalt für geistige Störungen? Wie viele wurden mit ihrer Gabe nicht verstanden? Wie viel wurden noch viel früher für solche Fähigkeiten auf dem Scheiterhaufen

verbrannt? Dies ist nicht die beste Grundvoraussetzung zur Weiterentwicklung dieser Fähigkeiten.

Hellsichtigkeit und Hellfühligkeit zeigen in ihrem Wortstamm bereits den Weg zurück ins Licht. Wer seinen wahren göttlich universellen Ursprung anerkennen kann, wird sich seines Potentials gewahr, einfach das Licht in allem was ihn umgibt sowohl sehen wie auch fühlen zu können, da es schlicht die Spiegelung dessen ist, was derjenige in sich selbst er- und anerkannt hat.
Wenn Hellsichtigkeit und Hellfühligkeit uns in Verbindung mit den Energien bringen, deren Teil wir schon immer waren, sind und sein werden, so besteht die berechtigte Hoffnung und Annahme, dass wir für das Erfahren von Dualität nicht länger das ständige Neuerschaffen von negativen Ereignissen benötigen. Wenn der Zugriff auf diese Informationen über die gefühlten Grenzen hinaus möglich ist, so könnten wir uns erlauben, ein Paradies zu erschaffen, obwohl wir in der Dualität leben. Unter dem Aspekt, dass alles richtig und wichtig ist, könnten Alpträume, Gewalt in Filmen, Büchern, Theaterstücken und Spielen unter Umständen eine völlig neue Bedeutung zugewiesen werden. Vielleicht sind viele Träume weniger als Werkzeug zur Verarbeiten negativer Ereignisse da, als vielmehr schon von jeher dazu gedacht, uns all die schrecklichen Dinge, die geschehen können und geschehen sind über „Rückerinnerung" FÜHLEN zu lassen. Vielleicht sind die Filme, Bücher und anderen Medien dazu erfunden worden, um es viel leichter zu ermöglichen, die negativen Dinge zwar erfahrbar zu machen, aber ohne sie immer wieder neu in der Realität als „bittere Erfahrung" reproduzieren zu müssen. Damit wären weitere Werkzeuge ganz natürlich bereits von klein auf vorhanden, welche die Notwendigkeit der Erschaffung neuen Übels zur Erfahrbarkeit der Dualität unnötig werden ließen. Wenn wir um die Gegebenheiten wüssten, würden wir selbst ganz anders mit all diesen Dingen umgehen und unsere Kinder von klein auf ganz anders auf diese Medien vorbereiten und mit ihnen umgehen lassen. Wenn wir unsere Fähigkeiten so nutzen, wie sie uns in die Wiege gelegt wurden, sind wir mehr und mehr fähig, uns hinsichtlich aller bereits erschaffenen negativen Erfahrungen zu vergleichen, ohne

sie erneut erschaffen zu müssen. Wir könnten uns als göttliches Wesen erkennen, erfahren und verstehen, ohne den unsäglichen Kreislauf aus Angst, Schmerz und Qual wiederholen zu müssen.

Gehirn wird zu Verstand, wenn wir unsere universellen oder göttlichen Wurzeln und Liebe leben. Das Gehirn denkt. Der Verstand versteht.
Den Verstand einschalten heißt, das Selbstbewusstsein zuzulassen und die eigene Göttlichkeit anzuerkennen. Dies bedeutet, die Verbindung zu einer göttlich universellen Energie als wahr anzuerkennen und dies wiederum bedeutet die Bewusstheit, dass wir mit allem verbunden und damit für alles verantwortlich sind. Das ist Verstand! Das ist meines Erachtens das, was den Beginn der Nutzung unserer unausgelasteten Gehirnregionen darstellt.

Dann verstehen wir uns, wie wir wirklich gemeint sind. Dann verstehen wir den anderen, wie er wirklich gemeint ist. Dann verstehen wir die Natur, wie sie wirklich gemeint ist. Dann verstehen wir die Welt, wie sie wirklich gemeint ist. Dann verstehen wir den Zustand dieser Welt und die daraus entstehende Nachricht, wie sie wirklich gemeint ist. Dann verstehen wir die Errungenschaften, wie sie wirklich gemeint sind. Dann verstehen wir, was zu tun ist, um den Himmel auf Erden, wie er schon immer gemeint ist, zu erschaffen.
Die Bestimmung des Gehirns ist, Verstand zu sein. Unsere Bestimmung ist, zu verstehen, wer wir wirklich sind und unsere Berufung ist zu leben, was wir wirklich sind. Wissen wird zur Gewissheit und zur Macht der Liebe. Jeder einzelne kommt in sich zu Hause an. Gemeinsam kommen wir im Paradies an. Wir sind zu Hause, zu Hause in Gott.

WIR SIND DIE VERÄNDERUNG, DIE DIE WELT VERÄNDERT!

6. Fantasie und Vorstellungskraft

Fantasie wird auch Vorstellungskraft oder Imagination genannt. Sie ist die „Zauber-Werkstatt" des Geistes und ist somit Weichensteller für zukünftige Erfolge. In dieser Zauberwerkstatt der Fantasie werden buchstäblich alle Pläne erschaffen, zu denen ein Mensch fähig ist. Alles was wir heute auf unserem Planeten sehen, haben wir gemeinsam erschaffen. Das, was wir bisher als Verstand ansahen, brachte uns zu unseren Fantasien, Plänen und Ergebnissen.

„Fantasie ist wichtiger als Wissen, denn Wissen ist begrenzt."
Albert Einstein prägte diesen Ausspruch und bringt mit wenigen Worten unser heutiges Dilemma auf den Punkt. Die Unwissenheit über unser eigenes Sein versperrt uns die nachhaltig, zielgerichtete Nutzung all unseres Wissens und unserer Fantasie.

Früh wurden unsere ideenreichen kindlichen Auswüchse und Fantasien beschnitten. Mitnichten erfolgte ein Aberziehen der Fantasie, jedoch wurden diese gekoppelt an negative Bilder, Angstfantasien und ein Wissen, welches nicht auf bedingungsloser Liebe basiert.
Das innere Verlangen nach unbegrenztem Selbstausdruck wurde an das begrenzte Wissen dessen, was schon immer so war, wie es war, gekoppelt - und das mit fatalen Folgen.

Grundvoraussetzungen

Unsere Fantasie ist dafür da, unserem Verlangen eine Form oder Gestalt zu verleihen, die im Weiteren in Handlungen umgesetzt werden können.
Die Kraft kommt automatisch aus uns heraus, aber hauptsächlich dann, wenn der Geist stark angeregt wird und ein starkes Verlangen entsteht. Zu diesem starken Verlangen, kommen wir auf völlig verschiedenen Wegen. Ein bekanntes und gängiges Verlangen ist das der Freude und Begeisterung von einer Sache. Auch Liebe und menschliche Vereinigung

von Mann und Frau können Ursache für starkes Verlangen sein. Eine gesunde und positive Sexualität, kann eine wahre Muse für diese schöpferische Kraft sein. Eine weitere Zugangsmöglichkeit, die sich immer größerer Beliebtheit erfreut, sind Seminare die der Persönlichkeitsentwicklung dienen. Hier finden sich Menschen zusammen, die gemeinsam das Ziel aufweisen, ihr Leben zum Positiven verändern zu wollen. Es entsteht ein deutlich höheres Energieniveau, welches den Zugang zur schöpferischen Vorstellungskraft eröffnet und erleichtert. Jedoch kann auch die Kraft der Angst uns dazu verleiten sehr kreativ und aktiv zu werden. Hier ist es der in der Angst wurzelnde Überlebenstrieb der unsere Energie von Vorstellungskraft und Tun vorantreibt. Davon zeugen viele Beispiele in alltäglichen Krisen, Streitigkeiten, Dramen, Kriegen, Foltermethoden oder aber auch nur Filmen und Büchern.

Es ist nicht so, dass wir die Vorstellungskraft nicht haben. Sie ist allerdings in Bereichen von Sorge, Kummer, Angst und Stress für Positives nur sehr schwer nutzbar. Diese Kraft wird für die schlimmstmöglichen Befürchtungen zur Vorstellung genutzt. Somit scheint es, als ob dieses Potential nicht zugänglich und somit verschlossen ist, es ist aber genau genommen nur fehlgenutzt. Ist das ursächliche Gefühl der Fantasie die Angst, und sei sie auch noch so unbewusst und nicht erkennbar, entsteht hieraus eine unschöne Realität.

Verborgene Wahrheiten

Unsere bisherige Auffassung von Erfolg brachte uns dazu, in absoluter Gutmeinung das Weltbild zu kreieren, welches wir heute vorfinden. Solange dieser blinde Fleck für wahres Selbstbewusstsein, echte Selbstliebe und unsere göttlich-universelle Herkunft besteht, ist das die logische Konsequenz.
Die Öffnung zur Angst hin ist wie ein schwarzes Loch, welches alles in seiner Negativität zu verschlingen und vereinnahmen droht, ohne dass noch etwas davon übrig zu bleiben scheint. Die Öffnung zur Liebe hin entwickelt ebenfalls diese Sogwirkung und augenscheinlich hat das Alte ebenfalls keinen Bestand mehr. Dies erzeugt im Normalfall ebenfalls

wieder Angst und allzu gerne ziehen wir Menschen die Sicherheit des Altbekannten, wenn auch nicht so Erfolgreichen, dem neuen Unbekannten, vor. Eine Erweiterung der Wahrnehmung des göttlich universellen Ursprungs kann zeitgleich bewusstmachen, dass etwas Neues, Anderes, Besseres folgt, auch wenn nicht klar ist was. Diese Wahrnehmungserweiterung bringt auch eine Erweiterung unseres Vertrauens mit sich. Die Fülle wird mit dem Herzen wahrgenommen. Es fühlt sich an wie ein tiefes Wissen „DASS" da etwas Neues, eine echte Lösung und ein neuer Weg ist, aber nur vage zu wissen „WIE", „WANN", „MIT WEM" und „WO" und „WARUM". Das Herz war und ist schon immer über unsere Intuition mit allem verbunden, was dann auch Stück für Stück wahrgenommen werden kann, wenn wir den Mut haben unsere Intuition zu folgen. Im Fortlaufe des Prozesses zeigt sich das „WIE", „WANN", „MIT WEM", „WO" und „WARUM", indem wir über eine gefühlte Resonanz Antworten in Dingen und Umständen erkennen. Es ist, wie wenn sich das Leben selbst beweist, indem man dem Strom des Lebens vertraut und folgt. Es gibt so viel mehr Möglichkeiten die Botschaften und Antworten wahrzunehmen und zu erhalten, wenn wir im hier und jetzt wirklich aufmerksam sind und uns der Dinge gewahr werden, die im entsprechenden Moment unsere Aufmerksamkeit auf sich ziehen. Das Herz ist der Navigator, die Vorstellungskraft verwandelt diese Impulse in Bilder, die wiederum zu neuen Wahrheiten und Erkenntnissen werden, woraus neue Ziele entstehen, aus welchen Pläne geschmiedet werden, die wiederum in konkreten neue Handlungen umgesetzt werden können.

Ein Leben lang haben wir diesen „Muskel" der Vorstellungskraft trainiert, ohne uns nennenswert bewusst darüber zu sein. Wie im Sport ist auch hier das andauernde Training das, was die Leistung ermöglicht. Wir haben all die Jahre den Vorstellungsmuskel völlig unbewusst hauptsächlich für die negativen Dinge trainiert und nehmen daher auch wahr, dass wir zwar viel Gutes zu erschaffen versuchen, doch in der Konsequenz scheint es das Ungute einfach nicht aufhalten zu können.
Ziel dieses Buches ist es, dem „Vorstellungsmuskel" einen neuen Bezugsrahmen anzubieten, unter dessen Gesichtspunkten jeder dann

selbst entscheiden kann, ob dies für den einzelnen mehr Sinn ergibt oder nicht. Leistungsfähig sind unsere Vorstellungsmuskeln sowieso, jetzt ist das WIE und WOZU entscheidend.

Für welche Sache setzen wir unsere Fantasie und damit Energie ein? Für die Angst oder für die Liebe? Für das Negative oder das Positive? Für ein niederes Energieniveau oder für ein hohes Energieniveau? Für Scheuklappen oder eine erweiterte Wahrnehmung? Für eine intakte Gesundheit oder für Krankheit? Für intakte Beziehungen auf allen Ebenen oder weiterhin für Wettbewerb und Kampf? Für eine kaputte Welt oder für ein Paradies?

Dieses Zeitalter ist eines der besten, um unsere Vorstellungskraft zu entwickeln. An jeder Ecke begegnen uns neue Dinge, Ideen und Möglichkeiten, welche die Vorstellungskraft anregen. Allein in den letzten 150 Jahren hat unser Vorstellungskraft ein unglaubliches Wachstum hervorgebracht. Wir haben gelernt, elektromagnetische Felder zu beherrschen. Wir erfanden Kommunikationsmethoden, die es uns heute ermöglichen ohne nennenswerte Zeitverzögerung rund um den Globus zu kommunizieren. Wenn wir zu solch großen Errungenschaften fähig sind, so sollte es doch fast schon selbstverständlich sein, die Macht über unsere Gedanken, Gefühle und Handlungen zu erlangen, damit wir sie wirklich positiv einsetzen können. Jedenfalls sollte man das meinen.
Doch gerade diese ganzen Errungenschaften sind es auch, die uns davon abbringen können, nachzudenken und zu erforschen, wer wir wirklich sind und was wir wirklich wollen, weil wir in einer Zeit des inneren wie äußeren schnellen Wandels leben. Es erscheint zuweilen, als ob einfach keine Zeit zum Innehalten vorhanden ist.
Dies scheint bei vielen Menschen Verängstigung hervorzurufen. Verängstigung deshalb, weil wir nicht verstehen, was die auf uns zukommenden und auch notwendigen Veränderung beinhalten und welche Konsequenzen sie nach sich ziehen. Dieses Nicht-Wissen ist wie ein großes schwarzes Loch, eine gähnende Leere, die auszuhalten sehr schwer erträgbar ist und natürlicherweise Angst erzeugen kann.

Da erscheint es viel angenehmer, die Fantasie und Vorstellungskraft in immer neuere Updates von Technik, Spielzeuge, Autos, Möglichkeiten zur Dekoration, Wellness, Mode und sonstigem Schnickschnack und der dazugehörigen Nutzung zu investieren, anstatt die Energie der Vorstellungskraft und Fantasie dafür zu nutzen und gesammelt darauf zu verwenden, dass wir in uns, wie auch um uns herum den so sehr ersehnten Frieden, die so sehr erwünschte Gesundheit, Liebe und Menschlichkeit erschaffen. Es scheint uns nicht klar zu sein, dass je länger diese Blindheit der göttlichen Natur gegenüber vorherrscht, desto mehr und auch schneller erschaffen wir uns all die Weltuntergangsszenarien unserer Kinofilme selbst, weil wir unbewusst alles dafür tun, dass genau dies eintreten muss und kann. Uns scheint absolut nicht klar zu sein, wie machtvoll wir wirklich sind.

Visionen

„Eine neue Art von Denken ist notwendig, wenn die Menschheit weiterleben will."
Einstein brachte mit diesen Worten unsere derzeitige Herausforderung auf den Punkt. Was ein neues Denken bescheren kann, ist der Wandel der Wahrheit über das, was wir Erfolg und Liebe nennen und den daraus resultierenden Veränderungen. Wenn wir mit dem Herzen verstehen und mittels der Vorstellungskraft und den entsprechenden Gefühlen wissen, wie eine Situation aussehen soll, werden wir sie ändern können, und vor allem auch alle nötigen Schritte dafür tun. Wenn wir den Verstand mit bedingungsloser Liebe einsetzen, bekommen wir ein völlig neues Verständnis dessen, was uns schon ein Leben lang umgeben hat. Dieses neue Verständnis ist die Grundlage, die unserer Fantasie Flügel verleihen kann.

Im globalen Maßstab bräuchten wir somit so etwas wie den Glauben an und die Vision vom bestmöglichen denkbaren Zustand des Planeten, der Menschheit, der Umwelt, usw. Wenn davon ein konkret positivgefühltes Bild entsteht, etwas, was an den Platz des negativen Bildes und der Angst rückt, sind durch die Veränderung in uns selbst, Veränderungen in Politik, Religion und Wirtschaft möglich.

„Der Intellekt hat ein scharfes Auge für Methoden und Werkzeuge, aber er ist blind gegen Ziele und Werte." Albert Einstein

Der Hauptgrund warum die neuen Errungenschaften und die bisherigen Erkenntnisse der Religionen der Menschheit zwar eine Herausforderung zu lösen schienen, dafür aber zehn neue Herausforderungen schufen, beruht auf den Missverständnissen von uns selbst und Erfolg. Errungenschaften und Erkenntnisse, die nicht aus der wahren Liebe zu uns selbst und allem was ist geboren werden, führen automatisch an den Punkt, an dem wir erkennen, was zwischen uns und unserer tiefen Sehnsucht nach Frieden und Liebe steht. Egal, in welchem Bereich Fortschritte gemacht werden sollen, brauchen wir das WIN-WIN zwischen Herz und Verstand. Dann entsteht das WIN-WIN von Werten und Zielen mit Werkzeugen und Methoden.

Grenzen und Möglichkeiten

Die einzige wirkliche Grenze liegt im Gebrauch unserer Fantasie, Vorstellungskraft oder Imaginationsfähigkeit. Wenn wir uns keine andere Definition von uns selbst und Erfolg vorstellen können, dann kann eine neue Welt nicht entstehen.
Wenn wir einen Ausflug in den Sportbereich machen, erklärt sich die Wichtigkeit des Trainings der Vorstellungskraft von ganz alleine. Forscher haben festgestellt, dass Sportler, die imaginär ihre Disziplin trainieren, sei es, weil sie gerade eine Verletzungspause haben oder aber im Rahmen einer mentalen Vorbereitung zu einem Wettkampf stehen, nahezu dieselben körperlichen Reaktionen zeigen, als würden sie tatsächlich Sport treiben. So ist der Muskelabbau bei Sportverletzungen signifikant geringer durch die Imagination.
Das zeigt uns, dass wir im übertragenen Sinne schon immer gut trainiert sind. Wir als Menschheit befinden uns derzeit einfach in so etwas wie

einer Verletzungspause und es wird Zeit das zu tun, wozu wir wirklich da sind. Es liegt an uns, wozu wir diesen Muskel nutzen. Nutzen wir ihn um uns weiterhin das Dilemma unserer Verletzung vor Augen zu halten und bleiben weiter im Krankenstand, was zur Folge hat, dass das Leben immer mehr den Bach runtergeht, oder nutzen wir es um uns effektiv für das Leben und dessen Herausforderungen einzusetzen und wieder ein neues Leben aufzubauen?

Unsere Fantasie befähigt uns, bekannte Konzepte, Pläne und Ideen zu kombinieren und zu organisieren. Neues kann erschaffen werden, indem Erfahrungen, Beobachtungen und gesammeltes Wissen auf neue Art und Weise zusammengebracht werden. Es ist genau jene Fähigkeit, die wir benötigen, um aus unserem Planeten im Großen und uns selbst im Kleinen das zu machen, was wir eigentlich sehen wollen. Die erweiterte Wahrnehmung der Fantasie unter bedingungsloser Liebe kann uns in Konfliktsituationen anders entscheiden lassen, weil wir den Konflikt völlig anders bewerten und vor allem keine Schuld vorhanden ist, sondern Verantwortungen damit einhergehen. Kommt unsere Fantasie wieder in Kontakt mit dem ureigenen göttlichen Kern, so befähigt sie uns auch mit dem göttlichen, grenzenlosen Geist, Universum oder wie auch immer wir diese Energie nennen wollen, in Kontakt zu treten. Das ist die Instanz von Eingebung und Inspiration, die uns den tieferen Sinn in den Dingen, die uns umgeben, erkennen lässt. Sie öffnet neue Horizonte der Wahrnehmung und lässt uns unsere Muster in den uns umgebenden Dingen wiedererkennen. Diese Fähigkeit ist aber auch dafür verantwortlich, dass wir in Dingen, die mit der ursächlichen Fragestellung nichts zu tun haben, unsere Antworten finden können. Die Gegenstände oder Gegebenheiten werden aus dem jeweiligen Kontext herausgenommen und dem eigenen Kontext gemäß bewertet. WIRKLICH neue und fundamentale Ideen werden mit dieser Fähigkeit oder Gabe ebenso empfangen, wie es dadurch möglich wird, energetische Schwingungen von anderen Menschen oder allem was uns umgibt zu empfangen.
Wenn viele sich über diesen Weg mit Anderen verbinden und eine gemeinsame Vision entwickeln, dann können Wunder entstehen.

Zu dieser Kraft möchte ich hier eine beeindruckende Geschichte erwähnen. Sie stammt aus dem Buch „Denke nach und werde reich" von Napoleon Hill.

Diese Geschichte handelt von einem Lehrer und Prediger namens Dr. Gunsaulus. Er hatte schon früh erkannt, dass das Bildungssystem nicht das ist, was es sein sollte.
Er war der Meinung, dass er gute Ideen hätte, Bildung besser anbieten zu können und hätte gerne eine Hochschule aufgebaut, in welcher er die eigenen Konzepte umsetzen wollte. Für diesen Traum brauchte er aber eine Million Dollar. Er fing an zu überlegen, wie er es denn bewerkstelligen könnte, dieses Geld aufzutreiben.
Er überlegte zwei Jahre, ohne, dass ihm ein sinnvoller Weg einfiel, der ihm die Million gebracht hätte. Doch während dieser Zeit wuchs aus dem Impuls ein brennendes Verlangen heran. Eines Tages entschloss er sich dann, nicht mehr länger darüber nachzudenken, sondern einfach zu handeln. Er entschloss sich dazu, das Geld innerhalb einer Woche aufzutreiben. Eine völlig verrückte Idee, ganz klar, doch sein brennendes Verlangen und der Entschluss, das Universum sozusagen für eine GUTE SACHE „herauszufordern", um das Unmögliche möglich zu machen, brachten ihn zum Handeln. Er setzte Inserate in die Zeitungen, dass er in dieser Woche eine Predigt halten würde mit dem Titel „Wenn ich eine Million Dollar hätte". Dann fing er an die Predigt vorzubereiten. Es fiel ihm denkbar leicht, weil er sich ja die vergangenen zwei Jahre gedanklich permanent mit der Thematik auseinandergesetzt hatte. Er bekam eine innere Sicherheit zu spüren, dass das, wonach er verlangte, schon längst da war und bat in Gedanken darum, dass der, der dieses Geld besaß, sich ihm zeigen möge. Am Tag der Predigt vergaß er sogar die vorbereitete Predigt zu Hause. Also stand er vor all den Menschen und begann aus seinem Herzen heraus seinen Traum zu offenbaren. Er erzählte, was er tun würde, wenn er diese Million hätte. Er beschrieb detailliert seine Pläne.
Nach der Predigt, stand ein Mann auf und kam zu Gunsaulus. Dieser Mann war überzeugt davon, dass Gunsaulus schaffen kann, wovon er spricht und gab ihm am nächsten Tag die Million.

Dieser Mann war Phillipp D. Armour und das Bildungsinstitut, welches daraus entstand, war das Armour Institute of Technology. In sehr kurzer Zeit hatte Gunsaulus etwas erreicht, was ihm vorher unmöglich schien. Erst als der unverrückbare Entschluss sowie ein konkreter Plan zu dessen Umsetzung gekommen war, hatte er sein Ziel innerhalb von 36 Stunden erreicht.

Doch fatal wäre es, zu behaupten, dass die ganzen zwei Jahre davor umsonst gewesen wären. NEIN – genau diese zwei Jahre waren wichtig, um das Feuer in ihm groß genug werden zu lassen. Sie waren wichtig, um im Geiste auszumalen, was aus diesem Geld alles entstehen sollte und sich die gedankliche Energie immer mehr verdichten konnte. Diese zwei Jahre waren wichtig, damit er dann so „feurig" predigen konnte, dass seine Pläne „Feuer" hatten und das Potential zur Veränderung sichtbar wurde. Er hatte Stunden um Stunden damit verbracht, Pläne zu schmieden. Er hatte ein Bild in Kopf und Herz. Er hatte Ziele im Kopf. Er wusste, was er wollte und wozu er es wollte. Durch sein inneres Feuer konnte er es fertig bringen in Anderen das Feuer zu entzünden. In Mr. Armour fand er dann den Menschen, der nicht nur innerlich brannte und überzeugt war, sondern, der auch noch über die finanziellen Mittel verfügte. Viele andere hätten an Gunsaulus Stelle aufgegeben.

Er durfte eine universelle Wahrheit erfahren, die Goethe in dem Gedicht „Die Essenz der Verpflichtung" wie folgt beschrieb:

Die Essenz der Verpflichtung

„Bis sich jemand verpflichtet hat, ist da ein Zögern
Die Möglichkeit zum Rückzug...und immer Untauglichkeit.
Über Entschlusskraft und Schöpfung
gibt es eine grundlegende Wahrheit.
Die Unkenntnis davon zerstört unzählige Ideen und großartige Pläne
- und das ist, dass in dem Moment, da jemand sich endgültig
verpflichtet, dann auch die Göttliche Vorsehung Einzug hält.

*Alle möglichen Dinge ereignen sich, um diesem zu helfen
Dinge die sich sonst nie ereignet hätten.
Ein ganzer Strom von Ereignissen ergibt sich aus der Entscheidung.
Sie ruft für jenen, der die Entscheidung getroffen hat, alle
möglichen, unvorhergesehenen Vorkommnisse und Zusammenkünfte
und stoffliche Hilfe hervor, von der kein Mensch sich hätte träumen
lassen, dass sie auf diese Weise eintreffen würde.
Was immer du tun kannst, oder wovon du träumst, du könntest es
tun: beginne damit!
Kühnheit trägt Genius, Macht und Zauber in sich.
BEGINN ES JETZT!"*

Jeder, der etwas erfolgreich TUN und VERÄNDERN möchte, weiß, dass es um die Idee hinter der Idee geht. Diese Idee ist es, die das TUN und VERÄNDERN mit Freude und Energie nach sich zieht. Gunsaulus hatte erkannt, wo er mit seinem Wissen und seiner Tatkraft zum Wohle anderer etwas verändern wollte und konnte. Er kämpfte nicht gegen einen Missstand in der Bildungslandschaft an, sondern entwarf eine Vision und damit einhergehend einen Plan, der darstellte, was er verändern würde.

Zuerst ist da die Chance, etwas zu verändern. Doch ohne Bestimmtheit, der Eindeutigkeit des Vorhabens, dem Verlangen, das Ziel zu erreichen und der beharrlichen Anstrengung bis zum Ziel, nützt die beste Idee und größte Chance nichts. Ein brennendes Verlangen, eine tiefe innere Sehnsucht und eine Gewissheit, fast schon eine Besessenheit sind zuweilen von Nöten, die uns auch in den schwierigen Momenten weitergehen lassen. Anfangs kann es sein, dass die Idee noch ständig genährt werden muss, denn die inneren Prägungen sind stark. Doch nach und nach wird die Idee zum Selbstläufer, ja beginnt sogar, einem selbst zu nähren, weil positive Zwischenergebnisse den Erfolg anzeigen. Nichts nährt Erfolg so sehr wie Erfolg. Aus der Geschichte geht nicht hervor, wie es dann weiterging. Doch ich bin mir sicher, dass auf dem Weg bis zur endgültigen Fertigstellung des Bildungsinstitutes sicherlich noch einige Herausforderungen warteten.

Schlussendlich wird die Idee das Vorhaben vorantreiben und nähren.

Das ist das Wesen von Ideen. Zuerst geben wir ihnen Leben, Richtung, Führung und Bewegung und dann bekommen sie irgendwann genug Eigenleben, dass sie uns Leben, Richtung, Führung, Bewegung und Sicherheit geben. In wie weit ist bei uns ein brennendes Verlangen vorhanden, das eigene Leben zu verändern? In wieweit sind wir Menschen soweit, dass wir die Zustände auf dieser Welt verändern wollen? Ideen sind Energie und verfügen über sehr viel mehr Macht als derjenige, der sie hervorgebracht hat. Sie bestehen fort, lange nachdem derjenige, von dem sie stammen, schon gestorben ist. Im Kleinen als Überzeugungen, Glaube, Erinnerung, im Großen als Religionen, Gesellschaftsformen, wissenschaftliche Errungenschaften, künstlerische Ergüsse und Vieles mehr. Diese Ideen entwickeln sich immer weiter und weiter. Ob diese Ideen zum Wohl oder Wehe der Menschheit dienen, hängt von der Grundintension Angst oder Liebe ab, durch welche die jeweilige Veränderung und Weiterentwicklung hervorgebracht und gelebt wird.
Professor Hans-Jörg Bullinger, Präsident der Fraunhofer-Gesellschaft, schrieb am Freitag, den 15. Juli 2011 in der Süddeutschen Zeitung einen Artikel zum Thema Vorstellungskraft. In seinem Artikel schreibt er, dass wir ungeheure Herausforderungen bis 2050 zu bewältigen haben. So wird sich der Bedarf an Rohstoffen auf 140 Milliarden Tonnen jährlich verdreifachen. Gründe sind die ansteigende Weltbevölkerung von derzeit 7 auf ca. 10 Milliarden Menschen, sowie das ungeheure Wirtschaftswachstum in Asien und auch auf dem Afrikanischen Kontinent. Energiekrise und Klimawandel sind dabei nicht die einzigen Probleme, die sich stellen, sondern es müssen auch andere Antworten gefunden werden. Unsere Gesellschaft ist konfrontiert mit Schuldenkrisen, Überalterung, explodierenden Gesundheitskosten, Verkehrsproblemen, Terroranschlägen, steigenden Umweltkatastrophen, usw. In ihrer Studie beschreibt die Fraunhofer-Gesellschaft, dass wir zur Bewältigung dieser Probleme Visionen brauchen.
Die Gesellschaft braucht Visionen und es bedarf Menschen, die unbeirrbar an diese Visionen glauben und sie in die Realität umsetzen, damit die Probleme nicht nur bewältigt aber dafür endlich gelöst werden können.

Wenn wir all unser Wissen für unseren ureigenen Ausdruck unserer Göttlichkeit nutzen, könnte endlich die Sicherheit entstehen, nach der wir uns sehnen – Selbstsicherheit. Aus dem ersehnten Vertrauen kann endlich Selbstvertrauen und aus der ersehnten Führung endlich göttliche (Selbst)Führung werden. Das Leben kann endlich zur Erfüllung werden, weil wir es damit erfüllen, wer und was wir wirklich sind.

7. T.U.N.

Erfolg wie wir in kennen ist bisher sehr eng mit dem TUN gekoppelt. Wer mehr in kürzerer Zeit tut, bringt mehr Ergebnis, so die Devise. Dies führte gerade in den letzten Jahren dazu, dass sich das Hamsterrad immer schneller und schneller dreht, wobei kaum Zeit zum Innehalten und Reflektieren zu bleiben scheint. Folgen von Stress bringen uns im Alltag an und über unsere Grenzen und haben uns durch diesen fehlgeleiteten Prozess, den wir Leben nennen, klein, minderwertig und schwach gemacht, was mit dem, wer wir wirklich sind, nichts gemein zu haben scheint. Unsere Kinder, Beziehungspartner, Familien und Freunde erfahren diese Auswirkungen im näheren Umfeld, wie auch Kollegen, Chefs und Angestellte im weiteren Umfeld und über unsere Art und Weise, wie wir Leben bisher leben, erfahren dies auch die Menschen am anderen Ende der Welt, die doch eigentlich gar nichts mit uns zu tun haben, von der Umwelt ganz zu Schweigen.

Merkwürdigkeiten

Während ich hier schreibe ist um mich herum Advent. Ein Ritual welches von Religionen ins Leben gerufen wurde. Im Grunde eine wirklich schöne und auch wertvolle Zeit mit einer wichtigen Botschaft. Wir machen uns Gedanken, wem wir wie unsere Liebe zeigen können. Wir warten auf das Licht – einfach schön. Wir machen uns Gedanken über Weihnachtsgeschenke, über Dekoration – ob wir nochmals die Kugeln vom letzten Jahr nehmen oder doch lieber der neuen Trendfarbe folgen - wir machen uns Gedanken, wen wir einladen oder besuchen, welche Plätzchen wir backen und ärgern uns zum wiederholten Male, dass wieder so viel Termine in dieser eigentlich zur Besinnung angedachten Zeit anstehen. Von Besinnung keine Spur, obwohl auch in diesem Wort schon der SINN beinhaltet ist. Advent – die Zeit der besonderen Lichter, die Zeit der Nächstenliebe und Menschlichkeit. Wirtschaft und Konsum scheinen jedoch diesen hohen und heeren Zielen den Rang abzulaufen, da immer noch tausende von Menschen in dieser Zeit an Hunger sterben werden, in welcher wir überlegen, welche Plätzchen wir denn nun backen und welches Spielzeug wir dem völlig überfüllten Kinderzimmer noch zumuten können. Verzeih diese sehr starke Polarisierung dieser Beobachtungen, doch genau das ist das, was geschieht. Die Fehlinterpretation von Erfolg, welchem die wirkliche Verbindung zu unserer göttlich universellen Wurzel in uns abhandengekommen zu sein scheint, bringt uns tatsächlich dazu, zu glauben, dass dies in Ordnung ist und wir nichts, aber auch gar nichts dagegen tun können. WIR BESINNEN UNS NICHT. Wo ist da wirkliche Nächstenliebe und Menschlichkeit? Wie lange wollen wir noch auf Weihnachten und die Wiederkunft Christi und das Göttliche warten? Wir sind doch längst da! Welche Zeichen setzen wir damit für uns und für unsere Kinder? Was lernen sie von uns über das Leben, wenn wir so agieren und nichts ändern, obwohl wir es sehen? Was werden sie einmal von uns denken, wenn sie dann erkennen und ändern, was wir nicht verändern wollten, weil unser Missverständnis von Erfolg, Macht und Reichtum sowie Getrenntheit, uns davon abhielten?

Ursache

Unser alltägliches Tun und das was wir erfolgreich nennen, basiert auf Planungen die uns Politik, Wirtschaft und Religion vorgeben. Gerade die Wirtschaft mit ihren Planungswerkzeugen kann hier sehr dienliche Wegweiser geben.
Notwendige Bestandteile eines Plans sind: Ziel, Rückschau, Kontrolle, Korrektur und Ausführung. Diese Kurzaufstellung zeigt uns, worauf unser tägliches Hamsterrad beruht. Wir funktionieren in diesem Ablauf als ausführendes Organ für das Ergebnis. Wir werden von den missverstandenen Erfolgen der Bereiche Wirtschaft, Politik und Religionen verplant, die wohl bald von der Wissenschaft und Forschung als neues goldenes Kalb abgelöst werden, wobei etwas Wesentliches bisher übersehen wurde und zu kurz kam. Da der Punkt des organisierten

TUNS sehr wichtig ist, werde ich hier etwas genauer darauf eingehen und ihn mit folgendem Zitat einläuten:
„Gegenüber der Fähigkeit, die Arbeit eines einzigen Tages sinnvoll zu ordnen, ist alles andere im Leben ein Kinderspiel."
J. W. von Goethe

Die Betonung liegt hier auf SINNVOLL. Bisher stand als oberstes Ziel von Erfolg das Ergebnis, in der Regel als materiell messbare Einheit, die ein „mehr von etwas" belegen sollte, z.B. Geld. Alle Ideen, Planungsprozesse, Ablaufprozesse und Ergebnisse wurden mit dieser Zieldefinition in Einklang gebracht. Was wäre das „mehr", wenn wir Erfolg neu definieren und der gesamte Ablauf in Einklang mit der göttlich universellen Herkunft gebracht wird? Könnte es nicht sein, dass wir dann deutlich mehr Liebe und positive Energie sowie Frieden, Wohlstand, Gesundheit und Wachstum „erwirtschaften"?
Berechtigter Weise sollten wir uns an dieser Stelle einmal ganz ehrlich Folgendes fragen: Wollen wir wirklich eine friedliche und liebevolle sowie gesunde Welt? Oder lügen wir uns selbst etwas vor, um das Gewissen zu beruhigen, damit wir dem materiellen Erfolg weiter frönen können? Wenn wir hier mit JA antworten, dann kann uns das Gedicht von Goethe auf etwas sehr Wichtiges hinweisen: Den SINN.

Sobald wir den Planungs-Ablauf auf einen völlig neuen Sinn ausrichten, erfolgen andere Ideen, Fantasien, Pläne und Handlungen. Stellen wir den Erfolg des Selbstausdrucks der Seele als bedingungslos liebendes, göttliches Wesen in den Mittelpunkt und ordnen alle anderen Zielsetzungen in Religion, Politik, Wirtschaft und Forschung unter, verändert sich die gesamte Folgestruktur und richtet sich neu aus. Die gegebenen Strukturen unserer Angewohnheiten sind nicht völlig falsch, sondern bedürfen unter der neuen Wahrnehmung einer Rückschau, Kontrolle und in vielen Fällen einer Kurskorrektur hinsichtlich der neuen vorgeschalteten Werte. Das, was bisher die oberste Wertigkeit eingenommen hat, wird nicht komplett verworfen, sondern die Priorität der Wertigkeit nach „unten" korrigiert und das Verhalten dort eingesetzt, wo es nach den neuen Wertmaßstäben wirklich Sinn macht. Wir könnten sagen, dass damit so etwas wie „ganzheitlicher" Erfolg möglich werde würde.

TUN mal anders

Das ganze Leben ist TUN, immer... selbst Unterlassungen sind aktives NICHT-TUN. Oft sind Unterlassungen sogar das wichtigste TUN überhaupt, zumindest hinsichtlich der Ziele bedingungslose Liebe, bedingungslose Gesundheit und bedingungsloser Frieden. Sie sind nämlich das, was so lange übersehen und vergessen wurde. Wir tun immer etwas. So etwas wie NICHT-TUN gibt es nicht. Es ist lediglich die Frage, ob wir das was wir denken, sprechen, erfinden und tun mit einer entweder bedingten oder bedingungslosen Grundhaltung und somit auch Zielsetzung tun - die Unterschiede im Resultat könnten nicht gegensätzlicher sein.

Betrachten wir den Zustand, in dem wir uns befinden, so erscheint es überaus ratsam, viel öfter dem „NICHT-TUN" zu frönen, statt das tägliche Hamsterrad zu treten. Dies würde nicht nur der eigenen Gesundheit zuträglich sein, sondern würde gleichzeitig erlauben, sich einmal der Sinnhaftigkeit oder deren Abwesenheit bewusst zu werden. Auch wäre Zeit und Raum geschaffen, der Intuition wieder gewahr zu werden, die im Alltagsrummel und – lärm allzu oft einfach nur überhört wird.

Es gäbe so vieles, was wir einfach nicht mehr tun sollten, wenn uns wirklich an Liebe, Gesundheit und Friede gelegen ist, dass das NICHT-TUN der bedingten Liebe einen völlig neuen Stellenwert erhalten würde, denn es schafft Raum für das eigentliche TUN der bedingungslosen Liebe.

Das Warum

Wie wir oben schon erörterten ist NICHT(S)-TUN im Grunde etwas, was es sowieso nicht gibt, da wir immer einfach nur etwas Anderes stattdessen tun. Diejenigen, die nach der alten Interpretation mehr Erfolg haben, wissen, was sie wollen, haben ihre Visionen, glauben daran und setzen ihre Ziele und Pläne in die Tat um. Sie wissen sehr genau, was sie TUN oder UNTERLASSEN müssen, um an ihr Ziel zu kommen.

Solange wir jemand sind, der nicht wirklich aktiv FÜR sich plant, werden wir jemand sein, der im Dienste anderer Menschen steht und ihnen hilft, ihre Wünsche auf Kosten der eigenen Wünsche und Ziele zu erfüllen. Interessanterweise sieht es so aus, als ob ca. 5% der Menschen die Kontrolle über das haben, was auf dieser Welt zu geschehen scheint. Dies sind genau jene 5%, die 95% des Reichtums dieser Erde besitzen.

Was könnte geschehen, wenn wir ein Ziel kreieren, das größer ist als der bisher bekannte Erfolg, welches jedoch diesen immer noch beinhaltet? Was wäre möglich, wenn wir alle erkennen könnten, wer wir wirklich sind und wie machtvoll wir gemeinsam wären, wenn sich die Ziele der 5% und das Tun der 95% an bedingungsloser Liebe, Gesundheit und Frieden orientieren?

Nochmals die Frage an alle: Wollen wir wirklich Frieden, Gesundheit und Liebe, in uns selbst, um uns herum und auf der ganzen Welt?

Die Konsequenz

Wer sich seiner selbst als universell göttliches Wesen wirklich bewusst ist, ist seinen Wünschen und Zielen, seinen Visionen und damit seiner Bestimmung treu. Demjenigen ist es ein Bedürfnis, anderen bei ihren Zielen und Wünschen behilflich zu sein. Gleiches zieht Gleiches an. Jetzt kannst Du berechtigter Weise einwerfen: „Aber ich kenne doch meine Bestimmung gar nicht!"

Das stimmt und stimmt auch nicht! Bis jetzt! Genau genommen spüren viele diesen Weg zur Bestimmung, doch unsere Welt konnte uns nicht die Rahmenbedingungen liefern um diese wirklich zu „sehen" und daher begannen wir an uns selbst zu zweifeln, womit wir es unterließen, diesen Visionen, Wünschen und Zielen so viel Ausdruck zu verleihen,

wie es notwendig wäre, damit die Bestimmung zutage tritt.
Wer seinem zukünftigen ICH treu ist, ist auch seiner Bestimmung treu.
Träume, Visionen, Wünsche und Verlangen sind der Navigator. Sind wir dem vergangenen ICH treu, geschieht etwas äußerst Interessantes, nämlich das, was schon immer geschehen ist: Wir denken weiterhin das, was wir immer schon gedacht haben, fühlen weiterhin das, was wir immer schon gefühlt haben, sprechen weiterhin das, was wir immer schon gesprochen haben UND wir tun und unterlassen weiterhin das, was wir immer schon getan und unterlassen haben. Wir haben weiter das Leben, was wir immer schon gehabt haben, mit all seinen wohlbekannten Misserfolgen, die wir immer schon zu verzeichnen hatten.
WARUM DAS INTERESSANT IST?
NUN...Wenn uns NICHT interessiert, was seit jeher NICHT funktioniert und uns unsere tiefste Sehnsucht nach Verständnis, Frieden, Liebe, Gesundheit und wirklicher Gemeinschaft und Harmonie NICHT befriedigen konnte, dann können wir NICHT herausfinden, WAS funktioniert. Die Lösung liegt bereits in der Herausforderung. Wir sehen sie nur nicht, weil wir uns bisher nicht die Mühe gemacht haben, wirklich zu schauen und vor allem die Erkenntnisse darüber zuzulassen, was einfach NICHT funktioniert.

Details

Schauen wir uns das Tun und die Planungen etwas genauer an. Einzelne Schritte unserer Pläne werden durch unsere Fantasie sichtbar. In Plänen können wir entwerfen, WIE wir zu einem Ziel kommen. Gleichzeitig dienen sie als Richtschnur, damit nichts vergessen wird und als Orientierung für eine Rückschau und somit Qualitätskontrolle. Es ist schon interessant, dass wir den grundsätzlichen Ablauf sehr gut beherrschen, ihn jedoch missverständlich nutzen.
Positiver Erfolg hängt maßgeblich davon ab, WIE unser tägliches Tun geplant ist und WIE wir dieses tun umsetzen.
Tun wir das, was eben getan werden muss und verlangt wird, können wir zwar vordergründig ebenfalls Erfolg nach der alten Definition haben,

werden aber in den seltensten Fällen auch damit zufrieden und geschweige denn glücklich sein. Warum? Nun, wir können es drehen und wenden wie wir wollen, das was wir mehrheitlich leben, entspricht nicht unserem wahren SEIN und damit allzu oft nicht Liebe, Frieden und Gesundheit.

Die 72-Stunden Regel

Veränderungen beginnen immer mit dem ersten Schritt und daher ist die 72-Stunden-Regel so wichtig. Sie besagt, dass der erste Schritt innerhalb von 72 Stunden nach dem Bewusstwerden einer Idee erfolgen sollte, wenn wir Aussicht auf Umsetzung haben wollen. Beobachtungen im Bereich der Persönlichkeitsentwicklung und Erfolgsentwicklung haben gezeigt, dass die Dinge, bei denen innerhalb von 72 Stunden mit der Umsetzung begonnen wird, eine 99% Aussicht auf Erfolg haben. Umgekehrt bedeutet dies, dass Alles, was nicht innerhalb dieser 72 Stunden angegangen wird, mit an Sicherheit grenzender Wahrscheinlichkeit keine Aussicht auf Erfolg hat.

Der erste und auch wichtigste Schritt ist, einen Veränderungs-Impuls aufzuschreiben und Ziele sowie Pläne schriftlich zu fixieren. Wir leben in einer Welt, in der die Bürokratie immer mehr zu einem Wahn zu mutieren scheint, wohingegen die wirklich wichtigen Dinge hinten herunterfallen. Ein Unwille, unsere Impulse, Ziele und Pläne niederzuschreiben, ist durchaus normal, da wir mit Texten und Aufgaben überhäuft werden.

Prioritäten

Prioritäten lenken uns durchs Leben und leiten unser Tun. Wenn wir den Alltag betrachten, müssen wir oft erkennen, dass das, was uns wichtig ist, leider nicht die Priorität hat, die wir dem gerne beimessen würden. Viel zu oft werden die uns wichtigen Beziehungsstrukturen marode, weil unser erfolgsorientiertes System andere Strukturen vorgibt. Eine Veränderung unseres TUNS aufgrund einer Neudefinition von Erfolg ist sicherlich der mutigste Schritt, den die Menschheit jemals gehen wird. Daher ist es umso wichtiger, sich des Sinns bewusst zu werden. Der Entwurf eines gangbaren Plans ist vonnöten, der die Schritte enthält, wie wir unser ersehntes Ziel erreichen können, denn die globale Situation hat mehr mit unserem persönlichen Dilemma zu tun, als wir bisher annehmen. Unser Denksystem sollte weniger auf Vernunft basierende neue Pläne schmieden, da es einem Denkfehler unterliegt. Es ist mit diesem sehr alten und tief verankerten Missverständnis und den daraus resultierenden Erfahrungen von bedingtem Erfolg als Referenz verknüpft. Dies hindert uns heute, unser Potential und Genie von einst zu nutzen. Die Vernunft ist darauf trainiert, uns vermeintlich emotionalen Schmerz zu ersparen, den Schmerz, den wir durch Liebesentzug in Kindertagen erfuhren, wenn wir uns nicht an die Regeln hielten und uns damit die Erfahrung unseres eigenen göttlich universellen Ausdrucks untersagt wurde.

Das Pareto-Prinzip

Dieses Prinzip besagt, dass 80% des Erfolgs auf 20% der eingesetzten Mittel zurückzuführen sind. Das bedeutet unter anderem, dass in 20% der Zeit 80% des Ergebnisses erreicht wird. Um ein 100% Ergebnis zu erreichen, müssten die restlichen 80% der Zeit aufgewendet werden. Wenn wir uns dieses Prinzip anschauen, scheint die Frage berechtigt, warum um alles in der Welt wir denn so viel tun, ins alltägliche Hamsterrad einsteigen und doch nicht das erreichen, was wir wollen? Es erscheint durchaus logisch, dass unser Erfolgsdenken uns dahin gebracht haben könnte, dass wir in dem krampfhaften Versuch, die 100% zu erreichen - die missverstandene Perfektion - unsere Lebensqualität und unsere Schöpferkraft einbüßen, womit wir immer ineffektiver gegenüber den eigentlichen Zielen Gesundheit, Friede, Liebe und Menschlichkeit werden. Könnte es nicht sein, dass wir die Perfektion an der falschen Stelle herstellen wollen, wohingegen sie doch im Grunde in uns selbst und in der uns umgebenden Natur schon längst vorhanden ist? Versuchen wir auch hier wieder über TUN zum SEIN zu gelangen und es ist doch eigentlich genau umgekehrt? Könnte es nicht sein, dass hier eine Ursache zu finden ist, warum unser Alltag so stressvoll und unser Leben so ist, wie es ist und unsere Welt so aussieht, wie sie aussieht?

Wenn wir in 20% unserer Zeit 80% von dem erreichen könnten, was uns wichtig ist, dann stellt sich die Frage, warum wir das nicht tun oder ob das was wir tun, wirklich wichtig ist.

Niederlage als Wegweiser

Niederlagen sind ein essenzieller Bestandteil jeder Planung und jeden Lebens. Es sind Schatzkisten, die das Wissen und die Erfahrung über Ausbaustufen und Kapazitäten der Planung nach oben aufweisen. Niederlagen zeigen, wo das anvisierte Ziel in Einklang mit uns und unseren übergeordneten Zielen steht und wo nicht.

Jede Veränderung von Werten, nach denen wir die Umwelt und uns bemessen, führt dazu, dass sich Angewohnheiten ändern. Demgemäß kann es durchaus sein, dass ein anvisiertes Ziel, welches vor der inneren Veränderung noch stimmig war, plötzlich nicht mehr im Einklang mit uns, unserem übergeordneten Ziel, wie auch unserer Planung steht. Verändern wir nun den Bezugsrahmen von Erfolg und Tun oder Unterlassen nun etwas aus bedingungsloser Liebe und Selbsterkenntnis, statt aus Angst vor Verlust, verändern sich unter Umständen die Priorität und der Ausdruck unserer Ziele gravierend. Dies kann zuweilen sehr anstrengend anmuten und zu Selbstzweifeln führen. So mancher möchte sich dann gerne einfach geschlagen geben – von sich selbst, von den Umständen, von anderen Menschen und vom Leben, denn ein solch gravierender Wechsel einer Bezugsgröße kann sich anfühlen, als ob wir den Boden unter den Füßen verlieren, fallen und vermeintlich alles verlieren. Aber: Zum einen fühlt es sich nur so an und zum zweiten ist niemand jemals geschlagen, bis er selbst aufgibt. Das Aufgeben entsteht in unserem Kopf und ist bei vielen sogar eine feste Angewohnheit des

Denkens, spiegelt sie doch das Unvermögen wieder, sich selbst zum Ausdruck zu bringen. Glaubenssätze wie: „Das schaffe ich sowieso nicht" „Das ist unmöglich" oder „Das hat doch alles keinen Sinn" sind Relikte aus vergangenen Zeiten und scheinen doch unsere Unfähigkeit, den Zustand dieser Welt zu verändern, zu bedingen. Allzu oft tauchen sie kurz vor der Zielerreichung auf. Ein Veränderungsvorgang ist vergleichbar mit einer Geburt. So manche Frau erlebt zum Ende der Presswehen, kurz bevor das Kind geboren wird die Phase, in der sie am liebsten alles stehen und liegen lassen würde, weil sie das Gefühl hat, es nicht zu schaffen und dass es sowieso keinen Sinn mehr hat. Soll doch ein anderer diese Aufgabe zu Ende bringen. Doch wie wir alle wissen, ist Aussteigen weder bei der Geburt, noch beim eigenen Lebensprozess wirklich möglich. Was unser Leben betrifft, werden wir bei genauer Reflexion von Zielen und Plänen, deren Umsetzung und deren Beweggründe, im Rahmen einer Niederlage mit einem Aspekt von uns selbst konfrontiert, der für jenes Scheitern verantwortlich ist und welchen wir nicht gerne zu Gesicht bekommen. Dies bedarf der Bereitschaft, hinter Ausreden und Ausflüchte sowie Anschuldigungen zu blicken. Wer diese Fähigkeit entwickelt, kann entdecken, dass hinter der Fehlinterpretation „Niederlage" das eigene Potential liegt, welches einem für die aktuelle Situation deren Sinnhaftigkeit sehr schnell erschließen kann.

Die Macht der Veränderung

„Du selbst musst die Veränderung sein, die du in der Welt sehen willst" prägte einst Gandhi und zeigte damit wie wichtig die innere Führung ist. Veränderung braucht Macht und entsteht durch die Koordination von innerer wie äußerer Zusammenarbeit der eigenen Anteile, sowie der Welt um uns herum. Ein guter Anführer ist, wer sich selbst gut führen kann. Die eigenen Persönlichkeitsaspekte werden so gut geführt, dass die wahre Macht der Veränderung aus demjenigen selbst heraus sichtbar wird – dem eigenen SELBST. Wie aber führt man sich selbst so, dass die eigenen Wesensmerkmale zutage treten können?

Wir unterscheiden üblicherweise zwei Führungsformen: Führen durch Einverständnis und Kooperationswillen, als kooperativen Führungsstil und Führung durch Zwang, als autoritären Führungsstil. Führung durch Druck und Autorität ist nicht länger auf Dauer haltbar. Wer sich darüber hinwegsetzen will, hat kaum Chancen auf Erfolg für sein Vorhaben, egal wie groß oder klein. Gerade für die eigene innere Führung ist eine Veränderung hier sehr wichtig. Führung durch Druck ist das, was wir gelernt und durch das Umfeld oft genug erfahren haben und somit automatisiert für uns selbst anwenden. Schimpfen, Strafen, Sanktionen und Entzug sind Ausdruck dieses Führungsstils.

Führung durch Kooperation ist die bei weitem effektivste Form der Führung. Unsere Welt ist in ein Zeitalter eingetreten, welches eine neue Art von Führungsstil in allen Bereichen braucht, ja geradezu verlangt. Interessant an Führung durch Kooperation ist, dass sie sehr viele weibliche Qualitäten aufweist. So sind zwar Zahlen/Daten/Fakten immer noch wichtig, jedoch spielen Emotionen ebenfalls eine wichtige Rolle. Gerade für die Sympathie und die Empathie, wie auch den Mut für Verantwortung und Teamfähigkeit erscheint Emotion immer wichtiger. Wer nicht in der Lage ist, seine Emotionen in adäquate, zielführende Handlung umzuleiten, statt autoritär Macht auszuüben, hat über kurz oder lang seine Erfolge verspielt. Wer mit seinen und den Emotionen anderer adäquat umgehen kann, behält den Überblick und vor allem das Ziel im Auge. Dieser Führungsstil ist ausgerichtet auf die Aufrechterhaltung der persönlichen Beziehung. Er bedient sich dabei eines flachen Hierarchiegefälles. Er weist mehr Einfühlungsvermögen und vor allem eine geringere Kontrolle auf. Dabei weiß die Führungsperson jedoch um die Wichtigkeit der kleinen Details, die gerne übersehen werden, von deren Kenntnisnahme jedoch Wohl und Wehe so manches Ziels abhängig ist. Alle Beteiligten wissen als Team vom gemeinsamen Ziel. Jeder ist an der Erreichung beteiligt, doch das „WIE" ist deutlich freier, solange das

Ergebnis stimmt. Das Selbstwertgefühl eines jeden Beteiligten, sowie die Motivation und Wertschätzung nehmen deutlich zu. Es entsteht das Gefühl einer gemeinsamen Mission. Dazu trägt jeder einen wichtigen Part bei. Mehr Sinn und Bedeutung jedes einzelnen Teammitgliedes für das Ziel selbst, aber auch das, was der Einzelne zu tun hat, sind die Folge. Die Qualität der Handlungen eines jeden Beteiligten nimmt stetig zu. Rückschläge werden gemeinsam getragen. Wird diese Art von Führungsstil kontinuierlich angewandt, so entsteht mehr und mehr Motivation, Inspiration und Mut für die vor einem liegenden Herausforderungen. Ein Gefühl von „gemeinsam sind wir stark" und „gemeinsam schaffen wir es" entsteht. Vertrauen und Stolz sind dem Vorreiter oder Anführer gewiss, wenn er diesen Weg der Führung wählt und beibehalten kann. Wenn wir diesen Absatz unter der Zielsetzung des Paradieses unter zu Hilfenahme einer Neudefinition von Erfolg betrachten, können wir erahnen, dass das Leben dann deutlich leichter funktionieren könnte.

Praktikable Pläne

Wagen wir ein kleines gedankliches Experiment.
Nehmen wir an, wir würden 365 Tage unser göttlich liebendes Selbst in den Vordergrund stellen und dies zum Ausdruck bringen. Wir würden uns erlauben, wirklich zu reflektieren und Zeit für tiefste Ehrlichkeit mit uns selbst investieren, um zu ändern, was verändert werden muss. Was wäre möglich, wenn wir nur noch 20% unserer täglichen Mittel für immer noch 80% unserer alltäglichen Erfolge nutzen und dafür aber die verbleibenden 80% unserer täglichen Mittel in das investieren was wirklich nötig ist?

Was wäre möglich, wenn wir uns zum Beispiel erlauben würden alles Geld, welches für die Produktion von Dekorations-Artikeln, und das Geld, welches wir Käufer dafür ausgeben, für diejenigen zu verwenden, die weder Essen, Kleidung noch Obdach haben – egal wo auf der Welt sie sind? Was wäre möglich, wenn wir uns erlauben könnten dieses Geld an Menschen zu spenden, die nichts haben?

Was wäre möglich, wenn wir uns erlauben würden nur ein einziges Mal die Hälfte aller auf Lager gehaltenen Lebensmittel einfach an die

Hungernden weltweit zu spenden? Wie viele Lebensmittel wären das und wie lange würden sie reichen?

Was wäre möglich, wenn wir uns erlauben würden die ganzen Sportgroßevents mit allen dazugehörigen Maßnahmen nur für ein Jahr auszusetzen, um uns um die wirklichen Herausforderungen, den wirklichen Wettkampf dieser Zeit und Welt zu kümmern und das freie Geld-, Zeit- und Ressourcen-Potential dafür einsetzen würden?

Was wäre möglich, wenn wir uns erlauben könnten den Jahresetat aller Staaten für Waffen, Militär und Verteidigung nicht mehr einen so hohen Stellenwert einzuräumen und wir 80% dieser Etats nur 1 Jahr lang für Frieden, Gesundheit und Nächstenliebe einsetzen würden?

Was wäre möglich, wenn wir uns in dieser Zeit erlauben würden, alle unserer Gesundheit im ursächlichsten Sinne nicht zuträglichen Lebensmittel, Produkte und Substanzen, wie Drogen, Zigaretten, Alkohol und so weiter aus dem Handel zu nehmen? Was wäre möglich, wenn wir uns in dieser Zeit erlauben würden, alle biologischen und wirklich gesunden Lebensmittel, Nahrungsmittel und sonstigen Produkte zu gleichen oder sogar geringeren Preisen zu verkaufen, wie die bisher konventionellen Produkte?

Was wäre möglich, wenn wir uns erlauben könnten, unseren Wohlstand mit all den Menschen die auf der Straße leben, keine Kleidung und kein Geld haben teilen, einfach indem wir ihnen das geben, was unsere Intuition uns zu geben rät, in dem Moment, wenn wir ihnen begegnen.

Was wäre möglich, wenn wir uns erlauben könnte alle ein Jahr lang unser Luxusdenken mit all seinen Auswirkungen auszusetzen, um uns den Luxus echter Menschlichkeit zu erlauben?

Was wäre möglich, wenn wir uns erlauben könnten ein Jahr lang wahre Gleichberechtigung die Steuern betreffend zu leben.

Jeder hat die Steuern zu bezahlen ohne dass es möglich ist Schlupflöcher der Steuergesetzgebung oder Steueroasen zu nutzen. Die Summe der Gelder die in Steueroasen jedes Jahr gebunkert werden reicht aus, das Überleben von 80 % der Menschen auf der Welt die von weniger als 10 Dollar am Tag leben müssen, für ein Jahr zu sichern. Das wäre möglich, wenn indem einfach jeder seine Steuern bezahlt.

Was wäre möglich, wenn nur ein Jahr lang die nichtgezahlten Steuergelder von Maximalverdienern in den Steueroasen dafür genutzt würde, ganz normal als Steuergelder bezahlt zu werden, wie jeder „Normalverdiener" es auch tun muss? Wieviel wäre das? Wie sehr würde das die Steuerlast der Klein- und Mittelverdiener entlasten? Wieviel Staatsschulden könnten damit abgebaut werden?

Was wäre möglich, wenn Gehalts-oder Rentenerhöhungen nicht in Prozentschritten erfolgen, wo dadurch doch nur jene, die sowieso schon viel erhalten noch mehr erhalten und jene, die wenig bekommen durch die Steuerlast trotz Erhöhung mit weniger nach Hause kommen. Was wäre möglich, stattdessen genau dieselben Beträge als Erhöhung zu wählen, egal ob großes oder kleines Gehalt oder große und kleine Rente? Wie schnell wäre die Schere zwischen Armut und Reichtum ausgleichbar?

Was wäre möglich, wenn wir uns erlauben könnten die Forschungsgelder für die Weltraummissionen, welche ein Weiterleben unserer Spezies ermöglichen sollen, dafür einzusetzen, Forschung zum Erhalt unseres Planeten ins Zentrum zu stellen und erst wieder in andere Dinge zu investieren, wenn die Herausforderungen dieses Planeten wirklich zufriedenstellend bewältigt sind? Wieviel Geld wäre das und was wäre dadurch möglich?

Was wäre möglich, wenn all die bereits existierenden wunderbaren umwelt- und gesundheitsverträglichen Errungenschaften, die von der Wirtschaft aufgrund befürchteter Profiteinbußen nicht erwünscht sind, aus den Schubladen herausgenommen und zur Umsetzung gebracht würden? Was wäre möglich, wenn wir uns erlauben könnten nur noch die wirklich umwelt- und gesundheitsverträglichen Erfindungen als Standard zu wählen?

Was wäre möglich, wenn wir uns erlauben würden unsere Gesundheitssysteme für jeden erschwinglich und nutzbar zu machen, auch für die, die nicht genug Geld haben.

Was wäre möglich, wenn wir uns erlauben würden all das, was unsere Bonus- und Gewinnsysteme an Geld in Summe erwirtschaften an die zu geben, die kaum etwas bis nichts zum Überleben haben, anstatt es immer wieder an uns zurückzuführen, die wir sowieso im Überfluss schwelgen. Oder diese Gelder zur Behebung der weltweiten Herausforderungen ökologischer Natur zu nutzen?

Das sind nur einige wenige Beispiele, die eine Veränderung möglich machen würden.

Was wäre möglich, wenn wir uns selbst erlauben könnten zu erkennen, dass wahre Gesundheit, wahre Liebe und wahrer Friede nur wenig bis nichts mit Erfolg und Geld zu tun hat aber dafür mit der Beziehung von uns allen als Mensch, als Ausdruck der göttlich universellen Energie?
Was wäre möglich, wenn wir uns erlauben würden, uns 365 Tage einmal wie Menschen zu verhalten, die erkannt haben, dass sie Menschen mit göttlich universellem Ursprung sind?

Wieviel Zeit-, Arbeitskraft-, Reflektions-, Hilfs-, Entwicklungs-, Veränderungs- und Geldpotential würden plötzlich frei werden, wenn wir nur einmal den Erfolg wie wir ihn kennen NICHT in den Mittelpunkt unseres Daseins stellen? Was könnte gemeinsam verändert werden, wenn wir uns erlauben würden diese freien Kapazitäten für Frieden, Gesundheit und Menschlichkeit ohne Kompromisse einzusetzen?
Es gibt schon so viele Präzedenzfälle auf der Welt, die zeigen und beweisen, dass es auch anders funktioniert: Ob Pilotprojekte in

der Agrarwirtschaft, andere Schulsysteme oder sogar Aussteiger, die nachweisen können, dass sie trotzdem entweder gute Schulabschlüsse schaffen oder auch so ihren sinnvollen Beitrag leisten können. Seien es Heilmethoden, die wirklich an der Ursache ansetzten oder Menschen, die sogar fähig sind, sich von Licht zu ernähren, usw. Es gibt unzählige Beispiele, die zeigen, dass es auch anders und leichter gehen kann und es einen viel größeren und besseren Weg gibt. Was hindert uns nur daran, die Neuerungen anzuerkennen und zu nutzen, die doch offensichtlich uns selbst und den Zielen von Gesundheit, Frieden und Liebe dienen? Warum wählen wir jedoch immer wieder die Dinge, die diesen Zielen ursächlich entgegenstehen?

„To live is to change, and to be perfect is to have changed often"
„Leben heißt, sich verändern, und perfekt sein bedeutet, sich oft verändert zu haben" John H. Newman (Kardinal der römisch katholischen Kirche)

Der Mut uns grundlegend zu verändern, kann automatisch so viele Veränderungen nach sich ziehen, dass er uns das beschert, woran wir nicht (mehr) glauben – eine „perfekte" Welt der göttlich universellen Ordnung. Wir wissen bereits, dass weder Pflanzen in eine Schule gehen müssen um die beste Pflanze, die sie sein kann, zu werden, noch muss einem Tier soziales Verhalten in seiner ursprünglichen Umgebung beigebracht werden, wenn es sich völlig natürlich entwickeln kann. Keinem Wassertropfen muss beigebracht werden, wie er bergabfließen muss oder sich zu einem Fluss vereinigen muss, geschweige denn, dass ihm beigebracht werden muss, wie er unter der Einwirkung von Sonne und Wärme seinen physischen Zustand verändert. Kreisläufe über Kreisläufe die perfekt funktionieren. Wieso sollte es sich also mit uns Menschen anders verhalten? Könnte es nicht sein, dass wir alle im Grunde unserer Seele genau wissen, wie Leben und Erfolg in Harmonie mit allem funktioniert und stehen uns derzeit mit unseren alten Fehlinterpretationen und Kleindenkereien einfach nur im Weg? T. U. N. bedeutet „Tag Und Nacht". Wenn wir uns unserer selbst wirklich bewusst sind, wird unser ganzes Sein diese Grundeinstellung Tag und

Nacht zum Ausdruck bringen wollen. Unser Tun wird eins mit unserem wahren Sein. Vielleicht können wir hier erkennen, dass es an der Zeit ist, das wichtigste TUN walten zu lassen, DAS UNTERLASSEN. Es scheint an der Zeit, den Fluss des Lebens und damit Liebe, Harmonie, Frieden und Gesundheit endlich zuzulassen.

8. Unterbewusstsein

In unserem Unterbewusstsein ist alles gespeichert und strukturiert, was wir an Gedankenimpulsen, Erlebnissen und Wahrheiten im Leben erfahren haben, auch zum Thema Erfolg und Misserfolg. Das Unterbewusstsein ist die Verbindung und Schnittstelle zwischen all diesen Dingen UND unserer göttlichen Wahrheit.

Unser Unterbewusstsein ist ständig aktiv, „schläft" nie, geht nicht in Urlaub, sondern ist wie eine Allroundmaschine, die permanent in Bereitschaft und Funktion ist. Sofern wir uns nicht aktiv um positiven In- und Output kümmern, läuft unsere Maschine automatisch mit dem veralteten Input, das wir jahrzehntelang angesammelt haben sowie dem Input, der tagtäglich über unser alltägliches Umfeld - Medien, Mitmenschen, Arbeitsumfeld usw. - neu aufgenommen wird, weiter.

Der Output unserer Worte und Taten liegt in der Qualität der Gedanken und der damit einhergehenden Gefühle. Je nachdem, wie die bisherige Definition von Erfolg erfahren wurde, sind mehr oder auch weniger positive Gefühle vorhanden. Das, was jedoch im Vordergrund steht, lenkt automatisch die Zielgerichtetheit und den Fokus des Unterbewusstseins. Nichts desto trotz fehlt beiden Ausrichtungen – positiv, wie negativ – die grundlegende Verbindung von Erfolg und göttlich universellem Ursprung und somit Liebe. Liegt der Hauptfokus auf Mangel, so bekommen all die negativen Botschaften in unserem Umfeld mehr Einlass und Gewicht als die Positiven. Dies geschieht umso leichter und einfacher, wenn z. B. das Fernsehen oder Radio zum Einschlafen oder Aufwachen genutzt wird. Das Unterbewusstsein ist offen wie ein Scheunentor, wenn wir am Übergang des Wachbewusstseins zum Schlaf stehen. Botschaften, die dann ungefiltert vordringen, bestimmen sehr stark die innere Ausrichtung bzw. verstärken die bereits vorhandene Ausrichtung.

Auswirkungen

Je mehr Verlangen Positives zu erleben in uns existiert, desto mehr werden wir auf positiven In- und Output achten. Ist das Verlangen nicht vorhanden, dann nimmt automatisch das Negative auf der Basis unserer Fehlinterpretationen diesen Raum ein. Nehmen wir eine beliebige Situation, so wird derjenige, der positiv ausgerichtet ist, diese Situation positiv beurteilen. Zur gleichen Zeit macht ein anderer Mensch, der das Gleiche erlebt und kein positives Verlangen etabliert hat, eine negative Erfahrung damit.

Alles, was wir Menschen jemals zuwege brachten und bringen werden, beginnt mit einem schlichten Gedankenimpuls. Hier sei die Frage erlaubt, wie viele Menschen ihre Gedankenimpulse auf deren Richtigkeit, Möglichkeiten und Ursprung hinterfragen. Wer hat jemals wirklich gewagt, die Definition von Erfolg und das Leben, wie wir es leben grundlegend in Frage zu stellen?
Es ist unsere Aufgabe, ganz bewusst immer wieder negative Gedankenimpulse zu überdenken und durch Positive zu ersetzen. Das gelingt viel leichter, je größer das Verlangen nach sich selbst und der damit verbundenen Selbstliebe, Selbstbewusstheit und dem eigenen Selbstausdruck ist. Diese Fähigkeit ist der Schlüssel zum Tor des Unterbewusstseins, da sie uns befähigt, den Sinn hinter den vermeintlich negativen Dingen zu erkennen. Das Unterbewusstsein erzeugt unsere Wirklichkeit. Damit ist nicht gemeint, dass es die Wirklichkeit ist, sondern dass es unsere Wirklichkeit darstellt, wie eine Skulptur oder ein Bild etwas darstellt. Es erschafft ein Abbild im Außen, von dem was wir im Innen denken, glauben und für wahr ansehen.
Hier passt folgendes Zitat von Anais Nin, der oft von Carl Gustav Jung, dem Begründer der analytischen Psychologie, zitiert wird sehr gut:
„Wir sehen die Welt nicht wie die Welt ist, sondern wie wir selbst sind."
Somit sollten wir uns ernsthaft fragen, wie wir uns selbst sehen, wenn wir solch eine Welt von Getrenntheit, Unfrieden, Zerstörung und

scheinbarem Mangel erschaffen haben. Sobald uns das wirklich klar wird, erkennen wir auch die Veränderungsmöglichkeiten, die in jedem einzelnen von uns liegen.

Missbrauch

Die Forschung und Erkundung des Gebietes der Gehirnforschung ist in den letzten Jahren durchaus fortgeschritten. Erkennbar wird dies daran, wie Werbemittel eingesetzt werden. Es ist bekannt, wie Teile unseres Unterbewusstseins ticken, auf welche Reize wir reagieren und welche Schlüsselwörter es braucht, damit ein Mensch positiv – im Sinne von „Ich kaufe" reagiert. Im Rahmen der Fehldefinition von Erfolg wird dieses Wissen jedoch missbraucht, um Profit zu machen. Missbrauch meint hier jedoch nicht das, was dieses Wort impliziert, sondern möchte auf die fehlende Basis der bedingungslosen göttlichen Liebe hinweisen. Wird der göttlich universelle Ursprung als Wert noch vor den Wert Profit gestellt, hätten wir ein überaus brauchbares Werkzeug, um Menschen positiv im Sinne von Frieden, Liebe und Ordnung – göttlicher Ordnung – zu beeinflussen. Es könnte ein Profit entstehen, der weit jenseits von Geld und Gütern steht und mit selbigen nicht bezahlbar ist.

Das Unterbewusstsein stellt die Repräsentations- und Schnittstelle sowohl zu unserem göttlichen Ursprung, wie auch zu den, durch unseren Erfolg und Misserfolg programmierten Fehlinterpretationen, die in Verletzungen mündeten und immer noch münden, dar. Vergleichbar ist dies mit dem Bild des goldenen Buddhas, der von einer dicken Lehmschicht gänzlich überzogen ist. Diese Schicht ist all das, was an Verletzungen und Fehlinterpretationen unser Leben lang einen Schutzpanzer um uns herum aufbaute. Ohne dass es uns bewusst gewesen wäre, haben wir uns durch unsere Definition von Erfolg von selbigem und wahrem Glück getrennt. Darunter sind wir, nach wie vor, das vollkommene göttliche Wesen, welches alle Informationen über seine Göttlichkeit inklusive dem Wissen um die göttlich universelle Ordnung und dem Bedürfnis, danach zu leben, in sich trägt. So wie ein Tropfen Wasser dieselbe Information und Struktur aufweist, wie das Meer aus dem er stammt, so weist jeder in sich das Wissen und die Struktur um die göttliche Herkunft und Ordnung auf.

Wandlung

Wenn diese Lehmkruste aus Missverständnissen erkannt wird, scheint mehr und mehr das Göttliche hindurch. Wenn wir das größte Missverständnis erkennen und Veränderung zulassen, dann kann in kürzester Zeit der Lehmpanzer weggesprengt werden, da im Grunde alles, was wir tun, gespeist ist aus der Sehnsucht nach Frieden, Gesundheit und Liebe – unserem wahren Ursprung.

Das Einzigartige an uns Menschen scheint zu sein, dass automatisch ein Bedürfnis beziehungsweise ein Verlangen entsteht, nach der göttlichen, uns alle innewohnenden Ordnung zu handeln, wenn mehr und mehr der alten Fehlinterpretationen, Missverständnisse und Verletzungen erkannt und hinter uns gelassen werden können. Dieses Bedürfnis entsteht, weil wir uns dann offensichtlich selbst erkennen und ausdrücken können.

Es wäre jedem ein Bedürfnis, nach den Spielregeln zu spielen, denn die Ethik unserer Seele gebietet uns dies. Hierbei handelt es sich jedoch nicht um die Spielregeln, die wir in millionenfacher Ausfertigung als Gesetze, Verordnungen und Gebote niedergeschrieben haben (diese könnten zum Großteil tatsächlich hinfällig werden), sondern um die in jedem verankerten universellen Spielregeln der göttlichen Ordnung, die uns im Grunde unseres Herzens ein Verhalten, wie wir es derzeit vorfinden, unmöglich oder nur unter starkem emotionalen Schmerz möglich machen. Wer sich seines wahren Selbst bewusst ist, kann nicht mehr ohne sich selbst emotionalen Schmerz zuzufügen, gegen diese universellen Regeln verstoßen.

Im Grunde könnten wir hier feststellen, dass wir nur noch nicht verstanden haben, warum dieser emotionale Schmerz, der so viele Menschen quält, besteht. Bisher war es uns nicht möglich diese göttliche Anbindung dauerhaft zu etablieren, weil wir uns selbst getrennt von unserem göttlichen Ursprung sahen und damit auch nicht die über das Unterbewusstsein erhaltenen Informationen brauchbar einsetzen konnten, um die göttliche Ordnung als solches zu erkennen und sie in uns wiederherzustellen. Wir haben schlicht die Spielregeln nicht erkannt und ein Spiel gespielt, von welchem wir keine Ahnung hatten. Eine Veränderung wäre jetzt möglich, wenn wir uns eingestehen könnten, dass wir einem großen Irrtum unterlegen sind – dem Irrtum, Erfolg auf der Basis von bedingter Liebe zu erschaffen.

Wir sind in der Lage, willentlich jedes gewünschte Ziel und jeden Plan, den wir in die Realität bringen wollen, in unserem Unterbewusstsein zu integrieren. Daher wäre es wünschenswert und weise, dies auf der Basis unseres wahren Ursprungs zu tun. Folgende Geschichte verdeutlicht die Macht dessen, was wir hier erörtern.

„Ich gehe eine Straße entlang. Da ist ein tiefes Loch. Ich falle hinein. Ich bin verloren. ... Ich bin ohne Hoffnung. Es ist nicht meine Schuld. Es dauert endlos, wieder hinauszukommen...

Ich gehe dieselbe Straße entlang. Da ist ein tiefes Loch. Ich falle wieder hinein. Ich kann nicht glauben, schon wieder am gleichen Ort zu sein. Aber es ist nicht meine Schuld. Immer noch dauert es sehr lange, herauszukommen...

Ich gehe dieselbe Straße entlang. Da ist ein tiefes Loch. Ich falle schon wieder hinein - aus Gewohnheit. Meine Augen sind offen. Ich weiß, wo ich bin. Es ist meine Verantwortung. Ich komme auch sofort wieder heraus...

Ich gehe dieselbe Straße entlang. Da ist ein tiefes Loch. Ich gehe darum herum...

Ich gehe eine andere Straße..."

Sogyal Rinpoche (Lehrer der Nyingma-Tradition des tibetischen Buddhismus)

Die Erkenntnis, dass wir uns selbst, Erfolg und alles, was damit zusammenhängt, unser ganzes Leben lang einfach nur missverstanden haben, könnte uns befähigen, innerhalb kürzester Zeit die sinnbildlich andere Straße zu wählen und das Spiel des Lebens mit den dazu gehörigen Spielregeln sinnvoll und zielführend zu spielen. Einer der wichtigsten Schritte, die wir dazu benötigen, ist das Vertrauen, dass dieses neue Verständnis von Erfolg tatsächlich Veränderung bringen kann. Was nützen Worte, Werkzeuge und Hilfen, wenn wir nicht das Vertrauen darauf haben, dass sie zutreffen und wirken?

Das Interessante ist, dass jeder der möchte selbst an sich ausprobieren kann, dass es wirkt. Mit jedem neuen Erfolg des Wiedererkennens und Rückerinnerns, wer wir wirklich sind, wachsen das Vertrauen und ein tief in uns wurzelndes Wissen um die Richtigkeit unseres Ursprungs. Somit wächst die Chance auf eine positive und nachhaltige Veränderung.

Unbewusstheit

„Ich wünsche mir mehr Erfolg", „Ich bin für mehr Frieden", „Ich freue mich über mehr Gleichberechtigung", „Ich möchte nur verstanden werden", „Ich möchte einfach nur glücklich sein". In abgewandelter Form finden wir solche Aussagen in allen möglichen Diskussionen zwischen Ehepartnern, Eltern und Kindern, in Firmen, in Gewerkschaften, in Politik, Religion und Wirtschaft. Wo liegt bei diesen Aussagen der Hauptfokus der Emotion? Oberflächlich betrachtet sehen diese Aussagen durchaus positiv aus. Wenn wir genauer hinsehen, könnten wir jedoch etwas Anderes erkennen. Der Antrieb dieser Aussagen ist Mangelorientiert: zu wenig Erfolg, zu wenig Friede, zu wenig Gleichberechtigung, zu wenig Verständnis, zu wenig Glück. Die Verantwortung wird irgendjemandem oder irgendetwas im Außen zugesprochen. Es fehlt eine konkrete Aussage darüber, was genau das Ziel ist und was notwendig ist, um dieses Ziel zu erreichen. Folglich ist das Umfeld gezwungen, alle möglichen Umstände zu zeigen, die z.B. den wenigen Frieden oder die zu geringe Gleichberechtigung, das „Nicht-verstanden-sein" oder Unglück darstellen. Wir werden dazu aufgefordert, zu differenzieren und zielgerichtet zu denken und zu handeln, da wir unbewusst alles dazu beitragen, die Situationen mit entsprechendem Mangel mitzukreieren. Das Umfeld kann erst bei der

Verwirklichung der Bedürfnisse helfend zur Seite stehen, wenn wir uns selbst besser kennen. Was wir in diesen Situationen als Negativ erleben, ist der Versuch des Umfeldes, auf unbewusste Botschaften unbewusst zu antworten. Solange uns nicht klar ist, wer wir wirklich sind und was wir wirklich wollen, wird es unserem Umfeld schwerfallen, uns so zu unterstützen, wie wir es uns wünschen. Wir drehen uns sozusagen im Kreis.

Unterbewusstsein und Emotionen

Emotionen sind wie der Atem Gottes, der allem was wir tun, Leben einhaucht.
Einige wichtige positive Emotionen sind: Liebe, Dankbarkeit, Vertrauen, Verlangen, Begeisterung, Hoffnung, Zärtlichkeit, usw. Je mehr wir diese Emotionen ins Leben integrieren, desto mehr wirken sie wie Magnete, die weitere positive Emotionen anziehen.
Die wichtigsten negativen Emotionen sind Angst, Hass, Wut, Eifersucht, Neid, usw. Angst ist der Gegenspieler der Liebe und entspringt ebenfalls der Liebe. Angst entspringt dem Missverständnis von bedingter Liebe im Vergleich zur bedingungslosen göttlichen Liebe, die keine Beantwortung in der Kindheit fand und fehlinterpretiert wurde. Angst zeigt uns im Grunde ganz klar und deutlich, welches Missverständnis unserer göttlichen Urwahrheit sich zwischen unserem wahren Ausdruck und dem Ausdruck, welchen wir „gezwungen" sind zu leben, gestellt hat.
Hass ist die stärkste Ausprägung der Angst und Ausdruck davon, dass die Liebe partout ihr Ziel des Begehrens oder Verlangens nicht finden kann. Der Selbstausdruck führt nicht zu dem ersehnten Ziel von gesehen, angenommen, anerkannt und geliebt werden.
Es ist zwar unmöglich, dass positive und negative Gefühle zur gleichen Zeit parallel den Geist erfüllen, jedoch ist es möglich, dass negative wie positive Gedanken zur gleichen Zeit vorhanden sind. Eine von beiden Emotionen führt und es ist unsere Entscheidung und Verantwortung, welchen Ausdruck wir wählen. Wählen wir das Erkennen unserer

Göttlichkeit und des Einsseins mit allem oder die Getrenntheit von „Gott" und Allem. Wählen wir Erfolg und alle daraus resultierenden Handlungen aus dem Verstehen oder Missverstehen heraus. Wählen wir Erfolg als etwas, was ein Resultat ist oder etwas was die Ursache ist? Die Ergebnisse könnten nicht unterschiedlicher sein.

Kontakt zur großen Wissensquelle

Dies ist im Grunde ganz einfach und doch so herausfordernd: Wir dürfen endlich einmal zuhören! Dieses Statement ist in den Büchern „Gespräche mit Gott" von Neale Donald Walsch ebenso zu finden, wie dass wir Gott oder die göttlich universelle Energie komplett missverstanden haben. Diese Quelle spricht die ganze Zeit schon mit uns, wir haben nur verlernt wie wir zuhören können.
Folgen wir der Stimme in uns und nicht den alten Stimmen der Prägung, die massenweise in allem, was uns umgibt, widerhallen, können wir mehr und mehr in die wahre Selbsterkenntnis kommen. Es wird Zeit diese Stimme genauer unter die Lupe zu nehmen.

Der 6. Sinn – die Intuition

Plötzliche Eingebungen, Gedankenblitze und Déjà-vu kennt jeder. Ein plötzliches Wissen um etwas, was wir eigentlich nicht zu wissen glauben, tritt ein, doch wir waren bisher kaum in der Lage, diesen Dingen einen Sinn beizumessen, außer, dass so manche Eingebung einen vor Schaden bewahrt hat, oder man vielleicht vorab wusste, wer jetzt gerade anruft, noch bevor wir abgenommen haben.

Steve Jobs drückte es in seiner Ansprache an der Stanford University folgendermaßen aus:

„Man kann die Punkte nicht verbinden, wenn man sie vor sich hat. Die Verbindung ergibt sich erst im Nachhinein. Man muss also darauf vertrauen, dass sich die Punkte irgendwann einmal zusammenfügen.

Man muss an etwas glauben - Intuition, Schicksal, Leben, Karma, was immer. Der Glaube, dass die Punkte sich irgendwann treffen gibt einem die Sicherheit, dem Herzen zu folgen, selbst wenn dieses einem weg von wohlbekannten Pfaden führt. Diese Haltung hat mich nie enttäuscht, sie hat mein Leben entscheidend geprägt."

Dies scheint jedoch nur die Spitze des Eisbergs zu sein. Stellen wir dem Leben konkrete Fragen, erhalten wir Antworten – unweigerlich – denn alles ist ja Erfolg, also kann das Leben nicht anders, als zu antworten. Die Frage ist nur, erkennen und verstehen wir die Antworten? Um diese Antworten wahrzunehmen, brauchen wir den 6. Sinn und die Fähigkeit zur kreativen Imagination und Vorstellungskraft, denn diese Antworten erscheinen wie „versteckt", da wir nicht gelernt haben, wie dieser Sinn einzusetzen ist. Die Art und Weise, zu sehen und zu hören, Dinge wahrzunehmen, Gegebenheiten zu erkennen und anzunehmen, Lösungen zu erkennen und zuzulassen scheint befremdlich. Die Antworten kommen in Form von Gefühlen, teilweise begleitet mit Bildern oder Filmen zu uns, die das innere Auge zeigt, wenn das Unterbewusstsein mit etwas in Berührung kommt, was unsere gesuchte Antwort enthält. Die Intuition – der Moment der Er- oder Ur-innerung, dass etwas im Zusammenhang mit dem eigenen Ursprung und dem eigenen Sinn der Existenz stehendes zeigt - kommuniziert über das Gefühl der sofortigen Rückverbindung zum allgegenwärtigen Energienetz. Dies empfinden wir dann als Liebe, Einssein, Vertrauen, Wissen und Verstehen. Hier zeigen sich massiv die Auswirkungen des Missverständnisses von „Alles IST eins". Wenn wirklich alles eins ist, dann sollten wir doch annehmen, dass Antworten nicht nur in Büchern, Filmen, Wissenschaft und Forschung zu finden sind, sondern auch in allem was uns umgibt. Dann scheint es durchaus nachvollziehbar, dass alles was jemals war, ist und sein wird, in irgendeiner Art und Weise dort draußen zu finden ist und zwar so, dass wir es auch verstehen können. Und hier schließt sich dann der Kreis zu „Die Frage ist nicht mit wem ich rede, sondern wer zuhört." Solange wir nicht daran glauben, dass wir über diese göttlich universelle Urenergie eins sind mit allem was existiert, werden wir nicht in den Genuss kommen können, die

Antworten „Gottes" zu hören, geschweige denn unser eigenes oder das Leben auf diesem Planeten an und für sich zu verstehen. Und damit sind wir bei: „Ihr habt mich alle missverstanden."

Doch dies könnte sich ändern, wenn wir wirklich beginnen zu glauben, was Shakespeare einst schon zum Ausdruck brachte, dass es nämlich viel mehr zwischen Himmel und Erde gibt, wie wir meinen.

Die Fähigkeit, unsere Intuition bzw. den 6. Sinn zu nutzen, wächst automatisch, je mehr wir Fehlinterpretationen und Fehldefinitionen und die damit verbundenen vermeintlichen Verletzungen hinter uns lassen können. Dies geht mit einer anderen, „höheren" Energie einher, die uns befähigt, die Information aus dem uns umgebenden normalen Kontext unseres Umfeldes und der Herausforderungen, in unseren inneren Seelen- und Erfahrungskontext zu übersetzen. Es ist, als ob wir aus einer Adlerperspektive völlig neue und übergeordnete Wahrnehmungsmöglichkeiten erhalten, unter deren Sichtweise ganz andere Zusammenhänge und damit Wege und Lösungen sichtbar und möglich werden.
Der Ausdruck des 6. Sinns bzw. der Verlinkung mit dem Universum, göttlichen oder grenzenlosem Geist, kann sich sehr vielschichtig in dem zeigen, was uns umgibt. Diese Fähigkeit verbindet uns mit dem alles umgebenden Energienetz, von dem alles und jeder ein Teil ist.

Beeinflussbarkeit des 6. Sinns

Die Intuition ist maßgeblich beeinflusst von dem, was wir Gewissen nennen. Unser Gewissen, wie wir es kennen, speist sich einerseits aus der Verbindung zu unserem göttlichen Kern und aus den Fehlinterpretationen unserer Prägung. Die Diskrepanz zwischen dem göttlichen Kern und den Fehlinterpretationen der Prägung erfahren wir als schlechtes Gewissen – innere Wahrheit von erfahrener bedingter Liebe und dem eigenen Sein zugrundeliegender bedingungsloser Liebe, sind noch nicht deckungsgleich.

Menschen, die Veränderungen brachten, besitzen alle eine wichtige Fertigkeit. Sie hören auf die Intuition und vertrauen den daraus resultierenden Ideen, welche sie durch beharrliches Tun im Außen umsetzen, egal wie oft Fehlschläge vorherrschen und andere Menschen diese für verrückt halten. Das Genie tritt mehr und mehr zu Tage, je mehr von den bisherigen – oft negativen – Lebenserfahrungen aufgelöst werden. Ideen, die aus schöpferischer Vorstellung entstehen sind viel zuverlässiger, da sie aus der einen großen Quelle, dem göttlichen Kern, der allem innewohnt, kommen.

Das Genie

Laut Wikipedia ist ein Genie (über das französische génie vom lateinischen genius, ursprüngl. „erzeugende Kraft", vgl. griechisch γίγνομαι „werden, entstehen", dann auch „persönlicher Schutzgott", später „Anlage, Begabung") eine Person mit überragend schöpferischer Geisteskraft („ein genialer Wissenschaftler", „ein genialer Künstler") oder auch besonders herausragenden Leistungen.

In dieser Definition erkennen wir wieder die erzeugende oder ursprüngliche Kraft, die unserem Erfolg innewohnen könnte, wenn wir ihn anders definieren. Es ist die Rede von WERDEN und ENTSTEHEN, ja sogar vom persönlichen Schutzgott. Die Definition wurde erst später, im Lauf der Zeit zu weniger gemacht, als sie eigentlich ist. Die Bezeichnung Anlage und Begabung impliziert, dass sie nur einigen Auserwählten zugänglich ist und von bestimmten Leistungen ausgeht. Eine Neuausrichtung dessen, was wir Erfolg nennen, würde uns automatisch in Verbindung mit der ursprünglichen Deutung von Genie bringen und uns gewahr werden lassen, dass wir alle die Anlage des Göttlichen und Unbegrenzten und somit des Genies in uns tragen. Diese Gabe liegt in jedem von uns. Es ist unsere ursprüngliche Kraft, die es zu entfalten gilt, da es heute, mehr als jemals zuvor, eines Genies bedarf, um unsere alltäglichen Konfliktsituationen und Herausforderungen mit völlig neuer Kreativität und positiven Emotionen anders zu meistern, als es uns bisher gelungen ist. Wenn wir den Mut und Willen haben, unsere Ängste hinter der Fehldefinition von Erfolg anzusehen und anzuerkennen, kann uns unsere Intuition über unser Genie zu unserer Wahrheit in uns selbst führen.

Dies kann dazu führen, dass wir unsere ureigensten Rückschlüsse ziehen und so neue Lösungen für uns selbst und die Herausforderungen dieser Zeit finden. Je öfter wir diese Fähigkeit nutzen, je mehr etabliert sie sich und wird zu einer Angewohnheit bzw. zu einem natürlichen Teil von uns. All unsere alltäglichen Sorgen und Probleme sind dann zwar Teil unseres Lebens, aber sie versperren uns durch die Angst nicht mehr die Sicht, daher wirken sie nicht mehr existenziell bedrohlich. Die wahre göttliche Verbindung kann dann weiterhin aktiv arbeiten, damit die Herausforderungen in einem neuen und anderen Zusammenhang gesehen und angegangen werden können.

Der Verstand ist das Werkzeug, der die bekannten Erfahrungen und das bekannte Wissen neu und holistisch zu einer vollkommen neuen Lösungsmöglichkeit zusammenführen kann, sofern er um das Wissen und die Erfahrung des ursprünglichen Seins, der bedingungslosen Liebe und dem daraus resultierenden Ansatz von Erfolg bereichert wird. Tatsächlich können alle großen Herausforderungen dieser Welt genau dadurch gelöst werden.

Je mehr Menschen sich ihres inneren Genies, sich selbst und damit ihrer Aufgabe hier auf dieser Erde bewusstwerden, desto effektiver können die Herausforderungen unserer derzeitigen Welt gelöst werden. Sie können auf eine Art und Weise gelöst werden, die wir jetzt noch nicht sehen, geschweige denn erahnen können. Diese Lösungen liegen jenseits der heutigen Erfahrungen und der damit verbundenen Lösungsansätze, die in unseren bisher unausgelasteten Hirnrealen zu finden sind.

Aktive Nutzung des Geniestreichs

Ein Genie konzentriert sich auf die mit der Herausforderung verbundenen, bekannten Aspekte. Es entsteht ein Bild im übertragenen Sinne, welches sich im Unterbewusstsein ansiedelt: Dieses Bild wird unterstrichen durch die klare Frage: Wie geht das?

Hier tritt das Retikuläre Aktivierungs-System des Gehirns in Kraft. Das RAS funktioniert wie eine Antenne, nimmt Reize wahr und alarmiert das Gehirn, aufmerksam zu werden. Es wird somit mit der „Lösungssuche" beauftragt und wirkt wie ein Radar, welches jetzt die eigene Realität nach Antworten und Puzzleteilen zur Herausforderung scannt. Wichtig bei diesem Prozess ist es, den Geist von der Konzentration auf die bisherigen Definitionen – in unserem Falle der Definition von Erfolg und wie wir gewohnt sind die Welt wahrzunehmen - zu lösen und freizulassen.

Wir dürfen uns selbst freilassen und lösen, um etwas vollkommen Anderes zu denken, wahrzunehmen und zu tun. Hier liegt die Chance des Umdenkens und der Veränderung.

Wenn wir bereit sind eine neue Grundannahme anzuerkennen, brauchen wir nur „warten" bis uns die Antworten in den Kopf springen. Diese Antworten sind bereits da, jedoch waren sie für uns noch nicht wahrnehmbar, weil die Erweiterung unseres Horizontes nicht gegeben war. Mit der Horizonterweiterung scannt unser Gehirn neu und anders und findet dementsprechend neue und andere Sichtweisen und Lösungsmöglichkeiten. Es kann während der Ausübung einer völlig alltäglichen Tätigkeit geschehen, dass wir plötzlich jenseits dieser Handlung die darin verborgene Lösung erkennen. Der Nobelpreisträger für Chemie, Kary Mullis beispielsweise, entdeckte das Prinzip der Polymerase-Kettenreaktion (PCR) nicht im Labor, sondern auf einer Autobahn in Nordkalifornien.

Die Ergebnisse können sofort oder auch verzögert auftreten, aber sie kommen umso mehr, je mehr wir unseren Alltag entschleunigen und bewusster und aufmerksamer durch selbigen gehen. Es sind oft Gedanken, die im normalen Kontext als „verrückt" angesehen werden, ähnlich wie die Ideen bekannter Genies, die zu Anfang oft verlacht oder gar bekämpft wurden.

Wenn wir jetzt um die Gegebenheiten eines Genies wissen, könnten wir uns das vielleicht sparen und direkt zur Unterstützung jedes

Menschen beitragen, der seinen Genius entdeckt hat, nach außen bringt und dabei das Wohl aller im Auge hat.

Meditation

Meditation ist ein sehr machtvolles Instrument der Zwiesprache mit dem großen allumfassenden Göttlichen/Geist/Universum in uns. Das Bewusstsein kommuniziert mit dem Unterbewusstsein und dadurch mit dem Überbewusstsein. Das Gebet dient im Grunde demselben Zweck, wobei dessen Nutzung oft etwas fehlgeleitet ist. Uns wurde beigebracht, erst wenn „Holland in Not" ist, dieses Instrument als den rettenden Strohhalm zu benutzen. ODER uns wurde beigebracht, ein völlig emotionsloses, vom Sinn des Lebens abgekoppeltes, vorgefertigtes Gebet nachzusprechen. Dabei geht die Wirkungsweise fast gänzlich verloren. Wenn aus der puren Angst und Verzweiflung heraus gebetet wird, kann es selten zu einer positiven Antwort kommen, außer derjenige löst sich von der Angst, ist voll im Vertrauen und kann das erwünschte Ergebnis schon fühlen. Hier trifft dann das Wort zu „Dein Glaube hat dir geholfen". Zumeist klammert sich die Angst vor Verlust jedoch an ein bestimmtes, festfixiertes und erhofftes Ergebnis, bzw. das schlimmstmögliche Ergebnis für diese Sache. Emotionslose Zwiesprache hingegen, in den Liturgien vorgefertigter Gebete, ist wie Schall und Rauch. Sie ist nicht beseelt.

Wenden wir dieses Instrument regelmäßig an, ist es ein wertvoller Helfer zur positiven Zielgestaltung. Dadurch können wir über unser Gefühl Antworten erhalten, die wir mit normalen Ohren nicht hören und mit unseren Augen selten sehen. Wenn das Herz sich mit den Augen und Ohren verbindet, beginnen wir, die Dinge jenseits ihres uns bekannten und definierten Rahmens zu erkennen.
Wenn wir uns dieser Kraft und uns selbst öffnen, werden wir in unserer Umgebung z. B. aus den Satzfetzen eines Anderen, der nichts mit uns zu tun hat, plötzlich die Antwort erkennen, auf die wir so sehnsüchtig gewartet haben. Genauso gut kann es sein, zur richtigen Zeit das

richtige Lied zu hören oder das richtige Buch oder auch nur einen entscheidenden Satz zu lesen. Selbst das Spiel unserer Kinder, der Blick auf ein Schild oder der Fund eines Steines kann eine Antwort liefern, wenn wir es mit anderen Augen sehen. Je mehr wir uns sensibilisieren, dass eine Antwort weit mehr ist, als das, was wir bisher über Gebet und Meditation wissen, je eher können wir dies auch wahrnehmen.
Wir können die Antworten verstehen - ganz automatisch. Es ist unser Geburtsrecht, so wahrzunehmen – das Leben selbst wird mehr und mehr zur Meditation, denn Meditation ist nichts, was wir tun, sondern ein Zustand des Seins in einer erhöhten göttlichen Präsenz und Wahrnehmung. Diese Kommunikation erfordert zu Anfang vor allem Vertrauen, Geduld, Beharrlichkeit und das Verlangen sowie erwähnte Verständigkeit um unseren wahren Ursprung.

Die innere Führung oder die Intuition ist die Verbindung zu allem was ist und dient als Kompassnadel, welche uns zu den Wundern des Lebens führt. Diese Energie liegt weit jenseits von dem, was Religion als göttliche Energie ansieht. Das Göttliche ist überall und zu jederzeit zu finden. Angst lässt uns nicht „zuhören", Liebe und Vertrauen schon. Das Maß unseres Vertrauens zeigt, in wie weit wir uns bereits an uns zurückerinnern. Vertrauen ist die Grundvoraussetzung zur Rückverbindung und der Möglichkeit, dass jeder von uns sein Genie dazu beitragen kann, damit diese Welt das Paradies sein kann, welche sie eigentlich schon immer war.

„Finde Dich selbst, sei dir selbst treu, lerne dich verstehen, folge DEINER Stimme, nur so kannst du das Höchste erreichen!"
Bettina v. Arnim - deutsche Schriftstellerin und bedeutende Vertreterin der deutschen Romantik

9. Selbsterkenntnis

Selbsterkenntnis ist ein unerlässlicher Bestandteil von Erfolg, da daraus immer wieder die nächstbessere Version von uns selbst und die daraus resultierenden Ergebnisse entstehen. Diese Version von uns selbst wird durch unsere Sichtweise von Erfolg maßgeblich beeinflusst. Selbsterkenntnis ist der erste Schritt zur Veränderung. Hierfür werden 4 wichtige Faktoren benötigt: Mut, Vertrauen, Offenheit und Ehrlichkeit.

Selbsterkenntnis erfordert Vertrauen uns selbst und anderen Menschen gegenüber, uns so zu zeigen, wie wir sind, damit wir die nächstbeste Version unseres Selbst werden können. Der Fortschritt der Selbsterkenntnis beruht auf dem Maß unseres Vertrauens in und dem Bewusstsein von uns selbst. Selbsterkenntnis und Selbstbewusstsein sind in ihrer Bedeutung nahezu identisch, werden jedoch in unserem Sprachgebrauch als völlig verschiedene Dinge angesehen. Dafür wird jedoch versucht, Selbstliebe in den Vordergrund zu rücken, die eigentlich Selbstbewusstsein ist, was automatisch Liebe und somit auch Selbstliebe nach sich zieht. Selbsterkenntnis meint wohl eher, sich selbst als göttlich universelles Wesen voll und ganz zu erkennen und anzuerkennen. Und Selbstbewusstsein zeigt auf wohl eher auf, wie und in wie weit wir danach leben.

Selbstbewusstsein

Laut Wikipedia ist Selbstbewusstsein allgemein als „das Überzeugt Sein von seinen Fähigkeiten, von seinem Wert als Person, das sich besonders in selbstsicherem Auftreten ausdrückt" definiert. Umgangssprachlich wird Selbstbewusstsein meist als positives Wertgefühl einer Person oder Gruppe in einem sozialen Wertkontext verstanden. Es wird demnach oft synonym verwendet für den Begriff Selbstwert. Ein hoher Selbstwert gilt demnach als großes Selbstbewusstsein oder Arroganz.

Selbstbewusstsein ist immer auf einen Werthorizont und – in anerkennender oder nicht anerkennender Weise – eine wertende Umgebung bezogen: Im ersten Fall wird das Selbstbewusstsein durch Eigenschaften und Fähigkeiten bestimmt, die den jeweils allgemein geltenden Wertvorstellungen in mehr oder minderer Weise entsprechen; selbstbewusst ist, wer sich im Hinblick auf diese anerkannt fühlt. ***Selbstbewusstsein meint hier ein für gewöhnlich vorkritisches soziales Selbstwertgefühl, das man hat oder nicht und das durch Aneignen sozial erwünschter Eigenschaften (wie Kollektivbewusstsein, Selbstbestimmung und Eigenverantwortlichkeit) oder Fähigkeiten gesteigert, oder im Fall des Misslingens, verringert werden kann.*** *Als in besonderem Maße selbstbewusst gilt aber auch gerade derjenige, der sich als Individuum der wertkonformen Gruppe gegenüberstellt.*

Diese Definition aus Wikipedia zeigt uns die Diskrepanz von Selbstbewusstsein, sowie Selbsterkenntnis und dem wahren göttlich universellen Ursprung auf.

Der tiefere Sinn

Selbstbewusstsein, wie wir es kennen, und welches im ersten Teil der Definition beschrieben ist, begründet sich auf unsere Fehlinterpretation von Erfolg. Selbstbewusstsein wurde missverstanden, beinhaltet unsere bisherige Definition lediglich seine Stärken und Schwächen zu kennen und nach Möglichkeit positiv ergebnisorientiert zu handeln. Selbstbewusstsein ist jedoch wörtlich genommen, wenn wir uns unseres eigenen wahren Ursprungs der göttlich universellen Herkunft bewusst sind und das, in dem was wir tun zum Ausdruck bringen. Mit diesem Bewusstsein wird ersichtlich, dass hinter den vermeintlichen Schwächen lediglich noch unerkannte Potentiale schlummern, die allein durch die Bewusstheit mehr und mehr deutlich werden. Im fettkursivgeschriebenen Teil erkennen wir den Ansatz unserer neuen Definition von Erfolg, welcher mit einem völlig neuen Kollektivbewusstsein, der wirklichen Selbstbestimmung und echter Eigenverantwortung einhergeht. Wenn Menschen sich ihrer selbst wirklich bewusst und somit mit ihrem göttlichen oder universellen Kern verbunden sind, können sie nicht anders, als sich sozial verhalten. Dieses Sozialverhalten geht weit über das hinaus, was wir bisher auf diesem Planeten leben, da wir immer noch stark unterscheiden, wer überhaupt wieviel unserer Sozialität verdient hat. Das neue Sozialverhalten ist so tief im eigenen Inneren verwurzelt, dass es wie Selbstverletzung anmuten würde, gegen die Umwelt, gegen andere Menschen, gegen Tiere, gegen ökonomische Prinzipien und gegen sich selbst, zugunsten des materiellen Erfolgs zu handeln. In jedem von uns steckt eine Instanz, die dies bedingt, die Ethik der Seele. Diese Instanz ist unser Messinstrument, welches anzeigt, ob etwas im Einklang mit der göttlich-universellen Ordnung steht oder nicht. Dies zeigt sich uns durch unsere Gefühle. Wir haben es nur nicht verstanden.

Folgen

Wären wir Menschen unserer universellen, göttlichen Wurzeln tatsächlich voll und ganz bewusst, könnten wir unsere eigene Macht, aber in unseren Zeiten vor allem unsere eigene Verantwortung erkennen. Ein Drang, die Welt verändern zu wollen würde entstehen, weil wir emotionaler Schmerz über den Zustand von uns und dieser Welt verspüren. Viele scheinen in der Vorstufe der eigenen Entwicklung und auf dem Weg zur Selbsterkenntnis steckenzubleiben, da wir nicht verstehen, was uns wirklich so schmerzt. Wir leiden zunehmend mehr unter Depressionen, wählen zu immer größerer Anzahl den Suizid oder arbeiten uns in einen Burnout.

Eine erweiterte Definition von Erfolg hätte zur Folge, dass wir uns unserer selbst und unserer emotionalen Schmerzen, Depressionen und die mit dem Burnout einhergehenden Ängste ganz anders bewusst wären, was wiederum zur Folge hätte, dass der Kontakt über unser Innerstes mit der universellen Ordnung uns von alleine dazu befähigt, die Missstände wirklich verändern zu wollen und auch zu können.
Wir bräuchten bei wirklicher Bewusstheit und Selbsterkenntnis über unsere wahren Wurzeln und unsere Potentiale weder diese stetig

steigende Masse an Gesetzestexten, noch Militär und Polizei. Wir bräuchten keine Demonstrationen für den Umweltschutz und müssten uns auch nicht mehr darum sorgen, dass unsere Nahrung immer ungesünder wird, denn wir würden es nicht mehr zulassen, dass diese Rahmenbedingungen – die wir selbst machen - überhaupt entstehen.

Der Einklang mit allem was existiert, scheint das tiefliegende Bedürfnis einer erwachten und sich selbst voll und ganz bewussten Seele und in der Summe das Bedürfnis des Kollektivs dieser Seelen zu sein. Dieser Mensch will über das eigene Sein das zum Ausdruck bringen, was er wirklich ist und fügt sich automatisch selbst Schmerz zu, wenn er gegen die eigene innere universelle und göttliche Natur handelt.

Selbstbewusste Menschen tun das, was notwendig ist, da wo es notwendig ist und dann, wenn es notwendig ist um diese Welt zu dem zu machen, was sie schon immer war – ein Paradies.

Wir können uns entscheiden, ob wir uns als Menschheit nun weiter gegen unsere wahre Natur stemmen und weiterhin all diesen Schmerz und all das Leid hervorrufen und ertragen wollen, welches wir uns tagtäglich selbst produzieren, oder ob wir bereit sind, uns selbst als göttlich universelles mit allem verbundenen Wesen zu erkennen, damit wir unsere Verantwortung annehmen können, um wirkliche Veränderung herbeizuführen.

Es braucht weder Krieg noch mehr Geld für diese Veränderung. Wir brauchen nur die Bereitschaft, das in Frage zu stellen, was wir schon immer als richtig angesehen. Wenn wir Erfolg neu und im universellen Sinn definieren könnten, ermächtigen wir uns jeder für sich und alle zusammen, diese Welt innerhalb kürzester Zeit zu verändern. Wir haben alle Mittel dies zu tun.

Beurteile ständig, verurteile nie

Selbsterkenntnis und Selbstanalyse ist wie eine akribische Detektivarbeit, bei der wir unsere ganze Wahrheit finden. Es ist gut möglich, dass wir auf Anteile stoßen, deren vordergründige Wahrheit uns peinlich ist. Es wird Anteile geben, da werden wir vor uns stehen mit den Worten: „Oh mein Gott, wie konnten wir nur so denken, sprechen oder handeln ohne das zu erkennen?!" – Egal – lass uns weiterschauen. Erkennen wir diese unbequemen Anteile als unsere an, ermächtigen wir uns damit selbst. Wir erkennen die Fehlinterpretation des Alten und können endlich das vergessene Potential dahinter nach Hause holen.

Wir sind Jury und Richter gleichzeitig. Wir drehen und wenden so, dass wir uns von allen Seiten betrachten – als Kläger und Angeklagter, als Rechtsanwalt und Verteidiger – doch immer ohne SELBSTVERURTEILUNG. Hier geht es nicht um Verurteilung, sondern um die BEURTEILUNG, ob Denken, Fühlen, Tun und Sprechen im Einklang mit unserem wahren göttlich universellen SEIN stehen. Wir lernen zu beurteilen, ob das was in uns vonstattengeht, uns selbst und allem um uns herum dient.
Es geht nicht darum, das URTEILEN aufzugeben, sondern aus Verurteilung eine Beurteilung zu machen. Verurteilung bedeutet, sich von dem Ur-Teil des göttlich universellen Kerns in allem zu distanzieren oder zu trennen. Beurteilung hingegen erkennt das Ur-Teil in allem, was ist und bleibt, oder tritt damit neu in Beziehung. Wir trennen uns dann höchstens von Angewohnheiten, die nicht in Übereinstimmung mit unserem göttlich universellen Kern sind.
Beurteilen ist ein Vorgang, der auf einem neutralen Boden das Zulassen und Ansehen verschiedener Blickwinkel erlaubt und durch die innere Resonanz der Intuition das eigene neue Update möglich macht. Die verschiedenen Ansichten ermöglichen ein immer tieferes Verständnis über das Menschsein und die Muster des Denkens, Fühlens, Sprechens und Handelns. Sie eröffnen die Tiefe der Wahrnehmung, der Verbindung aller Dinge untereinander und miteinander und eröffnen

damit die Tür zur göttlich universellen Wahrheit. Dieses Verständnis könnte die fehlende Grundlage von Veränderung sein. Es lässt uns in uns selbst und im Gegenüber die Angst erkennen, die uns daran hindert, eine bessere Entscheidung zum Wohle von uns selbst und zum Wohle des gesamten Umfeldes zu treffen.

Wer seine Ängste mehr und mehr gelöst hat, dem wird es immer leichter fallen, diese Ängste beim Anderen zu erkennen und in Güte und Verständnis darauf zu blicken und dementsprechend zu reagieren. Wir werden dann zum Vorbild und lassen die göttliche Energie, unser Licht aus uns selbst heraus scheinen. Je tiefer wir in unser eigenes SELBST-VERSTÄNDNIS eintauchen, desto mehr schöpfen wir aus der Fülle und dem Reichtum in uns selbst. Unsere Ängste halten uns von dieser Fülle und diesem Reichtum ab, genauso wie die Menschen in unserem Umfeld auch.

Das Gesetz der Ökonomie

Es ist die Instanz, der sich keiner entziehen kann. Wie ein unsichtbares Auge oder eine Jury gleicht diese Instanz aus. Jeder wird entlohnt, der etwas Sinnvolles tut. Das Leben ist jedoch unbarmherzig, wenn wir Fülle und Liebe haben wollen, ohne Fülle und Liebe zu geben.

Es ist wirklich an der Zeit, dass wir dem materiellen Erfolg den wahren Lebenssinn vorschalten, damit wir alle gemeinsam zum Ausdruck bringen können, wer wir wirklich sind und die Harmonie und Fülle von innerem Reichtum im Verein mit äußerem Reichtum zu erfahren. Erfolg, wie wir ihn bisher gelebt haben, ist nicht falsch, sondern scheint einfach nur ein kleiner Teil der ganzen Wahrheit über unsere ursprüngliche Existenz und damit über unser wirkliches Potential zu sein. Es fehlte einfach nur etwas. Wenn wir unser Denken über Erfolg updaten könnten, dann wären wir in der Lage, tatsächlich ein Paradies zu erschaffen.

Das wäre wirkliche Selbsterkenntnis und das größte Geschenk, das wir uns selbst machen könnten.

10. Entschlossenheit

Ohne Entschlossenheit ist Erfolg, egal ob mit alter oder neuer Definition und Interpretation, nicht möglich. Wir wenden dieses Merkmal tagtäglich tausende Male an, und zwar für all die Dinge, die wir unbewusst, wie auch bewusst, als Wahrheit anerkannt haben. Wir treffen automatisch auf dieser Basis tagtäglich all unsere Entscheidungen. Und ein Teil in uns vertritt mit großer Entschlossenheit die veralteten, nicht reflektierten Vorgaben und Ziele unserer Gesellschaft. Wir haben vergessen, dass wir einmal, mangels Unverständnisses unseres gesamten Umfeldes hinsichtlich unseres wahren Ursprungs, unbewusst Ziele gesetzt haben. Angst vor Verlust von Liebe, Anerkennung, Gemeinschaft, körperlicher Unversehrtheit, usw. führten zu diesen heute nicht mehr dienlichen Zielen, die jedoch weiterhin Einfluss auf alle unsere täglichen Entscheidungen haben.

Auswirkungen

Mit großer Entschlossenheit werden heute Wege verfolgt, die aus viel Profit immer noch mehr Profit machen. Mit genauso großer Entschlossenheit wird dabei darüber hinweggegangen, dass sowohl Umwelt wie auch Menschen dadurch Schaden nehmen. Mit beängstigender Entschlossenheit wendet der Einzelne seine maximal zu mobilisierenden Kräfte auf, um einen Teil des Kuchens abzubekommen, wobei Freizeit, Gesundheit und Familienleben oft auf der Strecke bleiben. Mit großer Entschlossenheit versuchen wir unseren Kindern ein Leben zu gönnen, welches diese immer unzufriedener, reizbarer und schwerer führbar werden lässt. Ein Leben welches uns doch bereits nicht wirklich dient. Mit wohlwollender Entschlossenheit werden Millionengelder von diversen Jahresetats am Ende jeden Kalenderjahres sinnlos ausgegeben, weil sonst im nächsten Jahr nicht wieder derselbe Etat erhalten werden kann. Mit fragwürdiger Entschlossenheit werden tagtäglich Unmengen an Lebensmitteln vernichtet, während anderswo

Menschen Reste aus dem Müll heraussuchen oder gar verhungern, nur weil unsere Gesetze, Verordnungen und Vorgaben besagen, dass es menschenunwürdig ist, abgelaufene Lebensmittel zu nutzen, bzw. es zu teuer ist, die Lebensmittel dorthin zu bringen, wo sie benötigt werden. Oder sie kommen erst gar nicht dort an, wo sie wirklich gebraucht werden. Wo kein Wille ist, da ist auch kein Weg. Wir sehen hier einige Beispiele von Ressourcenvernichtung par excellence. Wir erkennen an all diesen scheinbar zusammenhanglosen Ergebnissen, von dem was wir Erfolg nennen, dass unser Denken unsere Menschlichkeit, die in der göttlich universellen Natur liegt, immer wieder verschließt. Buchstaben auf Papier sind mächtiger geworden, wie wir Menschen, die sie dort niedergeschrieben haben und verhindern damit jene Menschlichkeit.

Unsere unbewussten Mangelziele bestehen so lange weiter, bis wir uns ansehen, wie wir uns verhalten und warum. Wir können heute neu entscheiden. Unsere tagtäglichen Gedanken, Handlungen und unser Sprechen zeigen uns, was uns von Liebe, Frieden und Erfüllung trennt. Wir leben unser Heute unbewusst und beurteilen vieles unter dem Blickwinkel der Vergangenheit unseres menschlichen Lebens und der menschlichen Geschichte. Unser Jetzt ist ein Spiegel dessen, was war. Und genau hierin liegt unsere Chance. Wenn wir heute leben und unsere ganzen Beurteilungen aus dem bewussten Blickwinkel unserer ewigen göttlich-universellen „Vergangenheit" treffen, dann kann unser JETZT ebenfalls ein Spiegel dessen darstellen, was war. Nur das dieses nun das Paradies und nicht mehr die Hölle auf Erden wäre. Wir sollten uns zukünftig vielleicht einer dienlicheren Vergangenheit bedienen.
Entschlossenheit ist das Herrchen des inneren Schweinehundes. Gelingt es diesen an die Leine zu nehmen, haben wir etwas Wichtiges auf dem Weg zum Erfolg geschafft. Entschlossenheit hat das Merkmal, dass wir bei klarem Ziel, sehr schnell und sehr nachdrücklich entscheiden. Klare Entscheidungen wiederum sind Grundvoraussetzung für mehr Erfolg im Leben. Bisher stand als klares Ziel für Erfolg der Profit im Zentrum, was uns eine Welt kreieren ließ, die mit großer Entschlusskraft immer weiteren Fortschritt erschafft, während zeitgleich sozial und

ökonomisch weitere Rückschritte stattfinden. Es ist bisher, als ob sich zwei Ausschließlichkeiten gegenseitig bedingen. Dieser Fortschritt ist wichtig und richtig und wenn wir wollen, dürfen wir jetzt erkennen, dass soziale, spirituelle wie auch umweltbedingte Parameter darüber nicht ausgeschlossen werden müssen, sondern im Gegenteil, ganzheitlichen Profit bringen können, wenn wir diese Parameter in den Vordergrund stellen. Wenn wir mit der neuen Definition von Erfolg als klares Ziel Liebe, Fülle, Vertrauen, Gesundheit und Friede sowie bestmögliches Ergebnis für alle ins Zentrum von Erfolg stellen, kann mit derselben Entschlusskraft ein völlig neuer Weg mit neuen vorrangigen Zielen erschaffen werden, bei dem Profit eine neue Bedeutung bekommt, aber sicherlich nicht zu kurz kommt. Es ist lediglich sehr wahrscheinlich, dass wir Profit in anderen Dingen außerhalb von materiellem Reichtum ebenfalls erkennen, erhalten und vor allem auch genießen.

Eine klare Entscheidung

Klare Entscheidungen sind gekennzeichnet dadurch, dass sie nur langsam wieder verändert, bzw. angeglichen werden. Das können wir sehr gut an den derzeitigen Debatten um Umweltschutz, Menschenrechte und dem Ringen um Wirtschaftswachstum zu Lasten von diversen Faktoren erkennen. Unsere seit jeher bestehende Fehlinterpretation von Erfolg macht es nur sehr schwer möglich Veränderung zuzulassen, weil der Wahrnehmungsradius, der dies vereinfachen könnte, bisher nicht gegeben war. Das klare Ziel von Sicherheit und Überleben über „Erfolg des Stärkeren" ist als Weltanschauung so tief verankert, dass wir es bisher kaum in Erwägung gezogen haben, dass es einen Weg geben könnte, der nicht nur das Überleben gewährleistet, sondern Leben in Fülle möglich macht.
Rückschau der aktuellen Ziele, neue Ziele setzen, Planung und Umsetzung der Planung sind wichtige Bestandteile für größere Klarheit. Diese Werkzeuge haben wir bisher gerade im großen Gesamtkontext von Wirtschaft und Politik zwar angewendet, jedoch ohne wirklich zufriedenstellende Ergebnisse zu erzielen. Stattdessen mutet es an,

als ob die Menschheit sich immer und immer wieder mit ihren Herausforderungen im Kreise dreht. Die Ergebnisse der Anwendung dieser Werkzeuge und Schritte könnten deutlich anders ausfallen. Diese neu gewonnene Klarheit ließe uns entschlossener in jeder Hinsicht handeln. Dieser Vorgang gilt für jeden Einzelnen im alltäglichen Umgang mit den eigenen Herausforderungen genauso, wie für die alltäglichen Großherausforderungen dieser Welt. Denn der Einzelne kann nur bedingt seinen inneren Frieden finden, wenn im äußeren Umfeld die Entsprechung einfach nicht zu finden ist. Wir alle spüren mehr und mehr, dass etwas nicht stimmt. Menschen wachen auf und fühlen ihre wahren Wurzeln und wollen diese auch leben. Die äußeren Umstände wollen uns zeigen, was in uns los ist und wie wir mit uns umgehen. Sie zeigen, was verändert werden kann und sollte.

Wenn Zweifel auftreten, ist Entschlossenheit unabdingbar. In herausfordernden Situationen oder, wenn wir alten Angewohnheiten trotzen müssen, braucht es große Entschlossenheit. Es braucht umso mehr Entschlossenheit, je öfter wir über eine eigene Grenze gegangen sind. Hierbei summieren sich gefühlt die Energiepotentiale der alten Angewohnheiten, sodass wir es immer schwerer schaffen, die neuen Angewohnheiten zu leben, sofern wir nicht den kleinsten gemeinsamen Nenner ausfindig machen. Erkennen wir die Einbahnstraße, bzw. das Loch, in welches wir wieder fallen könnten, braucht es in dem Moment viel Entschlusskraft, jetzt anders zu handeln. Erkennen wir die Wand, vor die wir wieder laufen, braucht es unsere ganze Entschlusskraft, innezuhalten und uns selbst zu stoppen. Diese sinnbildliche Wand und dieses sinnbildliche Loch sind in den heutigen Tagen sehr gegenwärtig und wir erkennen sehr klar, wie schwer es uns fällt andere, neue Wege zu gehen. Dies erfahren wir jeden Tag aufs Neue mit uns selbst, mit unserem Umfeld und auch im großen Gesamten.

Entscheidungshilfe

Wenn wir viel Misserfolg in unserem Leben vorfinden, ist es wichtig zu entscheiden, welchen Stimmen wir trauen und welchen nicht. Wann ist es ratsam auf Andere zu hören und wann nicht? Wann ist es eher ratsam auf sich selbst zu hören und wann nicht?

Oft wurde erlernt, dass Dinge schlechter sind, als sie scheinen. Dies kommt daher, dass wir als Kind allzu oft sanktioniert und begrenzt wurden, obwohl wir lediglich unsere Art von Ausdruck des Lebens leben wollten. Dies macht uns kleiner und weniger und die Dinge schlechter als sie sind. Nicht gelebte Potentiale waren und sind an der Tagesordnung, weil sie nicht in den Rahmen passen, den unsere Weltsicht vorgibt.
Interessanterweise werden heute Gott sei Dank mehr und mehr dieser nicht gelebten Fähigkeiten über die quantenphysikalischen Forschungen sowie die Hirnforschung belegt. Es mehren sich die Aussagen von Menschen, die „übersinnliche" Erfahrungen machten und immer noch machen. Früher wären wir dafür auf dem Scheiterhaufen gelandet. Heute macht es lediglich das Zusammenleben mit dem bisherigen Umfeld schwieriger, da die Menschen, die uns umgeben einem nicht wirklich glauben können und wollen, wenn sie selbst diese Wahrnehmungserweiterungen und diese Fähigkeiten nicht kennen. Oft wird mit großer Entschlossenheit gegen das Neue und für das Alte vorgegangen. Hier ist es ratsam, auf die eigene Stimme zu hören. Es kann aber auch sein, dass wir uns selbst klein halten und wir in ein Umfeld kommen, welches uns eine Qualität zuspricht, von der wir bisher nichts wahrgenommen haben oder nicht daran glauben, weil das bisherige Umfeld uns das entweder nicht widerspiegelte oder wir sogar dafür ausgegrenzt wurden. Hier ist es ratsam, den neuen Stimmen der anderen durchaus Gehör zu schenken. Das neue Umfeld nimmt etwas wahr, was wir selbst nicht sehen oder es vielleicht als selbstverständlich oder gar negativ erachten.
Kritik will uns ebenfalls etwas zeigen, was wir selbst nicht sehen können

oder wollen. Durch die Art und Weise, wie wir Kritik üben, ist dies oft jedoch nicht zu erkennen. Unsere Umgebung weist mit Kritik entweder auf einen äußeren oder inneren Missstand hin. Es kann tatsächlich sein, dass unser WIE einer von Grund auf guten Intention unbewusst nicht in Ordnung ist. Somit weist uns die Situation auf innere Missstände im Sinne von fehlenden Updates zur eigenen göttlichen Wahrheit hin. Sie sind somit Spiegel dessen, wie wir mit uns selbst verfahren. Sowohl innere Wahrheit und die damit verbundenen äußeren Umstände gilt es anzusehen und mit Entschlossenheit zu verändern.

Wisse was du willst

Um die richtige Entscheidung zu treffen, ist es wichtig zu wissen, was wir wirklich wollen und wie wir das erreichen wollen. Wenn wir wissen, was wir wirklich wollen, schließen sich dadurch gewisse Denk-, Sprech- und Verhaltensweisen aus, woraus sich unsere Schritte der Veränderung ergeben. Ein gutes Beispiel für Entschlossenheit zeigen uns Kinder. Ein Kind das unbedingt etwas will, setzt so ziemlich alle Mittel ein, die ihm zu Verfügung stehen. Es ist entschlossen sein Ziel zu erreichen. Es hat ein klares Ziel und es hat eine Palette an Möglichkeiten, die es ergreift. Diese Maßnahmen steigern sich oft im Verlauf. Oder aber das Kind weiß schon sehr genau, welche Maßnahme am besten fruchtet. Je nachdem, wie oft es schon eine Situation erlebt hat und daraus Erfahrungen gesammelt hat, macht es unbewusst genau diesen Kreislauf durch: Erfahrung – Rückschau – Überdenken – neue Ziele – Handlung – Erfahrung – usw.... Solange wir uns über unseren göttlichen Kern und somit über holistischen Erfolg so unbewusst sind, agieren wir wie unsere Kinder, die einfach nur deutlich ungefilterter unsere Handlungsweisen zur Schau tragen. Wir setzen so ziemlich jedes Mittel ein, um das zu erfahren, was wir bisher als erfolgreich betrachtet haben, ohne dabei wirklich die negativen Konsequenzen zu berücksichtigen.

Wichtige Voraussetzungen von Entschlossenheit sind **aktives Zuhören, erhöhte Wahrnehmung, Übersicht über die Dinge, die um uns herum geschehen, das Schweigen und Reden zur rechten Zeit sowie das Sammeln und Auswerten von Informationen und entschlossenes Handeln, im besten Sinn für unsere Ziele.** Dies hat kaum einer von uns wirklich erfahren und selbst gelernt, da unsere Wahrnehmung von Erfolg uns in ein Hamsterrad laufen ließ, welchem diese Dinge bisher entgegenzustehen scheinen. Gehen wir die fünf Punkte einmal durch. Aktives Zuhören bedarf der Fähigkeit, ganz bei dem, der spricht zu sein, ohne dass die eigenen Erfahrungen und Gedanken mit einem schon wieder davon galoppieren. Dazu benötigen wir Zeit, die immer rarer zu werden scheint, bei all dem was um uns herum geschieht. Eine erhöhte Wahrnehmung ist heute zwar immer mehr Menschen möglich, doch sind wir in dieser Hinsicht noch wie ein Entwicklungsland. Die Übersicht über die Dinge, die uns umgeben, wird sehr erschwert, indem nicht wirklich klar ist, inwieweit Medien wirklich das berichten, was tatsächlich geschieht oder inwieweit sie zugunsten der weltpolitischen Erfolgsausrichtung manipuliert sind. Ähnlich verhält es sich mit den Marketing-Strategien in der Wirtschaft. Oft scheint uns nur ein Teil der Wahrheit präsentiert zu werden, was ermöglicht, dass die Fäden von Erfolg und Profit weiter und noch intensiver unsichtbar gesponnen werden.

Schweigen und Reden zur rechten Zeit ist eine große Herausforderung für uns alle, da vermutlich viele in ihren eigenen vier Wänden und an Stammtischen über all diese Unstimmigkeiten diskutieren, jedoch an den entsprechenden Stellen geschwiegen wird. Diese Punkte nehmen mehr und mehr Raum in unserem Alltag ein, was uns zeigt, dass sich unser eigentlicher göttlich universeller Kern immer mehr outet. Wenn wir uns jetzt ein neues Ziel erlauben, indem unsere bisherigen Ziele einfach nur einen anderen Stellenwert erhalten, dann können wir mit großer Entschlossenheit diese Welt zugunsten von Frieden, Liebe und Leben, wie es uns dienlich ist, verändern.

Alles auf eine Karte

Große Veränderungen bedürfen oft großer Entscheidungen. Große Entscheidungen bedürfen viel Mutes. Die Bereitschaft, alles auf eine Karte zu setzen, ist ein Merkmal von großer Entschlossenheit. Große Entschlossenheit kommt durchaus auch aus dem verzweifelten Versuch, ENDLICH etwas zu verändern, weil einem unbewusst klar ist, dass es sonst auf die eine oder andere Art und Weise zu spät dafür ist. Ein äußerst negatives Beispiel für diese Art von Entschlossenheit sind Selbstmord-Attentäter.
Sie setzten alles auf eine Karte. Sie beenden ihr Leben und das vieler anderer aus dem Irrglauben heraus, so den Himmel für sich zu erhalten. Wir können den Himmel auf Erden erfahren und müssen dafür weder morden, ausbeuten noch sonst irgendetwas von dem tun, von dem wir denken, wir müssten es tun, um entweder physisch oder seelisch zu überleben.

Hinter einer großen Vision steht ein starkes Bild. Ein starkes Bild bringt Vertrauen mit sich. Vertrauen in sich selbst und in das Leben bergen die Möglichkeit, alle Probleme, denen wir uns gegenübersehen, zu lösen. Dadurch erschaffen wir echten Wohlstand. Wahrer innerer und äußerer Reichtum entspringt der Gesamtheit all unserer Anteile. Diese Anteile geben sich uns über unsere Angewohnheiten zu erkennen. Unsere bisher negativen Angewohnheiten laden uns ein, sie mit großer Entschlossenheit nach Hause zu holen. Sie laden uns ein, sie als das zu erkennen, wofür sie wirklich gedacht sind. Die Macht, die uns uneingeschränktes Vertrauen in uns selbst verschafft, ist die Vernetzung unser inneren Anteile zu einer Einheit, die in unserem Sinne agiert – der göttlichen Erfahrung, mit allem eins zu sein. Wahre Freiheit und Unabhängigkeit geht mit der Erkenntnis einher, dass wir alle mit allem verbunden, dadurch von allem abhängig und somit für alles verantwortlich sind.

Freier Wille

Wir können uns entscheiden, ob wir weiterhin im Mangel-Denken leben wollen, welches unsere Fehlinterpretation von Erfolg unbewusst mit sich bringt. Dies bedeutet einfach, dass wir nicht all unsere inneren Anteile zu uns zurückholen und somit unseren göttlich universellen Ursprung nicht bewusst wahrnehmen und schon gar nicht leben. ODER wir können uns dafür entscheiden, in das Fülle-Denken einzutreten. Dies wiederum bedeutet, dass wir alle unsere inneren Anteile wieder zu uns zurückholen und in unsere göttlich universelle Einheit zurückkehren. Wir sind aufgerufen, uns für die innere Einheit und das Göttliche in uns zu entscheiden, damit wir hier auf dieser Erde endlich das demonstrieren können, wozu wir hierhergekommen sind.
Wahre Selbstbestimmung und Freiheit sind die Folge und echte, ursprüngliche und bedingungslose Liebe gehen damit einher. Wir leben dann uns selbst und bringen unseren Beitrag in dieser Welt ein.

Wunder

Wenn wir auf ein Wunder warten, gibt es Hoffnung, denn sobald wir unser Handeln entschlossen mit einer neuen Wahrnehmung umsetzen, werden mehr und mehr Wunder in unser Leben treten. Wenn wir uns ganz und gar selbst lieben und anerkennen, werden wir selbst zu dem Wunder, als was wir geboren wurden. Sich selbst lieben bedeutet in letzter Konsequenz, das gesamtgöttliche universelle Paket in uns selbst anzuerkennen und zu leben. Das Wunder ist das natürliche Ergebnis der Anwendung unserer Natürlichkeit und unseres Ursprungs. Uns stehen diese Wunder zur Verfügung, wenn wir das Vertrauen und den Mut aufbringen, die universellen Gesetzmäßigkeiten, von denen jeder einzelne ein Teil ist, zu leben und anzuwenden. Dies ist nur der Anfang von etwas, was wir bisher lediglich erahnen können. Unsere Entschlossenheit kann uns diese Tore zu unserer wahren Natur öffnen, damit wir der Erfolg werden können, als der wir von Anfang an gedacht waren.

11. Beharrlichkeit

Beharrlichkeit ist die ununterbrochene Arbeit an unserem Vertrauen und essentieller Bestandteil von Erfolg. Ein Ziel wird ohne Beharrlichkeit nicht wahr. Die Basis der Beharrlichkeit ist unser Wille, der mit Verlangen zusammengebracht, eine unwiderstehliche Kraft und Sogwirkung in Richtung des Traumes, der Ideen und des Ziels entwickelt.

Menschen, die beharrlich erscheinen, haben oft den Beigeschmack eines Egoisten. Das rührt daher, dass Menschen aus Mangel an Bewusstheit verlernt haben in Harmonie mit dem Umfeld und allem was ist, Beharrlichkeit an den Tag zu legen. Über viele Jahrhunderte war ein massiv autoritärer Führungsstil völlig normaler Umgangston. Mit absoluter Beharrlichkeit wurden Werte und Ziele vertreten, die oft nichts mit Frieden und Liebe gemein hatten. Im Hinblick darauf ist die Entwicklung durchaus positiv fortgeschritten, selbst, wenn wir zwei Weltkriege in den letzten 100 Jahren zu verzeichnen hatten. Gerade seit dem Zweiten Weltkrieg wissen wir alle um die Folgen von Beharrlichkeit, wenn sie nicht zum Wohle aller eingesetzt wird. Dabei sollten wir jedoch nicht stehen bleiben, denn jetzt gerade in diesem Augenblick, während du hier liest, geschehen irgendwo auf der Welt genauso Gewalt und Gräueltaten, weil Menschen beharrlich an etwas glauben und daran festhalten, wovon sie überzeugt sind. So machtvoll ist die Beharrlichkeit, an gewisse Normen und Werte zu glauben, dass sie unreflektiert zu all dem Leid führt, welches wir heute sehen. Nicht weniger traurig ist die Beharrlichkeit, dass viele Menschen die in Wohlstand leben, sich für die Armut und Ausbeutung dieser Welt kaum verantwortlich und zuständig fühlen. Doch selbst im Kleinsten führt Beharrlichkeit zu Destruktivität. Viele Menschen arbeiten heute unzählige Stunden beharrlich gegen ihre körperliche Gesundheit – im Dienste der eigenen und familiären Sicherheit und des ersehnten Wohlstandes und Glücks. Wir führen unserem Körper beharrlich sogenannte

Lebensmittel zu, die ihren Namen nicht einmal wirklich verdienen und fragen uns, warum wir immer kränker werden. Wir versetzen Tiere und Lebensmittel mit Medikamenten und fragen uns, warum gewisse Mittel nicht mehr wirken, dafür aber Erkrankungen und Allergien immer mehr zunehmen. Dabei sollten wir doch zwischenzeitlich vom homöopathischen Wirkprinzip gehört haben, welches eine Antwort darauf geben könnte. Informationen einer Substanz, wie bei den homöopathischen Mitteln, die noch im physisch messbaren Bereich liegen, können zu körperlichen Auswirkungen führen und Informationen einer Substanz, die nicht mehr messbar sind, können ebenfalls Wirkung zeigen. Sie wirken energetisch, jedoch mehr auf der seelisch-emotionalen Ebene. Eine durchaus fragwürdige Vorgehensweise, wenn wir die stetig steigenden Zahlen von Depressionen, Burn-out und Krebserkrankungen sowie „schwer erziehbaren" oder ADHS-Kindern ansehen. Wenn alles Energie ist, wie die quantenphysikalischen Forschungen immer mehr bestätigen, dann wirkt auch alles gegenseitig aufeinander ein, jenseits der physischen Grenzen.

Die Beharrlichkeit, an Wettbewerb zu glauben, macht aus Ehepartnern schnell Konkurrenten, die in Trennungs- und Scheidungssituationen im Kleinen das nachahmen, was wir im Großen als Kriege erleben. Nicht anders sieht es in der Geschwisterkonstellation aus. Hinzu kommt, dass in der Kindererziehung lange beharrlich die Position vertreten wurde, dass Kinder zu gehorchen hätten, was, wenn nötig mit körperlicher oder verbaler Gewaltanwendung durchgesetzt wurde und heute noch teilweise wird. Wir selbst sind beharrlich darin, die aktuellen Zahlen, Daten und Fakten der Unmenschlichkeit zugunsten der Zahlen, Daten und Fakten der Geschichte der Vergangenheit zu bagatellisieren oder auch zu ignorieren. Unsere Beharrlichkeit führt dazu, dass in unseren Schulen vorwiegend Dinge vermittelt und auch benotet werden, die für unser tägliches soziales und menschliches Miteinander keine tragende Basis schaffen. Stattdessen bringen wir ihnen Zahlen, Daten und Fakten der Vergangenheit bei, stellen jedoch den Jetzt-Bezug nicht her und fragen uns, warum wir immer extremere Auswüchse von Unkonzentriertheit, Unachtsamkeit dem Leben, Dingen und Menschen gegenüber, sowie Gewalt und Zerstörung erleben. Dies ist jedoch eine logische

Konsequenz, wenn wir nicht aufzeigen, welche fehlgeleiteten Werte welche Konsequenz nach sich ziehen und wie in missverstandene Menschen „Machthunger" entsteht, der im alltäglichen Umfeld Familien, Freunde, Mitschüler, Lehrer oder Kollegen „terrorisiert", beziehungsweise im globalen Kontext ganze Nationen oder gar das Geschick der Welt beeinflusst. Dieses selbstsüchtige Verhalten fußt ebenfalls auf einem Missverständnis. Wer sich selbst SUCHT, der geht gerne über Grenzen, meistens über die der Anderen. Da wir größten Teils alle auf der Suche nach unserer wahren Herkunft und Wurzel sind, ist es wenig verwunderlich, dass auf der bisherigen Definition von Erfolg so viel selbstsüchtiges Verhalten entstehen musste. Eine gesunde Selbstermächtigung konnte aufgrund der frühen Missverständnisse nicht gelebt werden. Damit sucht sich die Macht auf anderem Wege auszudrücken, in der Regel über die Dominanz von anderen. Dies alles bringt unsere Definition von Erfolg als „normal" mit sich, mit „natürlich" hat dies nichts zu tun.

Normal und Natürlich

Beharrlichkeit, wie im letzten Absatz beschrieben, bringt die Welt hervor, die wir derzeit als „normal" bezeichnen. In diesem Wort erkennen wir bereits einen sehr wichtigen Faktor – die Norm. Normen werden von Menschen festgelegt, um etwas verständlicher, vergleichbarer und nachweisbarer zu machen und um eine Leitlinie festzulegen. Diese Normen beruhen auf bedingter Liebe und all den daraus resultierenden Gedanken, unserem Glauben und unseren Handlungen. Bedingungslose göttliche Liebe, welche in unseren Religionen ebenfalls genannt, jedoch in ihrer Konsequenz nicht verstanden und kleiner gemacht wurde, ist das, was man als „natürlich" bezeichnen könnte. Hierin finden wir das Wort „Natur". Es ist unsere Natur, liebevoll und hilfsbereit, sowie friedlich miteinander umzugehen. Unser Glaube, dass Mangel und Getrenntheit besteht, verleitet uns jedoch heute noch dazu, unsere Natürlichkeit kaum zu leben. Wir erkennen sie oft nicht einmal an, da es bisher undenkbar war, sich selbst als göttlich, machtvoll und ewig zu betrachten, was schlicht einer Blasphemie gleichzusetzen ist. Nichts desto trotz ist es unsere Natur und kann uns die Lösung unserer Herausforderungen bringen, wenn wir bereit sind, unser eigenes Licht wirklich anzuerkennen und scheinen zu lassen. In unserer wahren Natur als Teil des großen Ganzen, ist alles enthalten, wonach wir uns sehnen. Es sind alle Normen enthalten welche wirkliches Verstehen, Vergleichen, und Nachweisen deutlich vereinfachen. Es wäre dann normal unsere innere Führung, welche in jedem von uns schon die ganze Zeit existiert, wahrzunehmen und über unsere alltäglichen Handlungen auszudrücken.

Grundvoraussetzungen für Beharrlichkeit

Beharrlichkeit basiert auf den hier in den einzelnen Kapiteln erörterten Merkmalen von Erfolg. Diese Merkmale, die wir allesamt schon immer anwenden, bedürfen lediglich eines neuen Fokus, beziehungsweise eines neuen übergeordneten Wertes, damit alle daraus folgenden Werte, Gedanken, Zielsetzungen und Handlungen automatisch angeglichen werden können. Sind wir in der Lage, dies nun zu tun, so kann die gesamte Kaskade von Erfolg zum besten Wissen und Auswirkung von uns allen und allem was auf diesem Planeten existiert, genutzt werden.

Emotionaler Schmerzradierer

Beharrlichkeit wird schlussendlich immer belohnt. Die wichtigste Entlohnung ist das Wissen, dass jeder vermeintliche Fehlschlag den Samen des zukünftigen Erfolges und der eigenen Berufung und Bestimmung in sich trägt.

Es gibt nur Wenige, die den Schmerz einer Niederlage nutzen, um weiter zu machen. Diese Menschen haben sich zu Eigen gemacht, nach der positiven Seite des Lebens und dem, was es daraus zu erkennen gibt, zu suchen. Im Schmerz haben wir die Chance uns selbst zu erkennen.

Das Interessante daran ist jedoch: In dem Moment, in dem wir diese schmerzhafte Situation anders bewerten, verschwindet der Schmerz augenblicklich. Aus der Krise wird die Chance.

Folgen mangelnder Beharrlichkeit

Die Folgen sind allgegenwärtig sichtbar, jedoch bisher kaum bewusst. Unsere Unfähigkeit, klar zu definieren, was wir wirklich wollen, wird von einem großen inneren Schweinehund begleitet, der den eigenen Komfort vor die Notwendigkeit einer Veränderung stellt und sei die Not auch noch so absehbar.
Es scheint wenig Interesse zu bestehen, sich mehr Wissen anzueignen, um der Zielsetzung von Frieden und Gesundheit, wirklich näher zu kommen. Vielmehr scheinen wir stattdessen die Beharrlichkeit in das Nutzen und Erweitern der Komfortzone zu stecken. Für die wirklich relevanten Ziele besteht Unentschlossenheit und Aufschieberitis. Eine gewisse Gleichgültigkeit und vermeintliche Machtlosigkeit, wie wir sie den Problematiken dieser Welt gegenüber feststellen können, führt zu faulen Kompromissen, die zur Konsequenz haben, dass der Status Quo zu Lasten der schwächeren Anteile in uns und um uns herum erhalten oder verbessert wird. Schuldzuweisungen und ein niedriges Verantwortungsbewusstsein führen dazu, dass wir sagen, der- oder diejenigen haben doch selbst Schuld an der Situation. Das eigene Zutun wird geflissentlich übersehen und führt somit zu einer unbewussten Schwäche und Machtlosigkeit sich selbst und den Dingen gegenüber. In der Folge kommt es maximal zu einem schwachen Verlangen, etwas zu verändern und wir geben an verschiedenen Stellen einfach auf oder zeigen einen starken Widerwillen gegenüber konkreten Veränderungsplänen. Das Wünschen ersetzt das Wollen und unterstreicht die faulen Kompromisse. Ein großes Armutsdenken ist die Folge, obwohl sehr großer Wohlstand vorhanden ist. Es werden Lösungen in Bereichen gesucht, die die Wurzel des Übels überhaupt nicht angehen.

Die Tücken der Beharrlichkeit

Viele Menschen sind in ihrem negativen Denken derart gefangen, dass sie eine Chance oder Gelegenheit nicht einmal erkennen, wenn sie ihnen auf den Bauch gebunden wird.
Im Gegenteil, sie würden wild fuchtelnd und schreiend alles tun, das Seil zu lösen, um sich von der Chance zu befreien, weil sie diese schlicht nicht als solche erkennen. Sie erleben sie als ungut, böse und vernichtend. Sie dienen damit beharrlich ihren inneren Ängsten und den negativen Erfahrungen, die sie bisher etwas Anderes gelehrt haben.

Hier ein prägnantes Beispiel:

Eine Frau hatte viel zu wenig Geld und keinen Job. Ihre Freundin bot ihre Hilfe an. Sie hätte ihr gerne einfach ein wenig Geld gegeben, doch diese Frau lehnte ab. Sie wollte das Geld nicht einfach geschenkt, sondern etwas dafür tun, was auch sehr löblich ist. Die Konsequenz war, dass sie ihre Freundin bei einem Projekt unterstützen sollte, wofür sie eine Entlohnung erhalten sollte. Die Frau kam diesem Hilfsangebot und dem Auftrag jedoch nur sehr unregelmäßig nach. Die Freundin wunderte sich und fragt nach, warum diese nicht beharrlich an den Aufgaben weiterarbeitete. Sie fragte ebenfalls nach, wieviel mehr Geld sie benötigt, damit sie über die Runden käme. Die Antwort erstaunte sie sehr. Nur zwei Stunden an fünf Tagen der Woche wären nötig gewesen, um das, was sie bräuchte locker abzudecken. Dieser Frau war die Chance, welche in der gegenseitigen Hilfe lag, nicht bewusst gewesen. Ihr war nicht klar gewesen, welches Geschenk in der vergleichsweise einfachen Arbeit, die ihr auch noch viel Spaß machte, verborgen lag. Sie hatte den Reichtum, für den sie selbst hätte sorgen können, nicht erkannt. Ihr fehlte die Wahrnehmung dazu. Das Armuts- und Mangeldenken hatte sie zu sehr geprägt. Wenn wir uns nun die These bezüglich der Fehldefinition und Fehlinterpretation von Erfolg ansehen ist es gut möglich, dass viele Menschen auf die riesengroße Chance einer wirklichen

Veränderung unserer Welt genauso reagieren würden, wie es in dem vorigen Absatz diese Frau getan hatte.

Über eines sollten wir uns alle im Klaren sein: Ein Teil von uns vertritt unbewusst bereits unser Leben lang die nicht dienlichen Denk-, Sprach- und/oder Verhaltensmuster mit einer Beharrlichkeit „par excellence". Dies geschieht so meisterhaft, dass wir es bisher einfach gar nicht bemerken konnten.

Mut zur Beharrlichkeit

Mut bedeutet, sich einer Angst zu stellen, und die Herausforderung TROTZDEM anzunehmen, auch wenn wir Angst verspüren.
Viele warten ein Leben lang auf IHRE Chance im Leben. Am Ende stellen sie verbittert fest: „Ich hatte keine Chance". Dies mutet an, wie ein Leben lang auf das 4-Blättrige Kleeblatt zu warten und das Geschenk in all den 3-Blättrigen Kleeblättern nicht wahrzunehmen. Doch die Wahrheit ist: Die einzige Chance auf die wir uns wirklich verlassen können ist die, die wir für uns selbst schaffen. Es heißt nicht umsonst, dass es Glück ist, wenn Vorbereitung auf Gelegenheit trifft. Das bedeutet, sich auf das vorzubereiten, was uns wichtig ist, damit wir im geeigneten Moment auch so handeln können, wie wir es uns wünschen.

Das größte Verlangen eines Menschen scheint zu sein, sich selbst ausdrücken zu können. Alle Lebensbereiche wie Beruf(ung), Partnerschaft, Familie, Sexualität, Freunde und was sonst noch wichtig ist, helfen dabei den eigenen Ausdruck zu leben. Dieses Verlangen im Leben als Erfahrung zu etablieren und zu stillen fordert all unsere Beharrlichkeit.

Jedes Mal, wenn wir beharrlich der Angst frönen, trennen wir uns beharrlich von uns selbst und dem, wer wir wirklich sind, was uns wirklich wichtig ist und damit automatisch von der äußeren Entsprechung in unserem Gegenüber und dem was uns umgibt. Damit verwehren wir uns selbst beharrlich die Wahrnehmung der Welt, wie sie eigentlich sein könnte. Der ganze Reichtum, ob materiell oder immateriell, in uns oder um uns herum, wird unbewusst weggestoßen und zerstört, weil wir ihn nicht als Reichtum erkennen. Dieser Reichtum liegt weit jenseits von dem, was wir bisher als Reichtum ansehen. Zu den wichtigsten Vorbereitungen für das Glück gehört vor allem, sich selbst zu reflektieren und zu verändern, damit die Gelegenheiten überhaupt als Chance wahrgenommen werden. Wir haben derzeit die einmalige Gelegenheit und Chance, unsere Welt so zu verändern, wie wir sie gerne hätten – friedlich und ein wunderbarer Ort. Nutzen wir diese Chance?

Die Lösung liegt in uns

Die Beharrlichkeit unseres tiefsten universellen Ursprungs ist eine beeindruckende Sache. Egal, wie schlimm es in jedem Einzelnen, im Umfeld oder auf der Erde zugeht, Liebe findet immer wieder ihren Ausdruck und lässt sich nicht aufhalten. Allgegenwärtig schafft sie sich immer mehr Raum in allem, was uns umgibt. Selbst unsere überaus negativen Gefühle sind Ausdruck von Liebe, Liebe die missverstanden und fehlinterpretiert wird. Im Grunde ist Liebe allgegenwärtig. Sie ist wie die Pflanzen, denen Asphalt, Betonmauern und sonstige künstliche Gebilde auf Dauer nichts entgegenzusetzen haben. Lassen wir der Natur ihren Lauf, wird sie in letzter Konsequenz immer siegen. Genau darin liegt unsere Chance und Lösung. Lassen wir unsere Natur zu, wird von ganz allein alles weichen, was uns nicht dient. Die Natürlichkeit des Seins jedes Menschen kann zu neuen Normen führen, die dann im Dienste und Einklang der Natürlichkeit stehen und nicht mehr länger unserem göttlich universellen Ursprung entgegenstehen. Wir sind sozusagen im Begriff, unsere eigene Renaturierung als Mensch und göttlich universelles Wesen einzuläuten.
In uns allen ist das Wissen um die universelle Ordnung verankert, es ist Teil unserer Natur. Die Ethik unserer Seele ist die Instanz, die diese universelle Ordnung zur neuen Norm machen möchte. Dann wird

Beharrlichkeit gepaart mit Liebe, Achtsamkeit, Verständnis und Einfühlungsvermögen an den Tag gelegt und es entsteht das, was wir Anziehungskraft und Sogwirkung nennen. Damit könnten Norm und Natur deckungsgleich werden. Es ist dann ein Dringen und kein Zwingen mehr, unseren Zielen und uns selbst treu zu bleiben. Somit entsteht noch mehr Anziehungskraft und sehr viel mehr Vertrauen. Dieses Vertrauen suchen wir schon sehr lange im Außen und doch ist es nur in uns selbst zu finden. Hier wird die wahre Wurzel von Selbstvertrauen sichtbar. Wenn wir unsere Erfüllung in allen Lebensbereichen sowie Frieden auf dieser Welt erfahren wollen, ist es unumgänglich, dass wir das Merkmal der Beharrlichkeit sinnvoll einsetzen – für unsere Natürlichkeit und nicht für die bisherige Norm. Wenn wir wirklich verstehen – nicht nur mit dem Verstand, sondern auch mit der Natur unseres Herzens – verändern wir alles.

ES GIBT KEINEN ERSATZ FÜR BEHARRLICHKEIT!

12. Macht der Gemeinschaft

Jetzt kommen wir zu dem Teil des Buches, der zeigt, wie wichtig das Umfeld und andere Menschen sind. Hier erfahren wir unter anderem, wie die Macht der Veränderung aus organisiertem und intelligent eingesetztem Wissen entstehen kann. Erfolg, egal unter welcher Definition, ist ohne andere Menschen nicht wirklich möglich. Die Vorteile von Gemeinschaft liegen auf der Hand. Wissen und Erfahrungen und die Tatkraft aller Beteiligten sind verfügbar und es kann darauf zurückgegriffen werden. Grundsätzlich führen Gemeinschaften zu den besten Ergebnissen, wenn alle Beteiligten bereit und auch in der Lage sind, sich rückhaltlos und in Harmonie zu unterstützen. Dies ist jedoch in den seltensten Fällen wirklich gegeben. Bekannt ist dieses Wirkprinzip hauptsächlich unter dem Begriff Erfolgs- oder Mastermind-Gruppen.

Mastermind-Gruppen

Zur Mastermind-Gruppe ist von Andreas Mose folgender Web-Beitrag im Netz zu finden:

„Mastermind-Gruppen wurden in der Erfolgsliteratur erstmalig von Napoleon Hill in seinem Buch „Denke nach und werde reich" erwähnt und so benannt. Hill kannte diese von vielen der 500 Self-made-Millionäre, die er zwischen 1908 und 1928 für sein Buch befragte... Damals bestanden sie häufig, wenn auch nicht nur, aus einer Heerschar der besten Berater und Experten zu bestimmten Themen...<u>Heute versteht man darunter eine Gruppe von gleichgesinnten, jedoch voneinander unabhängigen Menschen, die sich gegenseitig dabei unterstützen, ihre jeweiligen Ziele zu erreichen...Damit sie ihre volle Wirkung entfalten, müssen die Teilnehmer erfolgshungrig sein und permanent die Anforderungen an sich selbst und andere erhöhen.</u> **Gleichzeitig erfordert es trotz gesundem Selbstbewusstsein eine hohe**

*Offenheit zu bewahren und die Bereitschaft zu haben, sich auch immer wieder selbst in Frage zu stellen...*Ein sehr wichtiger Punkt ist auch der, dass die Teilnehmer ähnliche Wertvorstellungen haben sollten. Reibung ist zwar gesund, aber wenn der eigene Werte-Kompass in eine völlig andere Richtung zeigt als der der anderen, hat es keinen Sinn..."

In dem unterstrichen-kursiv dargestellten Abschnitt können wir bei ehrlicher Betrachtung erkennen, dass wir alle gemeinsam eine einzige große Mastermind-Gruppe sind, die über die verschiedenen hierarchischen Strukturen das Räderwerk dessen, wie wir Erfolg definiert haben, antreiben. Wenn wir ganz ehrlich hinsehen, wird hier das unbewusste „Hamsterrad-Uhrwerk" mit den vielen verschiedenen „Hamsterrad-Zahnrädern" sichtbar. Im Gegenzug bleibt jedoch das, was wir in fett-kursiv lesen können aus, da wir Selbstbewusstsein bisher fehlinterpretiert haben und dieses Prinzip von jenen erfolgs- und machthungrigen Menschen für ihre Zwecke genutzt wurde, die über ein Selbstbewusstsein verfügen, wie wir es bisher interpretierten. Mastermind-Gruppen sind allgegenwärtig, wir sind uns dessen nur nicht bewusst, da wir sie bisher hauptsächlich im Kontext von Erfolg und Business angesiedelt hatten.
Mastermind-Gruppen sind Eltern, Familien, Vereine, Kirchen, Schulen, Unis, Parteien und alle Arten von Gruppierungen und Zusammenkünften von Menschen, die sich in einer gleichen Gesinnung zusammentun bzw. ähnliche Wertvorstellungen vertreten. Auch die religiösen Fanatiker und Kriegstreiber unseres Planeten nutzen dieses Prinzip. Jeder nutzt dieses Prinzip, völlig unbewusst. Und noch eins: Die gesamte Welt, bis auf wenige Ausnahmen, vertritt ähnliche Wertvorstellungen, die auf dem beruhen, was wir bisher als Erfolg und Misserfolg ansehen!

Mastermind

Master-Mind bedeutet wörtlich übersetzt Meister-Geist. Als Master wird im spirituellen oder religiösen Bereich jedoch auch Gott bezeichnet. Unter diesem Blickwinkel gewinnen die obigen Ausführungen eine neue Bedeutung. Wenn wir alle Teil des göttlich universellen Ursprungs

sind, dann würde das erklären, warum wir aufgrund mangelnder wirklicher Bewusstheit, ohne es zu bemerken durch diesen Meister-Geist miteinander verbunden sind. Eine Hauptquelle, wenn nicht sogar DIE Hauptquelle von Macht, ist der unendliche universelle Geist. Immer wenn zwei oder mehr Menschen sich in Harmonie zusammenfinden und an einem konkreten Ziel arbeiten, sind sie in der Lage durch diese Zusammenkunft das mentale Lagerhaus des Universums miteinzubeziehen. An eben jene Energie wendet sich ein Genie oder Menschen wie Gandhi. In unserer Bibel ist dieser Sachverhalt mit folgenden Worten zu finden:
„Wo zwei oder drei in meinem Namen versammelt sind, da will ich mitten unter ihnen sein." Matthäus 18,20.
Es ist die Energie, die wir alle auch in uns tragen, die aber verschüttet wurde und die wieder zu Tage befördert wird, sobald wir unsere Verletzlichkeiten und Fehlinterpretationen in Potentiale verwandeln.

Es ist an der Zeit, eine konkrete Definition von Mastermind, wie ich es verstehe, einzufügen. Sie beruht auf den Erkenntnissen, dass alles Energie und somit eins ist. „Mastermind ist die Koordination von Anstrengung und Wissen zwischen zwei oder mehreren Energien, die sich in Harmonie und Ausgeglichenheit zusammentun, um ein gemeinsames, konkretes Ziel zu erreichen."

Energie ist hier im Sinne gemeint, jegliche innere wie äußere Struktur von einem selbst und jedem anderen Lebewesen, sowie allem was ist, mit einzubeziehen. Was das eigene Selbst betrifft, bedeutet sie die Koordination der eigenen inneren Anteile.
Dieser Geist wohnt jeder Energie inne, nicht nur Mensch, sondern auch Tier, Pflanze, Wasser, Stein, Erde, usw. - einfach allem was existiert. Es ist wichtig, uns bewusst zu werden, dass wir schon die ganze Zeit mit dieser Energie innerlich wie äußerlich verbunden und verbündet sind, wir diese Verbindung mangels Wissen und Erkenntnis darüber jedoch fehlgenutzt haben. Wir waren uns der Gemeinschaft mit all den Anderen, all dem Anderen und unserem Ursprung nicht bewusst.

Gemeinschaft

Das Wort Gemeinschaft setzt sich aus den Anteilen „Gemein" und „schaft" zusammen. *Das Wort „gemein" bezeichnet laut Wikipedia ursprünglich eine Eigenschaft, die mehrere Menschen gemeinsam besitzen.* In diesem Zusammenhang wird ersichtlich, dass allen Lebewesen, schlicht allem, was auf diesem Planten existiert, eines gemein ist – der göttlich universelle Ursprung. Es spiegelt sich in dem Wort Gemeinschaft dessen Bedeutung wieder: Das, was gemeinsam vorhanden ist, könnte konstruktiv genutzt werden, um gemeinschaftlich etwas zu erschaffen.

Ohne Mastermind lassen sich keine großen Ziele erreichen. Ein großes Ziel kann hier für den Einzelnen das Beleben einer partnerschaftlichen Beziehung, ein komplett neuer Umgang mit den Kindern oder das Leben des eigenen wahren Ausdrucks sein. Für die Gemeinschaft von Menschen kann es bedeuten, eine gesamtweltliche Ökumene herzustellen oder weltpolitische wie auch weltwirtschaftliche Gesamtkontexte herzustellen, die alle derselben Zielsetzung dienen – Frieden, Gleichberechtigung und Gesundheit.
Bisher wurden sämtliche große Ziele immer in den Kontext unseres materiell geprägten Verständnisses von Erfolg gestellt, was unweigerlich zu dem führen musste, was wir heute vorfinden, da es schlicht nur ein kleiner Teil der Gesamtwahrheit über uns darstellt.

„Alles hat seine zwei Seiten, doch erst, wenn wir die dritte Seite erkennen, erfassen wir die Sache!" Unbekannt

Erfolg, wie wir ihn bisher kennen, brachte immer dieselben bekannten, sich in der Regel gegenüberstehenden Seiten zum Ausdruck. Die Komponente, welche uns die dritte Seite sehen lässt, war bisher nicht zugänglich, weil sie in etwas fußt, was wir für unmöglich hielten und unser Selbst-BEWUSST-Sein nur zu einem kleinen Teil genutzt wurde. Wenn zwei oder mehr Menschen, bzw. innere Anteile sich in Harmonie aufeinander und eine bestimmte Sache ausrichten, erzeugen sie ein Anziehungspotential.

Das ist die seelische Komponente von Mastermind. Das Besondere daran ist, wenn eine Gruppe von Menschen oder inneren Anteilen sich untereinander verbindet und in Harmonie miteinander arbeitet, dann steht die Energie, die aus der Summe aller Beteiligten entsteht, jedem einzelnen zur Verfügung. Das bedeutet im Klartext: Wissen und Potentiale aller Beteiligten in dieser Verbindung, samt dem Zugang zu dem Universellen Wissen, an das sie angebunden sind, steht allen zur Verfügung. Dies ist aus zwei Gründen wichtig zu verstehen:

Wenn der Einzelne in Frieden mit sich und seinen inneren Anteilen kommt, und z.B. mit dem Partner oder den Kindern ein gemeinsames Ziel verfolgt, stehen allen Beteiligten die Fähigkeiten und Erkenntnisse dessen, der bereits in Frieden mit sich ist, zur Verfügung. Hierfür lohnt es sich, seine eigenen Verletzungen, die schlussendlich für die Disharmonie mitverantwortlich sind, aufzuräumen.

Hier ist der Ursprung von Mahatma Gandhis Zitat *„Du selbst musst die Veränderung sein, die du in der Welt sehen willst"* zu finden.

Wenn immer mehr Menschen in Harmonie mit sich selbst sind und gemeinsam z.B. das Ziel verfolgen, den eigenen Beitrag für eine Welt in Harmonie und Frieden zu leisten, so sind alle Beteiligten mit den Ressourcen dieser harmonisch ausgerichteten Gruppe/n und darüber hinaus mit der göttlichen Vorsehung, von der wir im Gedicht „Die Essenz der Verpflichtung" von Goethe schon früher in diesem Buch gehört hatten, verbunden.

Folgen der inneren und äußeren harmonischen Gemeinschaft

Die Menschen übernehmen die Gewohnheit und die Gedankenkraft derjenigen, mit denen sie sich in Harmonie verbinden. Harmonie zieht Harmonie an und immer mehr Gruppierungen können sich zu größeren Gruppierungen zusammenfinden, wenn ein gemeinsames Groß-Ziel besteht.

Gandhi als Beispiel zum Thema Macht der Veränderung, war einer der mächtigsten Männer seiner Zeit, indem es ihm gelang, viele Millionen Menschen in Harmonie unter ein klar definiertes Ziel zu vereinen. Das ist ein Wunder in Anbetracht dessen, dass es zuweilen unmöglich erscheint, auch nur zwei Menschen für eine gewisse Zeit in Harmonie zu bringen.

Harmonie entsteht dann, wenn zwei oder mehrere Personen für ein gemeinsames Ziel sprichwörtlich brennen. Wenn diese Flamme stark genug ist, überwinden diese Menschen ihre eigenen Grenzen und die Grenzen um sie herum. Angesichts dessen, was uns derzeit umgibt, wäre es eine gute Idee, wenn wir Menschen uns unseres Selbst bewusstwerden und unsere universelle Ursprungskraft anerkennen, damit wir das gemeinschaftlich erschaffen können, was wir uns mehrheitlich wünschen und automatisch das abwenden, was wir uns nicht wünschen und doch allgegenwärtig zu drohen scheint.

Wahre Macht ist zu aller erst die Macht über uns selbst und basiert auf Fülle und bedingungsloser Liebe. Deren konstruktiver Einsatz beinhaltet Liebe, Achtung und Respekt vor jedem Lebewesen und allem was ist. Macht, aufgrund egoistischen und selbstsüchtigen Verhaltens, basiert auf Angst und Mangel und dem, was wir als Erfolg bisher kennen. Selbstsüchtig meint in diesem Zusammenhang die Suche nach dem eigenen wahren Selbst. Unbewusst haben wir alle unseren Teil in der Gemeinschaft als Menschen dazu beigetragen, dass wir jetzt an einem Punkt der Menschheitsgeschichte gelangen dürfen, an dem wir uns selbst erkennen können, wenn wir wollen. Angst und falsch verstandene Macht haben lange genug auf diesem Planeten vorgeherrscht.

Es geht um ein neues Verständnis von Macht, um Macht durch Anziehung, Annahme, Liebe und Frieden und ein gemeinschaftliches Miteinander mit allem was ist– die Bestandteile der Ethik unserer Seele – unser natürliches Bedürfnis. Die Hauptmerkmale hiervon sind: Eine viel flachere Hierarchie, Teamgedanken statt Konkurrenz-Denken, das Potential erkennen, freiheitliche Entfaltung und Kreativität, ein klares Ziel, freie Hand zur definierten Zielerreichung – dieses Potential steckt in jedem von uns und wird über die Ethik unserer Seele gesteuert. Dies zieht mehr Motivation und Mut, Selbstständigkeit und Kreativität sowie mehr Selbstvertrauen, Selbstverantwortung und Anerkennung nach sich. Bedingungslose Liebe, unsere universelle Anbindung und die Erkenntnis über uns selbst, bringt diese Merkmale von Haus aus als Qualität und Angewohnheit mit sich.

Einmal bewusst angebunden wird es zum Bedürfnis, sich in diesem Sinne einzubringen. Eine Vision und ein größeres Bild des Ziels dienen als Leitstern. Es entsteht eine Koordination in Harmonie und Ausgeglichenheit, um das festgelegte, tief verankerte Ziel zu erreichen.

Harmonie

Laut Wikipedia bezeichnet die indogermanische Herkunft dieses Wortes, Harmonie als die Vereinigung von Entgegengesetztem zu einem Ganzen. Solange nicht erkannt wird, wie alles miteinander verbunden ist und das Entgegengesetzte zu einem Ganzen vereinigt wird, kann es schwer zu wirklicher Harmonie kommen.

„Es gibt keine großen Entdeckungen und Fortschritte, solange es noch ein unglückliches Kind auf Erden gibt."
Albert Einstein

Unglück bedeutet Disharmonie. Einstein sah damals schon das Essentielle und Wichtige. Zum einen zeigt uns dieses kurze Sprichwort auf, was in vielen Sätzen dieses Buches schon angeklungen ist, nämlich, dass wir alle gemeinsam sehr wohl an dem Unglück auf dieser Welt Verantwortung tragen, aber dass wir damit auch die Macht in unseren Händen halten, dies zu verändern, wenn wir uns dazu entschließen, all unser Wissen und Handeln auf bedingungslosen Frieden, Gesundheit, Liebe und das bestmöglich Ergebnis aller Beteiligten auszurichten.

Es gibt aber auch eine innere Entsprechungsebene für jeden einzelnen von uns. Kinder sind im übertragenen Sinne gleichbedeutend mit Träumen - Lebensträumen. Der Umgang mit Kindern, dem Kind-Sein sowie den damit zusammenhängenden Überzeugungen im Außen zeigt uns auf, wie wir in unserem Inneren mit unseren eigenen Träumen, Wünschen und Sehnsüchten verfahren, weil unser Umfeld diese Wünsche aufgrund der Regeln und Normen unseres bisherigen Erfolgsdenkens nicht zulassen konnte. In der Mehrzahl verfahren wir für die wirklich relevanten Träume von Liebe, Frieden, Gesundheit und wirklicher Gemeinschaft mit uns selbst immer noch so, wie es uns beigebracht wurde. Solange im Außen unglückliche Kinder vorhanden sind, deutet das auf das Unglück, sprich die Disharmonie unserer scheinbar entgegenstehenden Anteile in uns und damit unserer Unbewusstheit uns selbst gegenüber, hin. Unglück bedeutet, die Wahrnehmung dessen, dass bisher gelebte Ziele mit dem Gesamtziel = DU SELBST ZU SEIN, nicht übereinstimmten.

Wenn jeder er selbst ist, ist es auf lange Sicht nicht mehr möglich, dass es noch ein unglückliches Kind auf Erden gibt, da wir dann alles daran setzen werden über kurz oder lang Frieden und Gesundheit dauerhaft als Ausdruck unserer universellen Herkunft zu etablieren. Wenn jeder sich selbst ist, sorgt die Verbindung untereinander - durch und zum großen Geist, der allem innewohnt - dafür, dass auch im Außen alles dafür getan wird, dass Harmonie und Friede entstehen und bestehen kann. Zum Krieg brauchen wir mindestens Zwei, zum Frieden nur Einen, nämlich den, der beginnt mit dem Krieg aufzuhören.
Gemeinschaft fängt bei *„Liebe Deinen Nächsten WIE DICH SELBST!"* an. Solange noch unerkannte Anteile in uns sind, fühlt es sich wie ein Hin- und Herpendeln zwischen dem, was bisher als Liebe gilt und der ursprünglichen, göttlich universellen Art von Liebe an. Es ist das Wechseln zwischen Normalzustand und Flow. Doch das Normale ist nicht das Natürliche. Natürlich ist Selbstbewusstsein, Liebe und Flow. Normal ist Mittelmaß. Das Mittelmaß, das völlig missverstanden wurden. Die Mitte bedeutet nicht, in Mittelmäßigkeit zu leben. Die Mitte bedeutet, im Flow der eigenen inneren Mitte die ganze Fülle und Herrlichkeit der Erkenntnis des eigenen Daseins und Ursprungs zu genießen, zu feiern und zu leben.

Angewandtes Wissen ist Weisheit

Die Anwendung unseres Wissens praktizieren wir alle unser ganzes Leben lang. Unbewusst war vieles bisher jedoch auf Mangel und Angst aufgebaut und wurde automatisch angewendet. Wir sind immer schon dabei, unser Wissen durch Taten in Weisheit zu verwandeln. Es fehlte lediglich die Unbekannte X, die das scheinbar Unvereinbare und Sinnlose zu einem wirklich großen Gesamtsinn zusammenfügen konnte und dabei tatsächlich das bestmögliche Ergebnis für alle Beteiligten möglich macht.
Es geht jetzt lediglich darum Folgendes zu erkennen: Wissen auf der Basis von Fülle und Liebe, wird angewandt zu positiver Weisheit. Wissen auf der Basis von Mangel und Angst wird angewandt zu negativer Weisheit. Unter der bisherigen Interpretation von Erfolg muteten viele Ergebnisse als Erfolg an, obwohl sie im Gesamtkontext negative Auswirkungen zeigten. Sie sind trotzdem negative Weisheit - hinsichtlich unserer Ziele Liebe, Gesundheit und Friede - und damit Misserfolg, weil die Bewusstheit über die Zusammenhänge fehlte.
Unser Faktenwissen und Wissen aus Zeitgeschichte und Wissenschaft sind polar, es gibt Thesen und Gegenthesen, je nach Betrachtungswinkel und Umgebung des Thesenaufstellers. Erst die große Unbekannte X bringt Licht ins Dunkel. Diese Unbekannte bringt These und Gegenthese zusammen. Sie vermag aus dem scheinbar nicht vereinbaren Einvernehmen zu schaffen. Diese große Unbekannte X ist der grenzenlose göttlich universelle Geist und dessen Ausdruck durch die bedingungslose Liebe – unser wahres Selbstbewusstsein. Der grenzenlose Geist irrt nie, denn er wohnt allem inne und aus ihm entspringt alles.

Der Quantensprung

Der Quantensprung für uns Menschen bedeutet, den Zustand der Anbindung an die göttlich universelle Liebe aufrecht zu erhalten, indem wir uns unseres wahren Selbst bewusstwerden, sind und bleiben.

Ein Quantensprung ist laut Duden einerseits der plötzliche Übergang eines mikrophysikalischen Systems aus einem Quantenzustand in einen anderen oder ein durch eine neue Idee, Entdeckung, Erfindung, Erkenntnis oder ähnlich ermöglichter Fortschritt, der eine Entwicklung innerhalb kürzester Zeit ein sehr großes Stück voranbringt.

Wenn wir den ersten Punkt beleuchten, so könnten wir diese modellhafte Beschreibung wie folgt anwenden: Das eigene Innere = mikrophysikalische System wird aus dem Quantenzustand des Mangels und der Angst in den Quantenzustand der Fülle und Liebe = Selbstbewusstsein des göttlichen Ursprungs, versetzt. Was den zweiten Punkt angeht, können die gelesenen Erkenntnisse und Einsichten in diesem Buch uns dabei helfen, uns an uns selbst zu erinnern und damit diesen inneren Quantensprung ermöglichen. Dieses Rückerinnern kann den Einzelnen innerhalb kürzester Zeit massiv voranbringen.

Dasselbe gilt auch in größeren Maßstäben, wenn Menschen sich in dieser Liebe und Selbsterkenntnis zusammentun. Weltweit verbinden sich viele einzelne Gruppierungen mit dem Ziel, Frieden auf dieser Welt zu schaffen. Diese Menschen glauben an die Harmonie und leben diese auch mehr und mehr, soweit es die bisherigen Umgebungsstrukturen zulassen. Sie verbinden und verbünden sich und ihre Träume. Sie setzen diese in Ziele, Pläne und Maßnahmen um. Es besteht die Möglichkeit, einen Quantensprung der Menschheit in Richtung wahrere Selbstbewusstheit, Liebe und Friede auf Erden zu ermöglichen.

Die Neudefinition von Erfolg würde uns diesen Fortschritt ermöglichen, der unsere Entwicklung innerhalb kürzester Zeit ein sehr großes Stück voranbringt, denn die Ethik unserer Seele ist schon die ganze Zeit da, uns den Weg zu weisen - den Weg zu göttlicher Ordnung und Harmonie. Wir haben es nur nicht verstanden, wie aus der Betrachtung des sinnbildlichen „Foto-Negativs" das wahre Bild von uns Menschen und allem was ist, sichtbar gemacht werden kann.

In der vor uns liegenden Zeit haben wir nicht nur die Chance, das Bild Mensch und Leben zu erkennen, sondern gleichzeitig die Möglichkeit, daraus einen ganzen Film mit allen möglichen Special-Effekts entstehen zu lassen – ein Wunderwerk des göttlich universellen Selbst-Ausdrucks.

13. Vereinigung – eine etwas andere Bedeutung von Sexualität

Sexuelles Verlangen ist angeboren. Der Sexualtrieb ist etwas sehr Natürliches, eine unwiderstehliche Kraft, eine UR-Gewalt, etwas, was selbst Kindern innewohnt. Der Trieb nach sexueller Vereinigung in den Menschen hat seine absolute Berechtigung, doch er scheint ebenso missverstanden, wie unser Selbstbewusstsein, Liebe, Erfolg und vieles, vieles mehr. Die sexuelle Vereinigung steht im Grunde für eine ganz andere Art von Vereinigung. Die Vereinigung, welche wir vollkommen vergessen haben und an die wir uns jetzt wieder ur-innern dürfen. Dieses Missverständnis ist ein relevanter und bisher völlig verkannter Punkt für unseren Erfolg. Die Wahrnehmungserweiterungen dieses Kapitels weisen uns den Weg zu unendlicher Freude und Glück. Das Wissen dieses Kapitels hat die Macht, unser bildlich gesprochenes Nichts oder schwarzes Loch unserer existentiellen Ängste zu besänftigen, wenn unsere bisherigen Werte in Frage gestellt werden. In diesem Kapitel finden wir das, was dieses Nichts mit neuen Möglichkeiten aufzufüllen vermag. Glück und ganzheitlicher Erfolg sind für jeden Einzelnen im alltäglichen Maßstab, wie im globalen Maßstab für uns alle gemeinsam möglich, wenn wir uns wirklich trauen unser Verständnis von Erfolg und unserer Weltsicht zu verändern. In diesem Kapitel werden wir uns ansehen, warum dies so ist und was es mit dieser Ur-Gewalt wirklich auf sich hat.

Das Wort „sexuell" und damit Sexualität und alles, was damit zusammenhängt, fiel ebenfalls einer Fehlwahrnehmung zum Opfer und wird daher hauptsächlich im Sinne der körperlichen Sexualität definiert. In Wikipedia ist überdies hinaus folgendes zu Sexualität zu finden:

„Im weiteren Sinn bezeichnet Sexualität die Gesamtheit der Lebensäußerungen, Verhaltensweisen, Empfindungen und Interaktionen von Lebewesen in Bezug auf ihr Geschlecht."

Wie wir erkennen, beinhaltet Sexualität weit mehr als nur den Geschlechtsakt und das, was damit zusammenhängt. Wir sind auch hier zu begrenzt konditioniert. „Geschlecht" jedoch ist ebenfalls viel mehr als das, wofür wir es hauptsächlich halten. Im Duden ist als Herkunft des Wortes folgendes zu finden:

Mittelhochdeutsch geslehte, althochdeutsch gislahti, zu schlagen (14), eigentlich = das, was in dieselbe Richtung schlägt"
„Das, was in dieselbe Richtung schlägt" ist Ausdruck der eigenen Ursprünglichkeit der göttlich universellen Herkunft.

Das *Sprichwort „Der Apfel fällt nicht weit vom Stamm"* findet hier seine wahre Bedeutung. Wer sich bewusst ist, ein göttliches Wesen zu sein, wird das zum Ausdruck bringen und weitergeben. Wer sich dessen nicht bewusst ist, bringt dieses Nichtbewusstsein nach Außen und gibt es weiter. Unser „Geschlecht" ist unsere göttlich universelle Herkunft. Damit könnte unser Einleitungssatz wie folgt aussehen: **Das Verlangen, unsere wahre Herkunft zum Ausdruck zu bringen, ist angeboren. Dieser Antrieb ist etwas sehr Natürliches und eine unwiderstehliche Kraft, eine UR-Gewalt, etwas, was selbst Kindern innewohnt. Der Trieb nach Einssein mit sich selbst und allem was ist, hat seine absolute Berechtigung, doch er wurde ebenso missverstanden wie unser Selbstbewusstsein, Liebe, Erfolg und vieles, vieles mehr.**

Die Art und Weise der Gesamtheit der Lebensäußerungen, Verhaltensweisen, Empfindungen und Interaktionen zeugen davon, ob das „wahre Geschlecht" als universelles Wesen bewusst ist. Sexuelle Energie lässt erkennen, inwieweit wir mit uns selbst vereinigt sind und uns als dieses göttlich universelle Wesen akzeptieren und leben. Unsere ursprüngliche Kraft kann in dem Maße geführt und genutzt werden, wie die körperliche Sexualität geführt und genutzt werden kann. Nutzen wir sie im besten Sinne für uns selbst, dann nutzen wir sie im besten Sinne für jeden um uns herum. Tun wir das nicht, dann häufen sich Missverständnisse, die zu dem führen, was wir auf den nächsten Seiten erörtern.

Gewalt und Macht

Betrachten wir einmal das Wort Gewalt aus der UR-Gewalt näher.
Es fällt auf, dass Gewalt in unserem Sprachgebrauch sehr negativ besetzt ist. Gewalt wird gleichbedeutend mit „Macht, die missbraucht oder zerstört" gesehen.
Das Wort Macht kommt aus dem Lateinischen „potentia". Das Wort Potenz findet sich in unserem Sprachgebrauch jedoch in völlig anderen Zusammenhängen wieder. Wir haben zum einen die Verdünnungen der Homöopathie, die in Potenzen angegeben werden und zum zweiten die Potenz der Männer in der Sexualität. Auch in der Mathematik finden wir diesen Begriff. Offensichtlich scheint mit Potenz oder „potentia" etwas Anderes gemeint zu sein, als wir es interpretieren. Man könnte auf den Gedanken kommen, dass es um das Grundprinzip der Macht über etwas ganz Anderes geht. In Wikipedia ist zur Gewalt folgendes zu finden:

*„Als Gewalt (von althochdeutsch waltan "stark sein, beherrschen") werden Handlungen, Vorgänge und soziale Zusammenhänge bezeichnet, in denen oder durch die auf Menschen, Tiere oder **Gegenstände beeinflussend, verändernd oder schädigend** eingewirkt wird. Gemeint ist das Vermögen zur Durchführung einer Handlung**, die den inneren oder wesentlichen Kern einer Angelegenheit oder Struktur (be)trifft."***

Wenn wir uns die Ausführungen von Wikipedia genauer ansehen, ist die Rede vom inneren oder wesentlichen Kern. Verbinden wir die göttlich universelle Energie der bedingungslosen Liebe mit diesem Kern, der unser aller Struktur betrifft, wird ersichtlich, dass wir dann zwar beeinflussend und verändernd, aber nicht mehr schädigend einwirken würden. Es hat den Anschein, dass die Nutzung der Sexualität zum MachtMISSbrauch ebenfalls auf das MISSverständnis zurückzuführen ist, welches sich in der Polarität von Angst und/oder Liebe findet.
Unser mangelndes Verständnis von Bewusstsein ließ aus Sexualität das werden, was in vielen Schlafzimmern zu Langeweile, Missverständnissen, Frust und Lustlosigkeit führt. Darüber hinaus wurde durch

verquere Denk- und Glaubensüberzeugungen Sexualität allzu oft zu viel weniger, als das, was sie sein könnte. Dabei wird sie Großteils nahezu sinnentleert und leider auch allzu oft pervertiert. Sie wurde zu einem großen Übel unserer Zeit. Ich denke es ist nicht notwendig, die vielen Beispiele des Entgleisens von Sexualität in ihrer Ausdrucksweise näher zu erläutern. Diese schlagen uns in großer Vielfalt tagtäglich entgegen.

Verlust der weiblich sexuellen Kraft

Frauen haben über sehr lange Zeit hinweg das Wissen um die ursprüngliche sexuelle Kraft, die mit der Intuition verbunden ist, eingebüßt. Sie wurden oft missbraucht, gefoltert, getötet, gerne im Zusammenhang mit genau jener nicht erklärbaren Ur-Kraft, die weit jenseits des körperlichen Ausdrucks von Sexualität liegt. Über lange Zeit wurden Frauen dazu gebracht sich zu vergessen, schlicht, weil sie Dinge anders betrachteten und angingen als es Männer tun. In einigen Gebieten unseres Planeten ist es immer noch so, dass Gewalt an und Vergewaltigung von Frauen und Mädchen ganz normal ist, wie uns die Tagespresse oder das Internet immer wieder zeigen. Über viele Epochen wurde dieses Bild unbarmherzig aufgezwängt und wir verlernten, wer wir in der Sexualität wirklich sind, was es mit dieser wirklich auf sich hat und welche Kräfte in uns schlummern.
Diese negativen Energien wirken über die Generationen nach, auch wenn diese Gewalt und Brutalität heute, zumindest in der westlichen Welt, deutlich weniger vorhanden ist.

Wir verlernten, auf diese Stimme der Intuition in uns zu hören und vergaßen alles, was damit im Zusammenhang steht. Das Gleichgewicht zwischen Mann und Frau und der Ausdruck von Sexualität wurden dadurch zwangsläufig verändert. So konnte es wohl geschehen, dass sowohl Mann wie Frau vergessen haben, was Sexualität eigentlich ist und sein könnte. Wir leben daher ein vorwiegend männlich dominiertes Bild von Sexualität. Intuition ist die Verbindung mit dem, was teilweise nicht in Worte gefasst werden kann. Oft wird das Unerklärliche aus

Scham nicht ausgesprochen und der eigenen Führung, auch in der Sexualität, nicht vertraut. Die Qualität von weiblicher Führung sowohl in Mann wie auch Frau ist jedoch sehr wichtig für unsere Veränderung der Sexualität und von allem anderen auch. Sexualität ist wie ein Strom. Er lässt sich zwar eindämmen und kontrollieren, doch irgendwann bricht er sich Bahn, wenn er nicht kreativ und sinnvoll genutzt, sondern destruktiv benutzt wird. Er wählt andere Ausdrucksformen um Ausgleich zu erlangen, wie wir nur allzu oft erleben.

Yin und Yang

Wie konnte es zu diesen Ausprägungen kommen?
Dem Männlichen werden sinnbildlich der Tag, Licht, Aktion und das Geben zugeschrieben. Dem Weiblichen werden sinnbildlich Nacht, Dunkelheit, Ruhe und Annahme zugeschrieben. Positive Angewohnheiten können sinnbildlich dem Tag, also dem Männlichen in uns zugeordnet werden. Negative Angewohnheiten – die, wie bereits erörtert, nur ein Missverständnis unserer Potentiale sind - und die Angst werden hingegen der Nacht zugeschrieben, welche dem Weiblichen in uns zugeordnet ist. Da erscheint es wenig verwunderlich, warum das Weibliche nicht in Einklang mit dem Männlichen in uns steht. Keiner will diese vermeintlich negativen Angewohnheiten haben und diese seelischen Nächte erleben, was eine permanente Ablehnung besagter Ausprägungen der weiblichen Kraft mit sich bringt. Dies scheint sich wiederum darin zu begründen, dass das Weibliche über Jahrtausende das Weibliche wohl selbst vergessen hat. Frauen lebten Annahme auf eine sehr ungesunde Art und Weise. Sie lebten Annahme der Umstände im außen bis zur Selbstaufgabe, jedoch nahmen sie sich selbst weder an, wahr noch ernst, da es ihnen untersagt wurde. Je mehr uns Frauen die weiblichen Aspekte abhandenkamen, desto weniger konnten wir diese durch die Geburt und die Kindererziehung weitergeben. Es entstand mehr und mehr ein Ungleichgewicht und damit ein Überhang des männlichen Prinzips. Männlich meint hier jedoch nicht allein den Mann im außen, sondern auch die eigenen inneren

männlichen Anteile jeder Frau und jedes Mannes, die sich auf vielfältige Art und Weise in jeglicher Handlung zeigen. Sowohl Frau wie Mann haben ihren wahren Ausdruck, der in jedem schlummert, vergessen.

Die innere Führung oder Intuition lädt permanent dazu ein, diese vergessene und verlorene Kraft anzunehmen, damit endlich die Balance wiederhergestellt werden kann. Männlicher und weiblicher Aspekt, egal ob in Mann oder Frau wollen in die Balance. Einklang und Balance bringen dann die ersehnte Heilung. Dieser Wunsch nach Vereinigung ist tief verwurzelt, doch ist der gewählte Ausdruck NUR über die Sexualität, nicht zielführend und nur ein kleiner Teilaspekt von wahrer Vereinigung. In der Folge wird das Missverständnis nicht erkannt, im außen zu suchen, was im inneren nicht vorhanden ist. Der männliche Anteil in uns ist die Kraft, die der weiblichen Führung und Intuition den Raum gibt, damit Handlung tatkräftig und sinnvoll erfolgt. Die Intuition ist der weibliche Anteil in uns, der die Tat- und Schaffenskraft in die richtigen Bahnen lenkt und im Leben eine tiefe Sinnhaftigkeit und Erfüllung entsteht.

Nichtbefriedigende Sexualität

Selbst in mit Liebe gelebten Beziehungen scheint dieses männlich dominierte Bild der Sexualität in den Auswirkungen nicht wirklich zu befriedigen.
Es gibt viele Menschen, die nicht so recht wissen, was sie sich wirklich wünschen oder was sie wollen. Oft besteht vielleicht nur ein vages Gefühl von „anders" oder „so nicht". Dieses Wahrnehmen heißt aber noch lange nicht, dass man sich auch traut, dies zum Ausdruck zu bringen, denn allzu oft ist keine Referenz für das, was vermisst wird, verfügbar und somit das „anders" nicht greifbar. Das „so nicht" bringt die Suche nach Einklang von Körper, Geist und Seele in der Sexualität zum Ausdruck. Vielfach wird jedoch nur der Körper berücksichtigt. Frauen haben oft ein sehr feines Gespür und empfinden unsere normale

Art der Sexualität teilweise tatsächlich als so etwas wie Missbrauch – den Missbrauch an sich selbst.
Dieses Missverständnis lässt bei uns Menschen gerne Unzufriedenheit oder auch zuweilen „Langeweile" im Liebesleben aufkommen und fordert immer mehr Abstinenz auf der einen oder immer intensivere Stimuli auf der anderen Seite. Das Verlangen nach sexueller Vereinigung kann so groß und unwiderstehlich sein, dass Menschen dafür aus freien Stücken Leben und Ruf riskieren.

Und noch etwas: Die zunehmende Bereitschaft, dass sich auf der einen Seite mehr und mehr Menschen nackt oder wenig bekleidet zeigen und auf der anderen Seite Menschen dies unbedingt festhalten und veröffentlichen wollen, scheint das völlig missverstandene tiefste Ur-Sehnen der Seele darzustellen. Wir möchten uns selbst zeigen, wie wir wirklich sind und den anderen so sehen, wie er wirklich ist. Wir wollen uns anerkannt, gesehen und so geliebt fühlen. Das Ur-Sehnen bezieht sich jedoch mehr auf die innere und nicht vorrangig auf die äußeren „Nacktheit".

Ein weiterer Punkt: Im übertragenen Sinne bietet uns dieser Absatz zwei prägnante Kern-Sätze mit einer wichtigen Botschaft. Ich tausche ein paar Wörter aus:
Selbst in mit Freude gelebten Jobs scheint dieses männlich dominierte Bild von Leben in den Auswirkungen nicht wirklich zu beFRIEDigen. Das Verlangen nach Erfolg kann so groß und unwiderstehlich sein, dass Menschen dafür aus freien Stücken Leben und Ruf riskieren.

Voraussetzungen für den neuen Weg

Gerade Frauen sind oft sehr unerfüllt, ohne dies jedoch nennenswert zu zeigen oder zu äußern. Oft können sie mit der herkömmlichen Sexualität wenig anfangen. Sie sehnen sich nach Öffnung und Aufnahme, nach Verlieren in Raum und Zeit und danach, im NICHTS zu ertrinken.

Dafür jedoch braucht es die Bereitschaft, sich dem Partner zu zeigen und zuzulassen und zu leben, wohin die Sehnsucht führt. Das bedeutet, Führung zu übernehmen – Führung, die von innen kommt.
Es gilt alte Angewohnheiten zu überprüfen und mit bewusster Kontrolle sowohl der alten Gedanken, wie Impulse und daraus resultierend neue Wege von Handlungen oder Unterlassungen zu gehen. Frauen sind aufgerufen, sich mitzuteilen und zu signalisieren, was diese innere Stimme sich in und während der Sexualität wirklich wünscht.
Natürlich wird es sicherlich auch genügend Männer geben, die sich in dieser Beschreibung wiederfinden, denn auch sie sind eine Einheit aus männlichen und weiblichen Anteilen.

Intuition verbindet uns mit der Kraft unserer wahren Sexualität. Um dieser inneren Führung Gehör zu schenken, braucht es vor allem zwei Dinge: Vertrauen und Zeit. Es bedarf der Zeit, um zu spüren und zu erkennen, was wirklich dran ist, sowie sich zu allererst auf sich selbst einzulassen, um nicht einfach nur das zu tun, von dem viele sagen, dass Sexualität so funktioniert. Weiterhin bedarf es des Vertrauens, dass Frau mit dem, was sie spürt, ok ist. Der Mut, das anzuerkennen und zu verändern, was nicht gewollt wird, ist Grundvoraussetzung. Das Vertrauen, dass die innere Führung den Weg aus der üblichen Sexualität herauskennt, ist unabdingbar. Auch in diesem so wichtigen Lebensbereich zeigt sich, wie wichtig die Intuition, in Form dieser sanften Stimme der inneren Führung als Standleitung zum göttlichen Kern in sich selbst ist. Oft ist sie nur eine Flüsterstimme, die im Alltag regelmäßig untergeht.

Wenn wir den letzten Absatz nehmen, und für „Frau" das Wort „Menschen" und für „Sexualität" das Wort „Leben" einsetzen, haben wir wieder die übergeordnete Entsprechung: **Intuition verbindet uns mit der wahren Kraft des Lebens. Um dieser inneren Führung Gehör zu schenken, braucht es vor allem zwei Dinge: Vertrauen und Zeit. Es bedarf der Zeit, um zu spüren und zu erkennen, was wirklich dran ist, sowie sich zuallererst auf sich selbst einzulassen, um nicht** einfach nur das zu tun, von dem viele sagen, dass Leben so funktioniert. Weiterhin bedarf es des Vertrauens, dass Menschen mit dem was sie spüren, ok sind. Der Mut, das anzuerkennen und zu verändern, was nicht gewollt wird, ist Grundvoraussetzung. Das Vertrauen, dass die innere Führung den Weg aus dem üblichen Leben herauskennt, ist unabdingbar.

Was ist wenn?

Der Weg zu sich selbst beinhaltet eine wunderbare und einzigartige Sexualität, da sie eine logische Konsequenz dessen ist, auf sich und die eigene Führung zu vertrauen. Sexualität die in Liebe vollzogen wird, hat das Potential Menschen wieder mit sich und dem innersten Wesen in Kontakt zu bringen. Sie hat sogar die Macht, den Weg zu uns selbst zu öffnen, auch wenn wir noch so weit von uns entfernt sind. Wer diesen kleinen, feinen Impulsen nachgeht und sich darauf einlässt, kann erfahren, wie ein Wechselspiel entsteht.

Wer nicht die gewünschte Sexualität lebt, nimmt oft ein Gefühl von „Das muss sich anders anfühlen!" wahr. Das lässt darauf schließen, dass es eine Erinnerung darangibt, wie Sexualität und Vereinigung eigentlich gemeint ist. Ein tiefes Wissen, wann es stimmig ist und das höhere Selbst zum Ausdruck kommt, scheint tief verankert und es entsteht eine unstillbare Sehnsucht, das Außen dem Innen anzunähern und nicht umgekehrt. Im Inneren scheint eine ureigenste Schatzkarte zu bestehen, die uns zu dem Ausdruck unseres wahren Selbst führen möchte. Es ist an der Zeit diese Karte wahrzunehmen und ihr zu folgen. Sexualität und Liebe sind die stärksten Anreize dazu. Hierüber heilen Verletzungen leichter, fast schon automatisch, wobei das wahre Selbst entdeckt werden kann.
Der bloße Besitz sexueller Energie bringt wenig. Das Verlangen, sich selbst zu sein, nutzt jedoch diese sexuelle Kraft. Wenn mehr und mehr Selbstliebe, Selbsterkenntnis und Selbstbewusstsein vorhanden ist, bekommt diese sexuelle Energie ihre wahre Entfaltungskraft. Sexualität

in tiefster Selbstliebe wird nicht maßlos BE-nutzt, sondern kreativ GE-nutzt und dies nicht nur in der Sexualität selbst.

Der oder Die wahre Eine

Eine stetige Suche nach dem oder der wahren Einen, oder der Liebe und Beziehung fürs Leben scheint allgegenwärtig und tief verankert zu sein. Es ist schon merkwürdig, dass dieses Thema so präsent ist und in Märchen, Filmen, Büchern, Theaterstücken, Opern, Musicals, Gedichten, usw. als Zentrum der jeweiligen Handlung dient. Nicht wenige kennen die Sehnsucht nach dem oder der wahren Einen tief in sich selbst. Eine Sehnsucht, jemanden oder etwas noch nicht gefunden zu haben. Viele jedoch verharren desillusioniert in dem, wo sie jetzt sind – unbefriedigt, unglücklich, hilf- und machtlos. Unzählige unglückliche Beziehungen, eine immer weiter ansteigende Scheidungsrate sowie immer mehr Menschen, die sich für ein Single-Dasein entscheiden, deuten hier einen Weg an, den wir jedoch noch nicht verstehen. Es sieht so aus, als ob viele Beziehungen festgefahren sind und beide Partner „blind" für die eigenen und dadurch auch für die Bedürfnisse des Gegenübers sind. Diese Sehnsucht nach dem passenden Pendant hat seinen Grund. Könnte es nicht sein, dass beide einen anderen Spiegel brauchen, damit das erkannt werden kann, wozu beide wirklich auf dieser Welt sind: Den ureigensten Ausdruck von sich selbst.
Es weist alles darauf hin, dass es für die nächst bessere Version des eigenen selbst einen anderen Spiegel braucht, ohne den diese Ursprungs-Version nicht erkannt und gelebt werden kann, da Referenzerfahrungen fehlen. Viele Paare haben sich gegenseitig gefesselt. Nicht jeder den anderen, sondern jeder sich selbst, FÜR den anderen, aus „falsch" verstandener Liebe. Diese „falsch" verstandene Liebe ist auf Angst- und Mangelorientierung und schlussendlich Verlust von Sicherheit, Sinn und Gemeinschaft zurückzuführen. In dem Moment jedoch, wo wir uns selbst die Freiheit geben die persönliche Antwort darauf, wer wir wirklich sein können finden zu wollen, gestehen wir dasselbe Recht und dieselbe Chance auch unserem Gegenüber zu.

Durch diesen Weg können sich in kürzester Zeit nicht nur Türen, sondern Tore zu einem selbst öffnen. Es gibt dieses Pendant, welches dieses Potential sichtbar werden lässt, das zur eigenen inneren Partnerschaft und Vereinigung fehlt. Das Erkennen findet oft zeitgleich statt und beide wissen: „Das ist das, was ich mein Leben lang gesucht habe!" Wenn sich diese beiden Seelen finden, bedeutet das, gemeinsam zu wachsen, den Spiegel des Anderen auszuhalten, zuzulassen, was ist und das zu lieben. Es muss auch nicht immer zwangsläufig eine Liebesbeziehung im herkömmlichen Sinne aus solch einer Begegnung oder tiefen Liebe entstehen. Sinn dieser tiefen Beziehung, egal, wie sie gelebt wird, ist sich gegenseitig UN-ABHÄNGIG als das zu erkennen was jeder ist, um endlich sich selbst zu sein und dies auch zu leben. Indem jeder aus sich selbst heraus die Potentiale entwickelt, die beim Anderen bereits vorhanden sind, haben beide die Chance sich ganz und gar selbst zu erkennen und das in die Welt zu bringen, was in dieses Leben an Selbstausdruck mitgebracht wurde.

Wer nur flüchten will, sei vorgewarnt. Egal wohin man flüchtet, mit sich selbst und seinen innersten Wahrheiten wird man immer konfrontiert, denn vor sich selbst kann man nicht weglaufen. Wer schweigt, aus Angst den Anderen zu verletzen oder zu verlieren, verletzt oder verliert sich selbst, egal ob beim alten oder neuen Partner. Wer sich selbst erkennt und liebt, erkennt die Ängste in sich selbst und im Gegenüber, die beide daran hinderten, sich zu verändern. Man kann sich trennen und trotzdem gut miteinander umgehen, vor allem dann, wenn gemeinsame Kinder vorhanden sind, was dann Pflicht sein sollte. Wird das Wohl selbiger als oberstes Gut für die Trennungssituation angesehen, schließen sich gewisse Rosenkriegsszenarien von selbst aus. Die Ethik der Seele lässt einem ganz automatisch den Weg der Trennung in Liebe gehen.

Tiefe Liebe zu einer anderen Person öffnet das Herz und damit die Tore zu uns selbst. Das positive Verhalten des Verliebt-Seins wurde jedoch bisher sozusagen an diese Person im Außen gekoppelt. Wir haben nicht erkannt, dass dies unsere eigenen Qualitäten in uns sind, die wir jederzeit aus uns schöpfen könnten, unabhängig von dieser einen Person im außen. Wir haben uns abhängig gemacht, weil wir dachten, der andere ist durch sein Verhalten für unsere Gefühle und Reaktionen verantwortlich. Doch der andere ist nicht die Ursache. Er zeigt uns diese UR-Sache in uns, indem seine Anwesenheit und sein Verhalten uns dazu bringen, unseren wahren eigenen Kern nach außen zu kehren und diese Liebe zuzulassen. Beginnen wir aus uns selbst heraus das zu leben, wofür wir sonst den Partner brauchten, wächst zunehmend das innere Einssein. Damit zieht die Sehnsucht, sich selbst treu sein zu wollen, dasselbe im außen an und damit nach sich. Es kann endlich die Beziehung im außen gelebt werden, nach der sich so viele sehnen und die so unmöglich schien. Das Außen kann nun der ersehnte Spiegel des eigenen Inneren werden.

Die heilende Beziehung

„Die Liebe bewahrt offenbar die Kraft in sich, ungünstige Beziehungserfahrungen zu transformieren und uns versiegte Quellen der Kreativität neu zu erschließen." Gerald Hüter

Die Illusion der Sicherheit hat in einer heilenden Beziehung keinen Platz, denn sie bringt Besitzansprüche, Kontrollbedürfnisse und gegenseitige Sabotage mit sich. Hingegen sind Loyalität, Freundschaft, Verlässlichkeit, Raum für eigene Freiheit und Authentisch-Sein, tragende Säulen einer heilenden Beziehung. Freiheit meint hier nicht wahllosen Sex oder freie Liebe, sondern den anderen in keiner Weise kontrollieren zu wollen – auch nicht, indem man eigene authentische Wahrheiten zurückhält, aus Angst den anderen zu verletzen, zu verlieren oder es schlicht doch einfach nur gut zu meinen. Der Raum der Selbstentfaltung des Gegenübers wäre damit beschnitten und die Weiterentwicklung des anderen würde behindert. Doch im Grund würde damit die eigene Weiterentwicklung behindert. Eine heilende Beziehung bedeutet Bewusstheit darüber, dass es Projektionen - Handlungen und Situationen, die einem nicht gefallen, die jedoch so wahrgenommen werden, weil wir die Opfer-/Täterwahrnehmung überstülpen - gibt und dass man diese ständig hinterfragt. Das bedeutet sich immer zuerst zu fragen: Was hat das mit mir zu tun? - vor allem dann, wenn es am meisten weh tut. Dies geht oft mit sehr tiefen Emotionen einher und erfordert viel Integrität und Sensibilität. Es ist wichtig, sich gegenseitig als Lehrer oder Coach anzuerkennen, zu lernen zuzugeben, wann man seine Fehlwahrnehmung dem anderen überstülpt und sich unter Umständen bereitzufinden, genau von der Person Hilfe anzunehmen, die scheinbar Verursacher unseres tiefen Schmerzes ist. Respekt, echtes Mitgefühl und Vertrauen sind Voraussetzungen, die dazu benötigt werden. Machtspielchen(Schwäche und Stärke beziehungsweise Rechthaben und Schuld) haben in dieser Beziehung einen immer kleineren Stellenwert. Diese Art von Beziehung erfordert den Mut hunderte oder gar tausende Male über den eigenen Schatten zu springen und das Herz immer wieder zu öffnen, selbst wenn man meilenweit weglaufen, oder sich im nächsten Mauseloch für immer verkriechen möchte. Dies bedeutet, sich in seiner Zeit mit dem Schmerz und Irrtum zu zeigen und dies zuzugeben, sowie alles in das Feld des Vertrauens hineinzulegen, wissend, dass weder der andere noch man selbst einem Schaden zufügen, sondern das bestmögliche Ergebnis erfahren möchte. Dies gilt sowohl für die Beziehung zu einem Partner im außen, wie auch für die Beziehung zu uns selbst im innen.

Die etwas andere Art

Sexualität und Vereinigung hat eine Voraussetzung, wenn wir in den 7. Himmel der Lust katapultiert werden möchten: Selbstbewusstsein und Selbstliebe. Wenn Mann und Frau in größtmöglicher Harmonie vereinigen, so erfahren sie Einheit und Eins-Sein.
Wer im Verein seiner Anteile ist, kann im außen über die Sexualität das erfahren, wonach sich so viele in der Sexualität verzehren. Ich werde hier diesen „Vorgang" näher erläutern, weil dies im übertragenen Sinne für unser „Erfolgsbild" später noch sehr bedeutsam sein wird.

Ich werde diese Energie, die in jedem von uns ist, der Einfachheit halber die ursprüngliche sexuelle-Energie nennen. Der Unterschied im Erleben der Sexualität ist grandios. Diese Energie katapultiert uns in Welten, in die wir bisher kaum Zutritt hatten. Beschreibbar ist der Unterschied am leichtesten über das Erleben dessen, was wir den Höhepunkt nennen. In der vorherrschend männlich geprägten Sexualität – ich nenne es so, weil Aktion/Tun dem Männlichen zugeschrieben wird und hier im Vordergrund steht, wird mit viel Bewegung und Aktion darauf hingearbeitet, den Höhepunkt zu erreichen.

Bei der ursprünglichen Art ist das Erleben vollkommen anders. Grundsätzlich ist in dieser Art der Sexualität weniger die Aktion als vielmehr das Spüren und Fühlen im Vordergrund. Begleitet von zartesten Bewegungen, erkunden die Partner den Körper des anderen. Die Impulse, was dran ist, kommen von innen heraus. Oft geht ein langes zärtliches Vorspiel voraus. Dieses Vorspiel ist aus einem tiefen Bedürfnis gespeist, den anderen und sich selbst ganz und gar wahrnehmen und entdecken zu wollen.

Diese feine Stimme zeigt, wann wer mit welcher Zärtlichkeit „dran" ist. Es ist wie ein feines Ping-Pong-Spiel der Lust, bei dem immer wieder neue Überraschungen aufwarten, sofern man gewillt ist, seine Wahrnehmung zu erweitern und ihr zu vertrauen. Die Vereinigung ist zart, intensiv aber mit wenig Bewegung des Körpers. In Bewegung ist weniger der Körper als dafür aber Energie und Geist. Der Verstand ist ganz auf das Fühlen ausgerichtet, welcher alles wahrnehmen lässt, was geschieht. Dadurch geraten Energien in Wallung, die sich immer mehr aufbauen. Innen und außen werden gleichzeitig wahrgenommen. Zittern und Wellen von höchster Erregung durchziehen immer wieder den Körper, der getragen ist auf einem Bett zartester Energie. Energiestöße jagen durch das Rückenmark und durchfluten den Körper. Der Höhepunkt der Frau geht von einem völlig anderen Epizentrum aus. Es ist auch nicht einfach nur ein Höhepunkt, sondern ein ekstatischer Zustand, der einem einfach mitreißt. Es ist kein entgegenfiebern, sondern ein einfach nur zulassen der von weitem wahrnehmbaren ekstatischen Wellen, von denen man sich einfach überrollen lässt - wie das Annehmen eines Geschenks. Dieser Zustand breitet sich von der

Wirbelsäule über den ganzen Körper hinweg aus und ist mehr eine Implosion, als eine Explosion. Er verläuft anhaltend in Intervallen. So kann es viele Minuten gehen, bis dieser Zustand wieder nachlässt. Es fühlt sich an, als würde man sich selbst rezeptiv auf das eigene Geschlechtsteil reduzieren und mit jeder Körperzelle nur noch Lust wahrnehmen. Dieser orgiastische Zustand führt dazu, dass Frau von ganz allein plötzlich in rhythmische Bewegungen verfällt, die diesen Vorgang grandios unterstreichen. Diese Rhythmik wiederum reizt den Mann, der zuvor sich einfach der inneren Stimme und der Lust der Frau ergeben hat und dem Impulsspiel gefolgt ist. Wie angesteckt durch ihre Energien durchlebt er ähnliche ekstatische Zustände. Oft scheint das höchste Glück in der Sexualität eines Mannes zu sein, die Frau erfüllt von Ekstase zu erleben. Dieses Erleben nährt und erfüllt ihn und führt auch ihn in höchste Ekstase. Seine Lust ist ihre Lust und umgekehrt – beide sind eins. Es ist durchaus nicht unüblich, dass in einem Innehalten sich erneute Erregungswellen anbahnen, die wieder in orgiastischen Wellen den Körper überschwemmen. Dies kann über Stunden anhalten. Immer wieder anschwellend und abschwellend können viele Wellen der Lust durchlaufen werden. Die innere Führung weiß genau, was dran ist und wann genug ist. Es ist einfach nur das Gebot der Stunde, ihr zu folgen. Gekennzeichnet ist dieses Erlebnis durch eine unglaublich starke körperliche wie geistige Präsenz. Völlig andere Wahrnehmungspotentiale erschließen sich. Es ist nicht in Worte zu fassen, was man empfindet. Man ist einfach nur ERFÜLLT!
Fazit: Diese Art der sexuellen Vereinigung muss nicht erlernt werden. Sie kommt aus uns selbst heraus, wenn wir selbstbewusst auf uns und die innere Führung achten und dies zulassen.

Vergleichen wir die herkömmliche Art von Sexualität mit der gerade beschriebenen, könnte man sagen, dass der Akt der Liebe einfach umgedreht wird, das Ergebnis jedoch nicht addiert, sondern potenziert ist. Hier erscheint wieder die Potenz von lateinisch „potentia" = Macht. Bei der bisher hauptsächlich bekannten Art der Sexualität ist erst körperliche Aktion im Vordergrund mit der Zielsetzung eines Orgasmus. Wenn dieser erreicht ist, dann erfolgt die Ruhephase, das Erschlaffen,

beim Mann auch gerne das Einschlafen. Häufig haben Frauen jedoch erst dann das Gefühl langsam „warmgelaufen" zu sein. Bei der ursprünglichen sexuellen Energie ist es genau anders herum. Zu Anfang genießen wir das Fühlen im Zustand von wenig Bewegung. Im Körper baut sich mehr und mehr die Lust auf, die sich immer mehr ausbreitet. Mit dem Höhepunkt wird diese Lust automatisch von diesen rhythmischen Bewegungen ergänzt, die wir bei unserer herkömmlichen Sexualität aktiv herbeiführen müssen. Diese Bewegung in diesem Moment nicht
zuzulassen, wäre ein sich dieser Energie in den Weg stellen. Diese neue Art der sexuellen Energie bedeutet nicht, auf Bewegung und Aktion zu verzichten. Sie stellt sich jedoch von alleine ein, wenn Frau den Weg ihrer wahren weiblich-sexuellen Energie zulässt und Mann mitgeht und ihr folgt. Diese Art der Sexualität gelebt, bringt beide zum Beben. Sie erschließt beide völlig neue Höhen der sexuellen Lust und ungeahnte Tiefen der bisherigen Beziehung. Sie ist gekennzeichnet durch sehr viel Achtsamkeit, Aufmerksamkeit, Präsenz und der Bereitschaft sich voll und ganz aufeinander einzulassen. Genau diese Energie können wir uns im übertragenen Sinne zunutze machen.

Die sexuelle Vereinigung

Der Geschlechtsakt scheint dazu da, uns immer wieder daran zu erinnern, wie es sein könnte, eins zu sein mit uns selbst und unserem Ursprung. Unser Geist möchte uns zeigen, was für uns gedacht war und möglich ist. Wie hoch unser Geist schwingt und wie sehr wir unsere Genialität, Einzigartigkeit und Eigenheit nach außen bringen, hängt nicht ganz unbeträchtlich auch davon ab, mit welchem Level an Sexualität und Vereinigung – innen wie außen - wir uns zufriedengeben.

Im Sexualtrieb liegt der Schlüssel zur großen kreativen Fähigkeit, der individuellen Einzigartigkeit und des Genies in jedem. Sexualität ist der kreative Antrieb aller Genies. Dies sagt weniger etwas über die Häufigkeit, als vielmehr über die Qualität der Sexualität und damit der inneren Vereinigung aus. Hier liegt eine der tiefsten Wurzeln unseres wahren Selbst. Jeder, der wahre Liebe erfahren hat und sich von ihr zu Höchstleistungen hat anspornen lassen weiß, dass diese Liebe einen bleibenden Eindruck in der Seele hinterlässt. Dieser Eindruck vergeht nie wieder. Diese Qualität entspringt einer anderen Ebene. Selbst die bloße Erinnerung an diese Liebe, kann die Kreativität zu Höchstleistungen bringen. Tiefstes Vertrauen resultiert aus dieser tiefen eigenen Verbindung, die den wahren Umfang von Liebe bewusstmachen möchte.

Nehmen wir einen Teil der Beschreibung obiger Sexualität und wenden jene gerade erwähnte Kreativität an, indem wir das, was im obigen Absatz zur ursprünglichen Sexualität geschrieben steht „übersetzen":

„Ich werde diese Energie, die in jedem von uns ist, der Einfachheit halber *die göttlich universelle Lebens*-Energie nennen. Der Unterschied im Erleben *des Lebens* ist grandios. Diese Energie katapultiert uns in Welten, in die wir bisher kaum Zutritt hatten. Beschreibbar ist der Unterschied am leichtesten über das Erleben dessen, was wir den *Erfolg* nennen.
In der vorherrschend männlich geprägten *Art zu leben* – ich nenne es so, weil Aktion/Tun dem Männlichen zugeschrieben wird und hier im Vordergrund steht, wird mit viel Tun und Aktion darauf hingearbeitet, den *Erfolg* zu erreichen.
Bei der *göttlich universellen* **Art ist das Erleben vollkommen anders.** Grundsätzlich ist in dieser Art *zu leben* weniger die Aktion als vielmehr das Spüren(Sein) im Vordergrund. Die Impulse, was dran ist, kommen von innen heraus. *Das Spiel des Lebens* ist aus einem tiefen Bedürfnis gespeist, *sich selbst, den anderen sowie das Leben selbst* ganz und gar wahrnehmen und entdecken zu wollen. Diese feine Stimme zeigt, wann der *männliche oder weibliche* Aspekt mit welchem Ausdruck des Lebens „dran" ist. Es ist wie ein feines Ping-Pong-Spiel *des Ausdrucks von Leben*, bei dem immer wieder neue Überraschungen aufwarten, sofern man gewillt ist, seine Wahrnehmung zu erweitern. Es ist, wie wenn man *mit sich selbst und allem was ist, eins ist. Erfolg* ist kein entgegenfiebern, sondern ein einfach nur Zulassen der von weitem

wahrnehmbaren *universellen Ereignisse*, von denen man sich einfach überrollen lässt - wie das Annehmen eines Geschenks. Diese Art von *Erfolg* muss nicht erlernt werden. Er kommt aus uns selbst heraus, wenn wir selbstbewusst auf uns und die innere Führung achten und dies zulassen.
Vergleichen wir die herkömmliche Art von *Leben* mit dem gerade beschriebenen, könnte man sagen, dass der *Akt des Lebens* einfach umgedreht wird, das Ergebnis jedoch nicht addiert, sondern potenziert ist. Diese neue Art *Leben* bedeutet nicht auf TUN und Aktion zu verzichten. Sie stellen sich jedoch von alleine ein. Dieses *TUN* in diesem Moment nicht zuzulassen, wäre ein sich dem *Leben* in den Weg stellen.

Erfolg und Sexualität

Wir tragen jegliche Stimulanzien und Motivatoren zum Erlangen einer höheren Schwingung in uns. Es ist nicht nötig auf negative und selbst zerstörerische Stimulanzien wie Alkohol, Medikamente oder sonstige Suchtmittel oder gar selbstdestruktive Verhaltensweisen zurückzugreifen. Es gibt keinen Ersatz für das, was unsere Hausapotheke des Körpers von sich aus liefern kann, wenn wir uns unseres wahren göttlich universellen Geschlechtes bewusst sind. Automatisch können wir dann auf diese Ressourcen zurückgreifen.
Schöpferischer Geist wird einzig und alleine durch die Qualität der Emotionen bestimmt und angetrieben. Es gibt, wie gesehen, auch andere Mittel den Geist zu stimulieren. ABER keines davon, auch nicht in Summe, kommt an die Kraft der sexuellen Energie wie sie gemeint ist, durch die Erkenntnis unseres wahren Ursprungs heran. Macht aus Liebe wirkt selbstermächtigend, hat das bestmögliche Ergebnis für alle Beteiligten immer im Blick und bringt über die adäquate Nutzung des Sexual-Triebes schier übermenschliche Tatkraft hervor. Gelassenheit, Zielsicherheit und ein ungetrübtes Urteilsvermögen entstehen, wenn sich Selbstliebe und sexueller Trieb vereinigen. Der sexuelle Trieb ist das Verlangen, welches uns antreibt, uns unseres wahren Geschlechtes

endlich ganz und gar bewusst zu werden, damit wir in uns diese wunderbare Vereinigung herbeiführen können. Ist es da ein Wunder, dass so viele Verirrungen, Verwirrungen, Gewalt sowie Abartigkeiten auf der verzweifelten Suche nach unserem wahren „Geschlecht der Göttlichkeit" im Bereich der Sexualität zu finden ist? Wohl nicht. Diese Bewusstwerdung und die damit einhergehenden Persönlichkeitsveränderungen geschehen über Herz und Emotion, nicht über den Kopf. Zum bewusstwerden und bewusst sein benötigen wir diesen allerdings dringend.

Ein anderes Verständnis von offener Liebe und Polyamory

Polyamory ist als Folge der bereits erörterten Fehldefinitionen ebenfalls auf die körperliche Liebe reduziert worden. Sie wird MISS-braucht im Sinne von fehlendem (aus dem Englischen – to miss) Verständnis und Bewusstsein über uns selbst.

Offene Liebe leben ist eine tiefe Sehnsucht. Doch nachdem, was wir in diesem Buch erfahren durften können wir erkennen, dass die Liebe und das Selbstbewusstsein, mit welchen wir auf diese Welt gekommen sind, viel mehr darstellen, als das, was wir bisher gewohnt sind zu leben. Wahre Liebe und das Geschenk, was jeder von uns ist, möchte einfach nur offen geteilt werden. Im Grunde sehnen wir uns danach, offen lieben zu dürfen, ohne Missverständnisse, Fehlurteile und Verurteilungen. Dieser vergessene, verleugnete und völlig missverstandene Teil von uns sehnt sich danach, sich in Liebe, wie sie wirklich gemeint ist - mit all ihren unendlich vielen Ausdrucksformen jenseits der körperlich sexuellen Liebe - mit allen Seelen zu verbinden und zu vereinigen. Im Grunde wollen wir einfach nur lieben und vertrauen können. Dieser Teil erkennt immer das Gute, dieselbe göttliche Herkunft in seinem Gegenüber und möchte diese Beziehung, die seine eigene Beziehung zum gemeinsamen universellen Ursprung widerspiegelt, so oft es geht - am liebsten immer - in Erfahrung bringen. Diese Vereinigung ist das, was wir als „zu Hause sein" empfinden. Wir erinnern uns dadurch immer wieder daran, wie es war, bevor wir in dieses Leben inkarniert sind. Wir UR-INNERN uns an unsere Herkunft.

Im Zentrum steht nicht die körperliche Vereinigung sondern vielmehr die geistige, energetische und spirituelle Vereinigung aus dem Bewusstsein über uns selbst und damit aus dem Bewusstsein von allem um uns herum.

Die wichtigste Voraussetzung für Polyamory wie sie gemeint ist, ist wahre und echte Selbsterkenntnis, Selbstbewusstheit und Selbstliebe. Dadurch wird offenbar, wie, wann und mit wem welcher Ausdruck der Beziehung gelebt werden will. Egal welcher Ausdruck es dann sein wird, er wird gekennzeichnet sein von tiefer Liebe, Verständnis, Achtung, Respekt und tiefer Vertrautheit, denn er spiegelt denselben göttlich universellen Ursprung wider. Damit erkennen wir uns selbst.

Bisher wird massive Anziehung zwischen Menschen in Körperlichkeit umgeleitet und nicht danach geschaut, was am Gegenüber einem wirklich so anzieht. Jeder jedoch der uns etwas über uns selbst zeigen soll, wird über diese sexuelle Anziehung sozusagen ein starkes Zeichen der Wiedererkennung geben. Nutzen wir es nur, um in körperliche Liebe abzugleiten, werden wir das eigentliche Geschenk nicht erkennen.

Selbstbewusstsein und Selbstliebe beschert uns von ganz allein jene Distanz, die zu einem Menschen notwendig ist, ohne dabei auf die Liebe zu verzichten. Wir wissen dann mit welchen Menschen welche Art und Qualität an Beziehung gelebt werden will. Diese „sexuelle Energie" ist nicht etwas, was wir tun, sondern Ausdruck der Energie in welcher wir mit unserem eigenen Ursprung verbunden sind. Es ist der Zustand, in dem wir am meisten mit allem was existiert, verbunden sind und unsere männlichen, wie weiblichen Attribute im Einklang sind. Die Re-Fokussierung auf unseren göttlich universellen Ursprung erfordert unseren ganzen Willen, unsere ganze Kraft und vor allem unsere volle Verpflichtung. Die Liebe unseres Lebens sind wir selbst in unserer ganzen „sexuell" vereinigten, bewussten und universellen Kraft. Das ist die ersehnte Liebesbeziehung, die für das Leben, nicht als Zeitspanne eines einzigen

Lebens, sondern als Ausdruck des Lebens selbst und somit für die Ewigkeit gedacht ist.

Wir haben es in der Hand, wann wir uns UR-INNERN wollen. Das ist unser FREIER WILLE, den wir so oft missverstanden haben. Diese URINNERUNG ist erst der ANFANG. Der Anfang von Leben, wie es ursprünglich gedacht war - genial, ekstatisch, grandios!

Zusammenfassung und Essenz

Um die Erinnerung an die universellen Spielregeln erneut zu vergegenwärtigen, möchte ich uns nun die UR-INNERUNGS-MERKMALE oder Erfolgs-Merkmale nochmals zusammenfassen. Sie weisen uns den Weg, wie mit wahrem Selbstbewusstsein und dem Wissen darum, dass wir immer mit allem eins waren, andere, sinnvollere und zielführendere Wege nutzbar gemacht werden. Damit verändern wir die Bedeutung unseres Lebens, unsere Weltsicht sowie den Lauf der Geschichte. Ja, es könnte ganz einfach sein, wenn wir es zulassen, unsere Wahrnehmung um die Erfahrung unserer göttlich universellen Wurzeln zu erweitern! Wir haben lediglich missverstanden wer wir wirklich sind.
Wir müssen nichts neu lernen. Wir müssen weder erfolgreicher sein, noch sonst irgendetwas leisten, außer uns daran zu ur-innern, dass wir bereits mit allem eins sind! Wir haben diese innere Veränderung bisher nicht als unsere größte Herausforderung wahrnehmen können, da wir die Veränderung im Außen als Mittelpunkt sehen. Sie ist jedoch die größte Herausforderung, der wir in diesem Leben und auf dieser Welt begegnen. Ist die innere Veränderung dann vollzogen, wird der Rest tatsächlich zum Kinderspiel, in Anbetracht dessen, was wir vorher erlebt haben.

In den **Angst-Kapiteln** haben wir erfahren, dass alle Ängste auf der Verlustangst fußen. Unsere Fehlinterpretation führte dazu, dass wir unseren Fokus auf Angst vor Armut, Krankheit, Tod, Alleinsein und Sinnlosigkeit lenkten, was uns die Sicht auf die Lösungen versperrte. Es war uns nicht bewusst, wovor wir uns wirklich so fürchten und wer wir wirklich sind. Mit dem Drehen des Fokus rücken die Lösungen von Reichtum, Gesundheit, Leben, Liebe und Sinn in greifbare Nähe, da unser gesamtes Denken und Handeln völlig neu überdacht und ausgerichtet werden kann.

In uns Menschen steckt seit jeher das brennende **Verlangen** einerseits nach Veränderung und andererseits nach Kontinuität und Sicherheit. Wir leben in einer Zeit vollkommener Mittel und verworrener Ziele, wie bereits Albert Einstein feststellte. Sobald wir den Fokus drehen und die vergessene Variable X unserer göttlich universellen Wurzeln mit ins Boot nehmen, kann sichtbar werden, dass das brennende Verlangen nach Veränderung in uns und auf dieser Welt Frieden bescheren kann. Hoffnung wird zur Überzeugung und Gewissheit, da alles Sinn hat. Damit kann eine viel größere Kontinuität und Sicherheit wie jemals zuvor erfahren werden – die göttlich universelle Ordnung und Führung in uns, um uns herum und durch uns. „Gottvertrauen" sowie Selbstvertrauen und Geborgenheit in einer Gemeinschaft von Gleichgesinnten ist die logische Konsequenz.

Zum Thema **Vertrauen** veranschaulicht das Zitat *„Aus den Trümmern unserer Verzweiflung bauen wir unseren Charakter" (R. W. Emerson)*, die Folgen unserer Missverständnisse. Jeder Mensch baut seinen Charakter aus dem auf, was an Selbstwahrnehmung noch übrigbleibt, sodass aus falsch verstandenem Selbstvertrauen ein falsch verstandenes Selbstbewusstsein und somit in Summe eine „falsche" Weltsicht entstehen musste. Aus dieser Wahrnehmung ergibt sich unser jeweiliges Leben, ein Bruchteil dessen, was wir eigentlich sind, die Urheber der Missverständnisse dieser Welt, die wir heute sehen. Unsere alten Wahrheiten machen uns zu Analphabeten des Lebens. Erst wenn wir sie verlernen, hinterfragen, anschauen und in wahrer Selbstbewusstheit neue Wahrheiten (an)erkennen, lernen wir das Leben und uns selbst zu lesen, zu verstehen und dadurch wirklich zu vertrauen. Die gute Botschaft ist, dass alles Leben Veränderung ist. Demzufolge lässt sich auch das Analphabetentum des 21. Jahrhunderts verändern.

Die Art und Weise, wie wir selbst mit uns sprechen, ist sehr entscheidend für Erfolg. Alles Mögliche, immer und immer wiederholt kann Suggestion sein und zur **Autosuggestion** werden. Dieses Denken lässt uns unsere Welt als „richtig" werten. Gefühle sind unsere „Be-GEISTerung" und dienen als Ausdruck des Lebens. Sie entscheiden über Wohl und Wehe. Wer sich seiner selbst als göttlich universelles Wesen bewusst ist, erkennt die Verantwortung hinsichtlich seiner „Be-geisterung". Wahres Selbstbewusstsein erkennt, dass eine andere Realität und damit eine andere Situation erdacht und herbeigeführt werden kann. Für diese neue Realität werden ganz andere Wege im Denken, Fühlen, Sprechen und Handeln eingeschlagen.

Wer Wünschen und Verlangen durch zielgerichtete Handlungen Ausdruck verleiht, wird in den Genuss kommen, dass Wissen Macht darstellt. Scheinbar fehlte uns bisher die übergeordnete Zielgerichtetheit unabhängig von einem materiellen Ergebnis, was dazu führte, dass all unser **Wissen und** unsere **Erfahrungen** in Hinblick auf unsere tiefsten Sehnsüchte nach Liebe, Friede und Gesundheit unbrauchbar schienen. Unsere menschliche Vergangenheit und alle damit verbundenen Erfahrungen und unser Wissen ergeben erst dann Sinn, wenn wir unsere seelische Vergangenheit nicht länger vergessen und verleugnen, sondern anerkennen, sie integrieren und vor allem danach handeln.

Wenn wir all unser Wissen betrachten, so verfügen wir über einen sehr guten **Verstand**. Doch wenn wir den Zustand vieler Menschen und dieser Welt betrachten, müssen wir wohl irgendetwas NICHT VERSTANDen haben. Wir stehen jedoch an der Schwelle zu einem neuen Zeitalter, in dem die göttliche Essenz sichtbar wird und Verstand langsam aber sicher als Verstand eingesetzt werden kann. Unser Denken wird zu Verstand, wenn wir unsere universellen und göttlichen Wurzeln anerkennen und leben. Unser Gehirn denkt. Unser Verstand versteht. Das ist der mögliche Beginn der Nutzung unserer unausgelasteten Gehirnregionen. Dann verstehen wir, was zu tun ist, um den Himmel in uns und damit auch auf Erden zu erschaffen und ihn mit all unseren Sinnen zu erfahren.

Fantasie oder auch **Vorstellungskraft** ist der Weichensteller für unsere zukünftigen Erfolge. Das, was wir bisher als Verstand ansahen, brachte uns zu unseren Fantasien, Plänen und zu den Ergebnissen, die wir heute sehen. Leistungsfähig waren unsere Vorstellungsmuskeln schon immer, jetzt ist jedoch das WIE und WOZU entscheidend. Für welche Sache setzen wir unsere Fantasie und damit Energie ein? Für die Angst oder für die Liebe? Für Scheuklappen oder für eine erweiterte Wahrnehmung? Für eine intakte Gesundheit oder für Krankheit? Für intakte Beziehungen auf ALLEN Ebenen oder weiterhin für Wettbewerb und Kampf? Für die Hölle auf Erden oder für das Paradies auf Erden?

Einstein brachte es deutlich auf den Punkt: *„Eine neue Art von Denken ist notwendig, wenn die Menschheit weiterleben will."* Ein neues Verständnis von Erfolg wäre die Grundlage, die unserer Fantasie Flügel verleihen kann. Egal, in welchem Bereich Fortschritte gemacht werden sollen, wir brauchen das WIN-WIN zwischen Herz und Verstand. Dann entsteht das WIN-WIN von Werten und Zielen mit Werkzeugen und Methoden.

Erfolg, wie wir ihn kennen, ist bisher sehr eng mit dem **TUN** gekoppelt. Dies führte dazu, dass sich das Hamsterrad immer schneller und schneller dreht, wobei kaum Zeit zum Innehalten und Reflektieren bleibt und mehr und mehr Sinnlosigkeit sich breitmacht. Bisher war das oberste Ziel und der Sinn von Erfolg das Ergebnis, in der Regel als materiell messbare Einheit, die ein „mehr von etwas" belegen sollte, z.B. Geld, Wareneinheiten, usw. Alle Ideen, Planungsprozesse, Ablaufprozesse und Ergebnisse wurden mit dieser Zieldefinition in Einklang gebracht. Doch bereits Goethe verstand unsere größte Herausforderung genau richtig, als er sagte*:* *„Gegenüber der Fähigkeit, die Arbeit eines einzigen Tages sinnvoll zu ordnen, ist alles andere im Leben ein Kinderspiel."* Wäre das „Mehr" und der gesamte Ablauf in Einklang mit der göttlich universellen Herkunft, dem tatsächlichen „Sinn" des Lebens, könnten wir eine Fülle an Liebe und positiver Energie sowie Frieden, Wohlstand, Gesundheit und Wachstum nachhaltig „erwirtschaften". Diese Welt muss nicht gerettet werden, wenn wir es endlich unterlassen, sie zu zerstören und zu verhindern, dass Selbstheilung sowohl von Mensch, wie auch des gesamten Umfeldes möglich ist. Es ist an der Zeit, den Fluss des Lebens und damit Liebe, Harmonie,

Frieden und Gesundheit zuzulassen und mit allen Sinnen das zu genießen, was uns geschenkt ist – das ewige Leben.

In unserem **Unterbewusstsein** ist alles gespeichert und strukturiert, was wir an Gedankenimpulsen, Erlebnissen und Wahrheiten im Leben erfahren haben. Hier ist die Schnittstelle zwischen all diesen Dingen UND unserer göttlichen Wahrheit. Da wir die Welt nicht sehen, wie sie ist, sondern wie wir selbst zu sein scheinen, erschafft es ein Abbild von dem, was wir im Innen denken und für wahr halten. Das Bewusstsein kommuniziert mit dem Unterbewusstsein und dadurch mit dem Überbewusstsein. Unsere Intuition ist die Standleitung zu diesem Netzwerk und dient als Kompassnadel, welche uns zu den Wundern des Lebens führen möchte. Die große Quelle spricht die ganze Zeit schon mit uns und will uns zeigen wie die Welt, sprich wir wirklich sind und sein könnten. Wir haben nur verlernt, zuzuhören.

Selbsterkenntnis ist ein unerlässlicher Bestandteil von Erfolg und der erste Schritt zur Veränderung. Hierfür werden 4 wichtige Faktoren benötigt: Mut, Vertrauen, Offenheit und Ehrlichkeit. Es braucht Vertrauen uns selbst und anderen Menschen gegenüber, sich so zu zeigen, wie wir wirklich sind, den Mut dies zuzulassen und völlig neue Sichtweisen anzuerkennen sowie die alten anzuzweifeln. Ebenso braucht es die Offenheit, einen neuen Weg und eine neue Weltsicht überhaupt für möglich zu halten und die Ehrlichkeit und das Eingeständnis, dass der bisherige Weg nicht zum ersehnten Erfolg führte. Der Begriff „Selbstbewusstsein" wurde verkannt und meint ursprünglich, sich erstens der eigenen göttlich universellen Wurzeln bewusst zu sein und zweitens, dass in dem, was man ist und tut, zum Ausdruck zu bringen. Erst damit erkennt man seine eigene Macht, aber noch viel mehr die eigene Verantwortung. Es entsteht ein Drang, die Welt verändern zu wollen, weil emotionaler Schmerz über den Zustand dieser Welt verspürt wird und nicht mehr hingenommen werden möchte. Selbstbewusste Menschen tun das, was notwendig ist, da wo es notwendig ist und dann, wenn es notwendig ist. Erfolg wie wir ihn bisher gelebt haben, ist nicht falsch, sondern einfach nur ein kleiner Teil dessen, was möglich ist.

Ohne **Entschlossenheit** sind Erfolge nicht möglich. Dieses Merkmal wenden wir tagtäglich wohl tausende Male automatisch an. Ein Teil in uns vertritt mit großer Entschlossenheit die veralteten, nicht reflektierten Vorgaben und Ziele unseres bisherigen Weltbilds, welches einer Generalüberholung bedarf. Große Veränderungen brauchen oft große
Entscheidungen und viel Mut. Das entscheidende Merkmal großer Entschlossenheit ist die Bereitschaft, alles auf eine Karte zu setzen. Dies kommt durchaus aus dem verzweifelten Versuch, ENDLICH etwas zu verändern, weil einem unbewusst klar ist, dass es sonst auf die eine oder andere Art und Weise zu spät dafür ist. Wenn wir auf ein Wunder warten, so besteht Hoffnung, denn sobald wir unser Handeln entschlossen mit einer neuen Wahrnehmung umsetzen, werden Wunder in unser Leben treten und wir werden selbst zu dem Wunder, als das wir geboren wurden. Es kann mit derselben Entschlusskraft ein völlig neues Weltbild mit neuen vorrangigen Zielen erschaffen werden, bei dem Profit eine andere Bedeutung erhält, aber sicherlich nicht zu kurz kommt. Es ist lediglich sehr wahrscheinlich, dass wir Profit in anderen Dingen außerhalb von materiellem Reichtum viel mehr erkennen, erschaffen, erhalten und vor allem auch genießen werden.

Beharrlichkeit ist die ununterbrochene Arbeit an unserem Vertrauen und essentieller Bestandteil von Erfolg. Ein Ziel wird ohne Beharrlichkeit nicht wahr. Unsere bisherige Beharrlichkeit aufgrund mangelnder Bewusstheit bringt die Welt hervor, die wir derzeit als „normal" bezeichnen. Eine gewisse Gleichgültigkeit und vermeintliche Machtlosigkeit führt zu faulen Kompromissen, deren Konsequenz die Erhaltung oder Verbesserung des Status Quo zu Lasten der „schwächeren" Anteile in uns selbst und in der Bevölkerung mit sich bringt. Wenn wir unsere Erfüllung in allen Lebensbereichen sowie Frieden auf dieser Welt erfahren wollen, ist es unumgänglich, dass wir Beharrlichkeit sinnvoll einsetzen – für unsere Natürlichkeit der göttlich universellen Herkunft und nicht für die bisherige Norm. Unser Wille entwickelt zusammen mit unserem Verlangen nach Veränderung eine unwiderstehliche Sogwirkung in Richtung dieses Traumes. Wenn wir wirklich verstehen, verändern wir alles. ES GIBT KEINEN ERSATZ FÜR BEHARRLICHKEIT!

Die Macht der Gemeinschaft wurde bisher verkannt. Mastermind-Gruppen sind allgegenwärtig, wir sind uns dessen nur nicht bewusst. Alle gemeinsam sind wir eine einzige große Mastermind-Gruppe, die das Räderwerk von Erfolg definieren und antreiben.
Master-Mind bedeutet wörtlich übersetzt jedoch Meister-Geist, der Geist der uns alle in Harmonie verbindet, wenn wir es zulassen. Die Neudefinition von Erfolg würde uns den Fortschritt ermöglichen, der unsere Entwicklung innerhalb kürzester Zeit ein sehr großes Stück voranbringt. Es besteht die Möglichkeit, einen Quantensprung der Menschheit in Richtung wahrere Selbstbewusstheit, Liebe, Gesundheit und Friede auf Erden zu ermöglichen. Die Ethik unserer Seele will uns schon die ganze Zeit den Weg zur göttlich universellen Ordnung und Harmonie weisen. Gemeinsam sind wir aufgerufen, diese wiederherzustellen. So ist „Sozialismus, Fundamentalismus und Radikalismus" in seiner reinsten, liebevollsten und ursprünglichsten Form eigentlich gedacht. Wir haben das bisher nur nicht verstanden, weil uns für alle Veränderungsversuche der entscheidende „Dreh" gefehlt hat.

Das Wort „sexuell" und damit **Sexualität und Vereinigung** sowie alles was damit zusammenhängt, fielen ebenfalls einer Fehlwahrnehmung zum Opfer. Im weiteren Sinn bezeichnet Sexualität vor allem die Gesamtheit der Lebensäußerungen, Verhaltensweisen, Empfindungen und Interaktionen von Lebewesen in Bezug auf ihr Geschlecht und erhält somit eine ganz andere vorherrschende Bedeutung mit neuen vorherrschenden Zielen und Wegen. Geschlecht ist überdies auch nicht das, wie wir es überwiegend interpretieren, sondern laut Duden unter anderem *„das, was in dieselbe Richtung schlägt."* Das Verlangen unser wahres „Geschlecht" der Göttlichkeit zum Ausdruck zu bringen, ist angeboren. Dieser Antrieb ist etwas sehr Natürliches und eine unwiderstehliche UR-Gewalt die selbst Kindern innewohnt. Wir haben das

Wissen um diese ursprünglich „sexuelle" Kraft und Bedeutung, die mit der Intuition verbunden ist, eingebüßt. Das Gleichgewicht zwischen Mann und Frau oder genauer gesagt dem Männlichen und Weiblichen in uns und die wahre Bedeutung sowie der wahre Ausdruck von „Sexualität" konnte nicht mehr weitergegeben werden. Es wurde zwangsläufig vergessen, dass im Zentrum nicht körperliche Vereinigung, sondern die geistig, energetisch, spirituelle Beziehung zu allem, was ist, sowie das Bewusstsein über uns selbst und damit von allem um uns herum, steht. Die Liebe unseres Lebens sind wir selbst in unserer ganzen „sexuell" vereinigten, bewussten und universellen Kraft. Erfolg und Leben muss nicht erlernt werden. Sie kommen aus uns selbst heraus, wenn wir selbstbewusst auf uns und die innere Führung achten.

Die wahre Identität

Das falsch verstandene Sehnen nach der Liebe unseres Lebens und dem oder der wahren Einen, bzw. der richtigen Beziehung, bringt mich nun zum Abschluss der Zusammenfassung der einzelnen Kapitel.
Folgendes Zitat zeigt in wenigen Worten das Verständnis und Missverständnis auf, um welches es im Grunde geht. Ich hätte es nicht treffender formulieren können.

„Meine tiefste Identität ist die Liebe zu einer anderen Seele… und diese Liebe gilt es für mich zu beschützen, denn sonst verliere ich meine Identität, den Sinn des Lebens… für mich IST es die größte Liebe der Welt, in meinem Verständnis muss sie es auch sein… und in meinem Verständnis kann ich es nicht zulassen, sie zu entwerten… damit würde ich mich entwerten, meine Seele entwerten…" (Anonym)

In diesem Zitat ist alles enthalten, was man über Menschsein, Menschlichkeit und seiner Seele Ausdruck zu verleihen, wissen muss, doch unser Weltbild machte daraus ein Missverständnis mit weitreichenden Folgen. Diese Liebe wurde auf eine Person reduziert.

Wenn alles eins ist und allem was existiert dieselbe Urenergie innewohnt, dann würde der obige Satz wie folgt lauten:

Meine tiefste Identität ist die Liebe zu allem was ist... und diese Liebe gilt es für mich zu beschützen, denn sonst verliere ich meine Identität, den Sinn des Lebens... für mich IST es die größte Liebe der Welt, in meinem Verständnis muss sie es auch sein... und in meinem Verständnis kann ich es nicht zulassen, sie zu entwerten... damit würde ich mich entwerten, meine Seele entwerten...

Mit allem Eins sein bedeutet auch, den Schmerz der Umwelt (ungefiltert) wahrzunehmen. Bisher war dies nur unbewusst und daher haben wir uns automatisch verschlossen und haben unbewusst zurückgeschlagen, weil wir meinten, der Andere im Außen ist für diesen Schmerz verantwortlich. Doch wenn wir uns unseres Selbst immer mehr bewusst sind, erkennen wir, dass es nicht der andere da draußen ist, sondern die Diskrepanz zur Ur-Wahrheit unserer Seele, die da so schmerzt. Es entsteht ein unwiderstehlicher Drang, uns selbst und die Dinge um uns herum, die zu Schmerz führen, zu verändern. Bisher taten wir das mit den teilweise fragwürdigen Methoden der bedingten Liebe. Bedingungslose Liebe wählt hierbei andere Wege und dieser Drang wird immer größer, da erkannt wird, dass das ganze bestehende Weltbild mit seinen derzeitigen Systemen wahrem Frieden, wahrer Gesundheit und wahrer Liebe entgegensteht. Wir wollen die Welt verändern, denn wir möchten dazu beitragen, dass der Schmerz und die Illusion der Getrenntheit endlich aufhören.

Indem wir uns dieses UR-TEILS in uns erinnern, verbinden und verbünden wir uns über das Einssein mit genau diesem UR-TEIL in allem, was uns umgibt und decken über das neue Verstehen die Missverständnisse und Ursachen unseres Schmerzes auf.

Wahres Selbstbewusstsein erkennt, dass diese „größte Liebe der Welt" die Grundvoraussetzung für SINN-VOLLES Leben und ALL-EIN-SEIN ist. Dann haben wir die HIN-ZU-Motivation, die so unmöglich schien. Wir WOLLEN dann das ausdrücken, was wir wirklich sind. Bisher dachten wir, dass Veränderung nur über massiven Schmerz und Zwang möglich ist und dass wir Menschen kontrollieren müssen, doch es ist genau anders herum. Der Schmerz und das HIN-ZU sind zwar verquickt, aber auf eine ganz andere Art und Weise. Vorher war es eine WEG-VON-MOTIVATION und SCHMERZ, jetzt könnte es eine HIN-ZU-MOTIVATION und ABWESENHEIT VON SCHMERZ sein, da Liebe, Freude, Frieden, Gesundheit und Fülle an dessen Stelle treten dürfen und wir uns dafür gerne selbst kontrollieren und führen. Dafür müssten wir jedoch alles hinterfragen, was wir jemals geglaubt haben.

Ich bin der Überzeugung, dass wir uns als Menschen in einer bildlich gesprochen, frühen kindlichen Prägungsphase, unserer wahren Potentiale und Möglichkeiten befinden und mangels Kenntnis darüber, uns und unsere Welt so erschufen, wie sie jetzt ist. Wir befinden uns jedoch nicht in den Baby- oder Kleinkindschuhen, sondern sind bildlich gesprochen in jenen eines Schulkindes welches eine „Lese-/Rechtschreib- und Rechenschwäche" aufweist. Wir unterliegen im übertragenen Sinn gesprochen einer Fehlwahrnehmung aufgrund einer seelischen Entwicklungsverzögerung, ähnlich der Fehlwahrnehmung bei Kindern, bei welchen Zahlen und Buchstaben sowohl „normal" wie auch „spiegelbildlich" wahrgenommen werden können. Dies hat zur Folge, dass wir Dinge, Menschen, Gefühle, Zahlen, Daten, Fakten und Situationen fehlinterpretieren.

Um zu verdeutlichen, was ich meine, möchte ich folgende Rechenbeispiele eines solchen Kindes miteinbeziehen. Es rechnet beispielsweise:

12 + 5 = 26 oder 53 + 4 = 39
36 + 2 = 83
34 + 2 = 86

Genauer betrachtet können wir erkennen, dass auch dieses Kind richtig rechnet, wenn wir uns von der vorgefertigten Meinung über das richtige Ergebnis lösen. Es rechnet nämlich die 1 + 5 = 6 und setzt die 2 als Zehnerzahl ein, bei der zweiten Rechnung wird dasselbe Prinzip angewendet, was es auch bei anderen Rechenbeispielen immer wieder tut. Bei der 3. Rechnung hat es lediglich die Ziffern des Ergebnisses vertauscht. Ganz interessant ist dann die Rechnung 34 + 2 = 86. Hier nimmt das Kind die 3 aus der 34 als 8 wahr. Es sieht die 3 und die

Spiegelung der 3 gleichzeitig, welche zusammengefügt wie eine 8 aussehen. Gleichzeitig weist dieses Kind auch eine Fehlwahrnehmung auf, bei welcher beispielsweise ein F für eine Sieben gehalten wird. Es sieht diesen Buchstaben spiegelbildlich. So wird erkennbar, dass dieses Kind Zahlen und Buchstaben durcheinanderwürfelt und sie sowohl „normal" wie auch spiegelbildlich sieht. Wenn man sich die Summe der möglichen Fehlverknüpfungen sowohl beim Lesen, wie auch beim Rechnen vorstellt, wird erkennbar, wie verwirrend die Wahrnehmung für dieses Kind sein muss und wie schwierig es ist, ein „richtiges" Ergebnis zu produzieren. Die Ergebnisse sind für dieses Kind logisch, doch es ist eben ANDERS logisch und für unsere Norm FALSCH. Dass richtig rechnen und schreiben lernen ist für solch ein Kind mit ungleich höheren Herausforderungen und Anstrengungen verbunden, als für ein normales Kind, zumindest so lange, bis erkannt wird, wo und wie dieses Kind anders wahrnimmt und es entsprechende Hilfe für seine Herausforderung erhält.

Ähnlich verhält es sich mit unserer Wahrnehmung von Einssein und Getrenntheit, von bedingungsloser Liebe und bedingter Liebe. Wir als Menschheit sind wie dieses Kind mit der Entwicklungsverzögerung und der daraus bedingten „Lese-/Rechtschreib- und Rechenschwäche". Wir produzieren überdurchschnittlich häufig falsche Ergebnisse, obwohl wir das Grundprinzip des „Rechen- und Lesevorgangs" an sich verstanden haben. Links-Rechts-Verwechslung steht für die Verwechslung von Negativ und Positiv im bildlichen Sinne. So wie ein Foto-Negativ ebenfalls nur schwer erahnen lässt, was das ursprüngliche Bild war und es eines gewissen vordefinierten Entwicklungsprozesses bedarf, um das eigentliche Bild sichtbar zu machen und zu fixieren, bedürfen wir als Menschheit ebenfalls eines Entwicklungsschrittes. Wir erkennen die „Zeichen" nicht richtig und wählen überdurchschnittlich häufig die „falschen" Schlussfolgerungen und Kombinationen in unserem bisher begrenzten und noch verzögerten Entwicklungszustand. So kommt es zu einem Weltbild, bei dem wir zwar irgendwie versuchen das Richtige zu tun, aber doch meistens ein falsches Ergebnis dabei erhalten. Wie oft erhalten wir ein anderes Ergebnis wie das von

uns erwartete, aber wissen einfach nicht, wie wir dorfhingekommen sind. Der Erfolg, unser Himmel auf Erden kann nicht erfahren werden - wir haben einfach die „falschen" Dinge zusammengezählt.
Das kann sich in Zukunft ändern, wenn wir erkennen, dass das, was von uns gelebt wird, in dem verzögerten Entwicklungsrahmen nicht falsch, sondern den Rahmenbedingungen und dem Entwicklungsstand gemäß tatsächlich als richtig- im Sinne von Aktion bedingt Reaktion - zu werten ist.

Wenn wir einen neuen Bezugsrahmen erkennen und anerkennen ist das, als ob wir das Entwicklungsdefizit dieses Kindes mit Rechen- und Lese-/Rechtschreib-Schwäche endlich lösen. Plötzlich kann ein neuer Sinn erkannt und errechnet, gelesen und gelebt werden und alles ergibt mehr und mehr Sinn. Es kommt zu einem richtigen Ergebnis. Wenn innere und äußere Wahrheiten im Einklang mit den universellen „Rechen- und Rechtschreibgesetzen" stehen, dann können wir jegliche Beziehungen, ob innerlich oder äußerlich, ob materiell oder immateriell, richtig kombinieren und 1 + 1 ergibt dann zwar endlich 2, doch durch die Freude, dass dieses Entwicklungsdefizit tatsächlich gelöst ist, entsteht ein potentielles Wachstum an Selbstbewusstsein, Selbstsicherheit, Kreativität, Wachstumswille, Veränderungsbereitschaft und Selbstvertrauen. Endlich besteht die Möglichkeit, die neuen Fähigkeiten im Alltag sinnvoll anzuwenden, verstanden zu werden und andere ebenfalls zu verstehen oder gar ihnen zu helfen – man gehört endlich dazu und findet sich überdies auch noch viel besser im Leben zurecht. Es ist tatsächlich ein exponentielles Wachstum.
Dies können wir an einem ganz einfachen und alltäglichen Beispiel sehr gut veranschaulichen. Wenn wir ein Haus planen, und den Grundriss des Hauses um 1 m Länge verändern, erhalten wir ein exponentielles Wachstum. Auf dem Plan zeichnen wir nur wenige Zentimeter hinzu, doch in der Realität werden aus 1 m mehr, bei einer Breite von 8 m, bereits 8 Quadratmeter mehr Grundfläche. Doch was sind die Folgen dieser kleinen Veränderung auf einem PLAN? Es braucht mehr Zeit, Material, Finanzmittel und Platz für die Planung, die Umsetzung, die Reinigung, die Erhaltung und Instandsetzung, das

Aussehen verändert sich, usw. Dies wiederum hat Auswirkungen auf jeden einzelnen Menschen, der mit diesem Projekt direkt wie indirekt zu tun hat. Bei den Menschen, die direkt damit zu tun haben, kann es dazu führen, dass viel mehr Stress entsteht. Es muss mehr Geld verdient werden. Damit fällt mehr Arbeitszeit an, sowohl im Job wie auch bei der Reinigung und Instandhaltung des Hauses, die Partner könnten sich entfremden, die Kinder würden dann nichts von ihren Eltern haben und schlussendlich zerplatzt der ganze Traum vom trauten Heim, weil man mit diesem Rattenschwanz nicht gerechnet hat. Es verändern sich viele Dinge mit, wenn wir nur diesen 1 Parameter auf einem kleinen Plan verändern. Hiermit erhalten wir die Erklärung, warum wir allzu oft eine Herausforderung lösen, jedoch „10 Neue" dabei schaffen. Solange uns nicht bewusst ist, dass wir alle mit allem verbunden und eins sind, werden wir eine Herausforderung lösen – unser Seelenhaus um 1 m größer planen - jedoch sämtliche Konsequenzen nicht wirklich berücksichtigen - und haufenweise neue Herausforderungen schaffen, wenn wir nicht darauf achten, dass sich die Veränderungen im Einklang mit den universellen Gesetzmäßigkeiten und der göttlichen Ordnung befindet.

Vor lauter Differenzierung, Spezifizierung und Trennung haben wir vergessen, auf das zu achten, was uns vereint und dass es bei Arm und Reich, Klein und Groß, Mächtig und Machtlos, Schwarz und Weiß, Gelb und Rot, Verspielt und Ernst, Kreativ und Langweilig, Frau und Mann, Erwachsener und Kind immer nur um eines geht: Den MENSCHEN in seiner Gesamtheit, der all diese Ausdrücke irgendwo in sich trägt. Wenn wir noch weitergehen und auch Tier- und Pflanzenwelt, sowie alles auf dieser Erde Existierende miteinbeziehen, dann sind wir beim Ursprung angekommen. Denn allen Dingen ist eines gemeinsam: Leben, die göttlich universelle Energie und Essenz. Statt zu trennen sind wir aufgerufen uns wieder zu vereinen und vor allem uns daran zu erinnern, dass wir über das Gefühl der Getrenntheit hinaus immer schon vereint waren. Damit können wir gemeinsam unser Licht zum Scheinen bringen, welches schon die ganze Zeit da ist.

Erleuchtung

Erleuchtung ist in allem wiederzuerkennen, was uns umgibt. Von Franz von Assisi heißt es, er konnte Schönheit sehen, die andere nicht sehen konnten. Dabei handelt es sich jedoch nicht nur um die Schönheit der Natur oder der alltäglichen Dinge. Hierbei handelt es sich um die Schönheit, das Wissen und Erkennen der göttlich universellen Präsenz, Perfektion und Schönheit in ALLEM, was uns umgibt, auch dem, was uns überhaupt nicht gefällt. Es ist die Erkenntnis von einem Selbst und allem, wie es wirklich gemeint ist, jenseits jeglicher Missverständnisse, wie wir sie kennen.

Wir leben in der Dualität, doch handeln wir derzeit nicht danach. Heiß und kalt, oben und unten, klein und groß machen diese Zustände und alles dazwischen erst wirklich erkenn- und erfahrbar. Wir haben jedoch vergessen, dass wir uns als Mensch erst wirklich in der Dualität erfahren können, wenn wir das Gegenstück der eigenen Göttlichkeit ebenfalls anerkennen und erfahren. Erst dann ergibt das Menschsein wirklich Sinn und wir werden wahre Menschlichkeit leben und unser Leben mit allen Sinnen genießen.

Wenn mehr und mehr Menschen ihr wahres Licht erkennen können wir uns gegenseitig erleuchten und gemeinsam eine erleuchtete Gesellschaft werden, da uns bewusst ist, dass wir immer schon mit allem eins waren, sind und sein werden. Der Andere und alles, was uns umgibt,
ist unser Spiegel, in dem wir uns selbst erkennen. Es ist wie „Memory-Spielen". Alles in uns hat sein Gegenstück - den, das wahre eine - um das zu erinnern und zu erkennen wer wir wirklich sind. Während wir dieses Gegenstück „suchen", genauer gesagt darauf warten, dass es in unsere Wahrnehmung sichtbar wird, erfahren wir die Erinnerung und sogar die Neuerschaffung von uns und des Lebens selbst. Das Einssein wird dann endlich als Spiegelung der ganzen gewünschten und so sehnlichst vermissten Eigenschaften erfahren. Die Negativ-Spiegelungen unserer Schatten und Ängste werden immer weniger. Je mehr

Menschen diese positive Spiegelung ermöglichen, umso mehr fehlen den negativen Spiegelungen das passende Gegenstück. Dafür aber wächst die Chance, dass die nun entstandenen positiven Gegenstücke das missverstandene „Gegenstück" des anderen berühren. Je schneller unser „Licht" gespiegelt wird, umso schneller können wir alle uns als das wiedererkennen, was wir schon immer waren - „göttlich" universelle Wesen.

Im übertragenen Sinne kennen wir das aus der Physik. Ein Laser entsteht und es kommt zur Lichtgeschwindigkeit, wenn bestimmte Parameter erfüllt. Dieser „Laser" ist sinnbildlich unser wahres Bewusstsein, welches für das be-ur-teilen zuständig ist, ob Gegebenheiten aus der göttlich universellen Quelle und Wahrheit oder aus menschlichen Missverständnissen kommen. Im Grund sind wir alle als Spiegel in der richtigen Position, aber wir haben Teile unseres Spiegels verdeckt, sodass das Licht nicht reflektiert werden konnte. EINS waren wir immer. Jetzt ist es einfach nur Zeit diese Schatten und Hüllen loszulassen, sodass der Spiegel das wiedergeben kann, was tatsächlich vorhanden ist, damit wir das werden können, wonach wir uns schon so lange sehnen. Erleuchtung und wahres Kollektivbewusstsein ist die größte Pandemie der Welt und das Schneeballsystem vor dem die menschliche Fehlinterpretation sich so sehr fürchtet. Es ist dieselbe Furcht wie damals, als man noch glaubte, dass die Welt eine Scheibe sei und sie es doch nicht war.

Innerer und äußerer Reichtum ist möglich und im Grunde schon die ganze Zeit da. Wenn wir damit BEGINNEN könnten AUFZUHÖREN, in unserem Missverständnis unserer göttlichen Wurzeln und damit unserer Kraft und Macht, die Welt und alles Leben zu zerstören. Dann könnten wir gemeinsam die Welt erschaffen, nach der wir uns alle sehnen. Sie lässt sich erschaffen, indem wir aufhören das zu tun, was der Liebe, unserer Gesundheit und dem Frieden in URSÄCHLICHSTER WEISE entgegensteht. Die Erde muss nicht gerettet werden, wenn wir davon ablassen ihre Balance und Selbstheilung zu stören. Wir dürfen endlich davon ablassen, uns selbst zu zerstören. Es reicht, wenn wir unser Missverständnis von uns selbst auflösen, damit alles wieder in die göttlich universelle Balance, den Einklang mit allem, was ist, kommen kann.

Die Englischen Wörter für Erinnerung weisen in tiefgründiger Wahrheit den Weg, worum es wirklich geht:
RE-MIND: Der Wortstamm „re" bedeutet „wieder" oder „zurück", das englische Wort „Mind" bedeutet übersetzt „Verstand", „Seele", „Geist", „Meinung" oder „Gedächtnis". Somit sehen wir, dass dieses englische Wort die Rückerinnerung an das bedeutet, was Verstand wirklich ist, sozusagen ein General-Update oder Aktualisierung unseres Verstandes, damit wir unser UP-GRADE beziehungsweise unsere eigene höherwertige Konfiguration oder Vision von uns selbst erfahren können. Denken, Sprechen, Sehen, Hören, Fühlen und Tun, mit dem Herzen vereint, bringt uns die allumfassendste Erinnerung und das Verstehen, welches wir benötigen.
RE-MEMBER: Den Wortstamm „re" haben wir bereits erklärt. Das Wort „member" bedeutet übersetzt „Mitglied", „Angehöriger", „Teil", „Zugehöriger" oder „Element". ES IST UNSERE ENTSCHEIDUNG, unser freier WILLE ob wir uns wieder als Mitglied und Teil des großen Ganzen erkennen, anerkennen und einfügen sowie schenken wollen oder nicht. Mit dem freien Willen dafür, bringen wir uns in die Position, dass All-Ein-Sein zu der Erfahrung wird, die wir immer schon machen wollten. Dieses All-ein-Sein bringt automatisch Eins-Sein und „einverstanden sein" mit sich, da diese universelle göttliche Energie in allem offenbar ist und erkannt wird und wir somit alle mit „einem Verstand", dem Meister-Geist, verbunden sind. „Einverstanden sein" ist dann die logische Konsequenz daraus. Das ist unser größtes bisheriges UP-GRADE, die bisher wirklich größte nächstbeste Version unserer selbst.

ERLEUCHTUNG IST DAS GEBURTSRECHT EINES JEDEN MENSCHEN und damit von uns ALLEN GEMEINSAM, weil wir ALLE MIT ALLEM VERBUNDEN SIND UND DAMIT EINS WAREN, SIND UND BLEIBEN. ES LIEGT AN UNS, OB UND WANN WIR UNSER PARADIES UND UNSEREN THRON WIEDER EINNEHMEN.

Audio-Bonus UR-INNERUNG

Wie im Buch beschrieben stellt das UR-INNERN einen wichtigen Bestandteil für SelbstverANTWORTung und SELBST-BEWUSST-SEIN dar.

Da alles schon da, jedoch allzu oft eben nicht sichtbar oder bewusst ist, wird dir der UR-INNERUNGS-Prozess, den ich dir hier als kleines Geschenk für den Alltag mit an die Hand geben möchte, ein großer Helfer sein. Damit kommst du in den Genuss, mehr und mehr selbst die Veränderung zu sein, die DEINE Welt in und um dich herum verändert.

Viel Erfolg beim Verändern und viel Freude, Glück und Spaß im neuen Leben. Du kannst dir das Audio hier anhören und/oder runterladen: www.sabinemetzinger.de/ur-innerung-kindle und dann Eintauchen und Leben verändern!!!

Wenn dir das Buch oder die Bonus-Audio gefallen hat, freue ich mich, wenn du mir eine Rezension an coaching@sabinemetzinger.de schreibst oder bei Amazon direkt. Bei der E-Book-Version kannst du direkt im Anschluss eine Rezension abgeben. Wenn du englischsprachige Freunde hast, kannst du ihnen dieses Buch auch als englische Version empfehlen – Titel: „Fucking Perfect – Success and the Ethic of our Soul"

Deine Sabine Metzinger

DANK

Ich danke dir, liebe Leserin und lieber Leser, dass du dieses Buch gelesen hast und auf deine Art und Weise dazu beitragen wirst, unsere Welt zur nächst besseren Version zu verhelfen.

Dieses Buch wäre ohne das Zusammenspiel von ganz vielen Menschen und Umständen jedoch niemals entstanden und du hättest es somit auch niemals lesen können. Daher danke ich hier an dieser Stelle aus tiefstem Herzen allen Menschen, die als Engel oder auch Arsch-Engel, wie Robert Betz so schön zu sagen pflegt, in mein Leben getreten sind. Ebenfalls danke ich all jenen, die mit meiner Art ein Arsch-Engel zu sein, umgehen mussten. Ich bin überaus dankbar, dass ihr alle so geduldig mit mir wart. Ich wünschte, ich hätte zu diesem Punkt in meinem Leben gelangen können, ohne euch so sehr zu „verletzen", doch gemeinsam haben wir dieses Buch erschaffen, zusammen mit all jenen, die niemals in mein Leben getreten sind, jedoch durch allerlei Umstände mich dazu animiert haben, mir über all diese Dinge Gedanken zu machen.
Einen ganz besonderen Dank möchte ich meinen Kindern aussprechen, die die Auslöser meiner vielen Warums waren. Ich spürte von Anfang an, dass sie mir ein Geschenk machen wollten, doch ich verstand sie einfach nicht. Für mich war jedoch immer klar, dass ich für meine Kinder nötigenfalls durch die Hölle gehen würde, was ich im übertragenen Sinne, und die innere Hölle betreffend, definitiv getan habe. Ich liebe euch, ihr drei Rabauken und Engel. Ebenfalls einen überaus großen Dank möchte ich meinem Exmann Uwe aussprechen, der nach wie vor liebend und freundschaftlich an meiner Seite steht, so wie ich an seiner, und mich auch in den schwersten Stunden unterstützte. Schön, dass es dich gibt. Einen ebenfalls tiefen Dank gebührt meinen Eltern, ohne die ich überhaupt nicht geboren worden wäre. Darüber hinaus habe ich viele Erfahrungen durch sie erhalten, die dieses Buch erst zu dem machen konnten, was es ist. Danke für alles Papa und Mama – ohne euch gäbe es dieses Buch nicht. Weiterhin möchte ich einem ganz besonderen Mann und Menschen danken, der mir als jener

Seelenpartner, Freund und Mentor begegnet ist, wie er hier im Buch beschrieben wurde. Er hat mir geholfen mein Leben nachhaltig zu verändern. Niemals wäre ich auf die Idee gekommen, ein Buch zu schreiben, geschweige, dass ich den Mut gehabt hätte, damit an die Öffentlichkeit zu gehen. Danke dass es dich gibt.

Ich möchte meinem Autoren-Coach Gerhard Kilian danken, der mir in der wichtigsten Phase des Schreibprozessen die entscheidenden Hinweise gegeben hat, damit dieses Buch das werden konnte, was es jetzt ist. Die Zusammenarbeit mit dir hat Spaß gemacht und war sehr lehrreich und bereichernd.

Ein herzlicher Dank geht auch an das Korrektorat von Frau Lis Listmann. Dann möchte ich Robert Redford für seinen Film „Die Legende von Bagger Vance" sowie Rachel Portman für das darin enthaltene Musikstück „The Field" danken. Dieser Film im Allgemeinen und dieses Musikstück im Besonderen waren immer wieder meine Rückverbindung und Anker zu all dem, was in diesem Buch steht und zu dem Himmel der in greifbare Nähe rückte. Die Musik war wie ein Schlüsselmoment und Wegweiser auf meinem Weg zum Paradies in mir. Dieser Film hat so unendlich viel Tiefgang und Weisheit und ist wahrhaft ein Geschenk des Himmels. Vielen Dank dafür. Ohne diesen Film, die Musik und einzelne Sätze, die im Film genauso gesprochen werden, wie sie gesprochen werden, hätte ich die Botschaft meines Herzens fehlinterpretiert und dieses Buch wäre nicht das geworden, was es jetzt ist. Es ist wie Bagger in dem Film sagte: „Es gibt einen authentischen Schwung in jedem von uns…er ist uns in die Wiege gelegt…wir dürfen uns ihm nicht in den Weg stellen … manche haben ihren Schwung komplett vergessen…". Ich glaube, so ziemlich alle Menschen auf dieser Welt haben ihren wahren authentischen Schwung des göttlich universellen Ursprungs vergessen, umso wichtiger ist es jetzt, dass wir uns daran erinnern, wer wir wirklich sind.

Ich danke Neale Donald Walsch, dessen Bücher schon vor Jahren Herzens- und Augenöffner waren. In seiner „Gespräche mit Gott"-Trilogie erhielt ich endlich die Antworten, die ich in meiner damaligen Kirche nie bekommen hatte. Mein Wahrnehmungsradius erweiterte sich unglaublich. Ich glaube tief an diese Botschaften und daher habe ich sie

in mein Leben integriert um das zu erfahren, was ihr hier in diesem Buch finden könnt. Vielen Dank Neale. Ich möchte auch Napoleon Hill für sein Buch „Denke nach und werde reich" danken, welches in verschiedenen Lebenslagen einfach nur eine bereichernde Inspiration war.
Es gäbe noch unzählige Menschen mehr, denen ich danke und die hier nicht genannt sind. Ihr alle wisst es, wenn ihr gemeint seid...fühlt euch herzlichst umarmt.

Ich danke dem ganzen Universum, das mich geleitet hat dieses Buch zu schreiben, bei dem ich selbst immer wieder aus dem Staunen nicht herauskomme. Und ich danke uns allen, dass wir gemeinsam eine Veränderung, die uns allen dient, möglich machen. Das ist der größte Dank, den ich jemals erhalten kann.